Goldie Hawn
mit Wendy Holden

10 achtsame Minuten für stressfreie und ausgeglichene Kinder

Klett-Cotta

Aus dem amerikanischen Englisch
von Maren Klostermann

Klett-Cotta
www.klett-cotta.de
Die Originalausgabe erschien unter dem Titel »10 mindful minutes: giving our children – and ourselves – the social and emotional skills to reduce stress and anxiety for healthier, happier lives«,
Goldie Hawn and Wendy Holden

Printed in Germany
Umschlag: www.buero-jorge-schmidt.de
Unter Verwendung eines Fotos von © Farkas Zsolt/istock
Autorenfoto: privat
Herstellung: Büro Beck, Kempten
Gesetzt aus der Plantin und Myriad Pro von Kösel, Krugzell
Gedruckt und gebunden von Pustet, Regensburg
ISBN 978-3-608-94593-5

Bibliografische Information der Deutschen Nationalbibliothek
Die Deutsche Nationalbibliothek verzeichnet diese Publikation in der Deutschen Nationalbibliografie; detaillierte bibliografische Daten sind im Internet über <http://dnb.d-nb.de> abrufbar.

Inhalt

Vorwort von Daniel J. Siegel 7

Von der Reise einer Mutter zu mehr Achtsamkeit 13

Die Experten. 26

1 Warum wir *jetzt* handeln müssen 29

2 Die Wunder des Gehirns 34

3 Wie das Gehirn arbeitet 40

4 Wie Sie dieses Buch optimal nutzen können 66

5 Die gleiche Wellenlänge finden: Einstimmung auf das Kind 74

6 Wie Sie mit Ihrem Kind über das Gehirn reden können 84

7 Achtsames Atmen 92

8 Achtsame Sinneswahrnehmung 106

9 Optimismus 134

10 Glück 147

11 Dankbarkeit 156

12 Ärger 165

13 Traurigkeit 174

14 Angst 186
15 Empathie 195
16 Freundlichkeit 210
17 Ein achtsameres Leben 217
Glossar 227
Quellen 229
Literatur zur Vertiefung 233
Dank 237

Vorwort

Goldie Hawns Karriere in der Filmbranche umspannt fast vier Jahrzehnte. Sie ist nicht nur eine beliebte Schauspielerin, sondern hat auch in über zwanzig Filmen als Produzentin und Regisseurin Neuland betreten, am Theater gearbeitet und eine Autobiographie geschrieben, die zum Bestseller wurde. Trotz dieser vielen Erfolge galt ihr leidenschaftlichstes Interesse immer dem Wohl und der Sicherheit von Kindern. Vom jungen Erwachsenenalter an bis heute hat sie mit verschiedenen Wohltätigkeits- und Forschungsorganisationen auf der ganzen Welt zusammengearbeitet, die auf die Bedürfnisse von Kindern ausgerichtet sind. In ihrem Privatleben ist Goldie Hawn eine hingebungsvolle Mutter, die in dieser, wie sie selbst sagt, wichtigsten Rolle ihres Lebens vier Kinder großgezogen hat. Mittlerweile ist sie Großmutter, eine Erfahrung, die – mit ihren eigenen Worten – »das Herz öffnet und mit mehr Glück erfüllt, als sich beschreiben lässt.«

Ich habe Goldie Hawn im persönlichen Kontakt als eine nachdenkliche, kreative und kluge Frau schätzen gelernt, die sich engagiert dafür einsetzt, Weisheit und Wärme in den praktischen Alltag der kindlichen Entwicklung zu bringen. Fasziniert habe ich mitbekommen, wie ihr langjähriges öffentliches und privates Engagement für das Wohl von Kindern durch das von ihrer Stiftung geförderte MindUP-Programm erfolgreich in das öffentliche Schulsystem kanalisiert wurde. Dieses einzigartige und wissenschaftlich fundierte Programm soll Kindern helfen, *Achtsamkeit* zu erlernen – ein Ansatz, der nachweislich dazu beiträgt, ihre soziale und emotionale Intelligenz zu fördern. Die Übungen schulen den Aufmerksamkeitsfokus und tragen dazu bei, den Geist zu stärken und mehr Empathie und Mitgefühl in Beziehungen zu bringen. Darüber hinaus verbessert Achtsamkeit die Funktionsfähigkeit des Gehirns.

Goldie Hawn hat nicht nur ein innovatives Programm begründet, sondern auch gefordert, dass durch wissenschaftliche Untersuchungen überprüft wird, ob diese pädagogischen Strategien eine messbare Wirkung haben oder nicht. – Und diese Wirkung wurde zweifelsfrei festgestellt: Der Ansatz führte nicht nur zu einer Verbesserung der Aufmerksamkeit und zu besseren Beziehungen, sondern physiologische Messungen zeigten, dass die Kinder auch erfolgreicher mit Stress umgehen konnten.

Das Programm der Hawn-Stiftung integriert zudem auf leicht verständliche und praktische Weise neueste Erkenntnisse der Hirnforschung in den Unterricht, die die Schüler in ihrem Alltag nutzen können. MindUP wird inzwischen mehr und mehr in Schulen in Kanada, Großbritannien und in den USA eingesetzt.

Es ist ungeheuer befriedigend zu wissen, dass Goldie daran interessiert ist, wie wissenschaftliche Perspektiven, einschließlich Erkenntnisse der Hirnforschung, ihr Programm unterstützen können. Goldie und ich haben gemeinsam einen Vortrag bei einer TED-MED-Veranstaltung *(Technology, Entertainment, Design – Medicine)* gehalten und begeisterte Reaktionen erhalten, als wir die Idee vorstellten, die alte Praktik achtsamen Gewahrseins mit den praktischen Erkenntnissen der modernen Wissenschaft zu verbinden. Einfach ausgedrückt: Warum helfen wir unseren Kindern nicht, ihr Gehirn zu stärken und ihren Geist zu entfalten, anstatt sie nur mit Fakten zu füttern? Warum bewegen wir uns nicht über die drei elementaren *R* hinaus (reading, writing und 'rithmetic – Lesen, Schreiben und

Rechnen) und fügen das vierte *R* – für *Reflexion* – und sogar das fünfte und sechste *R* für *relationships* (Beziehungen) und *resilience* (Resilienz oder Widerstandskraft) hinzu? Dieser reflexionsorientierte Ansatz ist auch landesweit den Schulleitern und anderen Organisationen, die an der Förderung der sozialen, emotionalen und schulischen Intelligenz von Kindern interessiert sind, vorgestellt worden.

Aus meiner Sicht als Psychologe *und* als Vater war es nur logisch, als Nächstes zu versuchen, diese Arbeit in praktische Übungen zu übertragen, die jeder, der regelmäßig mit Kindern zu tun hat, anwenden kann – nicht zuletzt, um auch das eigene Reflexionsvermögen zu erweitern. Resilienz, Selbsterkenntnis und Mitgefühl sind unabdingbare Eigenschaften, und sie sind erlernbar. Tatsächlich könnte es von entscheidender Bedeutung sein, dass wir diese Fähigkeiten erwerben und vermitteln, um den Kurs der menschlichen Evolution in eine positivere Richtung zu lenken. Reflexion ist nicht länger ein Luxus, sondern notwendig für unser Überleben.

10 achtsame Minuten kann die Richtung, in die unsere Gesellschaft sich heute entwickelt, beeinflussen, weil die darin vorgestellten Übungen den Geist der nächsten Generation stärken. Dieses lehrreiche (und unterhaltsame) Buch präsentiert die wissenschaftlichen Grundlagen ebenso wie die praktischen Strategien, durch die Sie achtsames Gewahrsein bei Ihren Kindern ebenso wie bei sich selbst fördern können. Gemeinsam mit unseren Kindern können wir lernen, auf neue Art zu leben – uns des Augenblicks bewusst zu sein, Wertungen und Erwartungen loszulassen und präsenter zu sein. Für andere und für uns selbst.

Wie *10 achtsame Minuten* zeigt, sind Sie selbst der beste Lehrer für Ihr Kind, wenn Sie zum Rollenvorbild werden und Ihrem Kind durch Worte und Taten deutlich machen, wie wichtig es ist, aufmerksam auf jeden Augenblick zu achten. Beim achtsamen Gewahrsein geht es darum, all unsere Sinne zu nutzen – sei es, bewusst zu genießen, was wir essen, auf unsere Atemzüge zu achten oder unserem Gegenüber aufmerksam zuzuhören. Es geht darum, mit frischem Blick und neugierigen Augen zu sehen, innezuhalten und das Wunder eines Schmetterlings wahrzunehmen, den Ihr Kind auf dem Bürgersteig entdeckt. Wenn wir lernen, auch die alltäglichsten Aktivitäten wertzuschätzen – und die lehrreichen Augenblicke in jeder einzelnen Tätigkeit zu entdecken –, eröffnet sich die Möglichkeit, das Gewöhnliche zu etwas ganz Außergewöhnlichem zu machen.

Mit ein bisschen Übung können wir diesen vorübergehenden Gewahrseinszustand in eine Lebensgewohnheit verwandeln. Wenn wir regelmäßig nur zehn Minuten täglich üben, können wir sogar unsere Hirnfunktion verbessern. Einige wenige elementare Schritte reichen aus, um den Autopiloten auszuschalten und wach für das Erleben des gegebenen Augenblicks zu werden. Mit zunehmender Übung entwickelt sich das reflexive Lernen zu einer neuen Art des Sehens und des In-der-Welt-Seins.

Es hat etwas Magisches, wenn wir lernen, unsere mentalen Kräfte zu nutzen, um bewusster zu leben. In meinem Berufsfeld verwenden wir den Begriff *Mindsight,* um den Prozess zu beschreiben, durch den wir lernen können, unsere Aufmerksamkeit auf die innere Welt zu richten, und zwar auf eine Weise, die zu konkreten Veränderungen in der »Verdrahtung« und dem Aufbau unseres Gehirns führt. Diese reflexive Fähigkeit versetzt uns in die Lage, zu erkennen und zu gestalten, wie unser Geist den Informationsfluss steuert, wie unsere Hirnschaltkreise zur Ausbreitung dieses Flusses beitragen und wie unsere Beziehungen in Form zwischenmenschlicher Kommunikation an diesem Informationsfluss teilhaben. *Mindsight* ermöglicht uns, wach und präsent durchs Leben zu gehen und die Gesundheit unseres Geistes, unseres Gehirns und unserer Beziehungen zu fördern. Sie ist der Schlüssel zur emotionalen und sozialen

Intelligenz. *10 achtsame Minuten* beschreibt die grundlegenden Schritte, durch die Sie nicht nur lernen, selbst achtsamer zu leben, sondern auch die *Mindsight*-Fähigkeiten in ihrer Familie zu fördern.

Studien über Eltern-Kind-Beziehungen zeigen, dass die Fähigkeit der Eltern, über mentale Prozesse zu reflektieren, entscheidenden Einfluss auf die kindliche Entwicklung hat. Eltern, die diese Fähigkeit entwickeln, können die mentalen Vorgänge in sich selbst und in ihren Kindern klarer erkennen. Die Bindungsforschung hat gezeigt, dass es sich positiv auf die soziale, emotionale und kognitive Entwicklung des Kindes auswirkt, wenn die Eltern mentale Prozesse *sehen,* in mentalen Begriffen denken und über Gefühle und Gedanken kommunizieren können. Das Kind lernt über die Art, wie seine Eltern, Lehrer oder andere Betreuungspersonen in Beziehung zu ihm treten, wie seine eigene und die innere Landschaft anderer Menschen beschaffen sind. Eine sichere Bindung, die das Ergebnis solcher Mindsight-Fähigkeiten ist, dient dem Kind als »emotionaler Impfstoff« – und verleiht ihm die erforderliche Resilienz im Entwicklungsprozess. Natürlich gibt es keine Garantien für einen erfolgreichen Verlauf der kindlichen Entwicklung, aber wenn wir die Lektionen der Wissenschaft über die Macht der Reflexion beherzigen und diese Macht vermitteln, können wir unseren Kindern die bestmöglichen Voraussetzungen für einen guten Start ins Leben bieten.

Als Vater und als Kinderpsychiater weiß ich sowohl aus persönlicher als auch aus beruflicher Erfahrung, wie schwierig die Elternrolle sein kann. Das Letzte, was man braucht, ist ein weiteres Buch, das auf dem Nachttisch herumliegt oder unsere Zeit vergeudet. Doch jede Lektion und jede Geschichte in diesem Buch wird es Ihnen ein bisschen leichter machen, einen Zugang zu mehr Achtsamkeit zu finden. Sie erhalten einige elementare und wichtige Informationen darüber, wie das Gehirn arbeitet – dargeboten in leicht verdaulichen Häppchen, die verständlicher machen, wie das Denken Ihres Kindes funktioniert und von welchen Kräften sein Verhalten angetrieben wird. Genauso wichtig ist es, dass Sie praktische Wege finden, um Ihren Kindern Achtsamkeit vorzuleben und zu vermitteln. Entlang des Weges werden Sie entdecken – oder wiederentdecken –, wie die Kraft der Dankbarkeit Ihr eigenes und das Glück Ihres Kindes fördert.

Daniel J. Siegel
(Direktor des Mindsight Institute,
Autor von »Das achtsame Gehirn«)

Von der Reise einer Mutter zu mehr Achtsamkeit

Es ist nicht genug, einen guten Kopf zu haben;
die Hauptsache ist, ihn richtig anzuwenden.
René Descartes

Die Lotsen

Seit dem Tag, an dem mein erstes Kind geboren wurde, war mir klar, dass ich bei einer Sache in meinem Leben nicht scheitern durfte – bei der Aufgabe, eine gute Mutter zu sein. Meine schwierigste und wichtigste Rolle würde es sein, dem Potential meiner Kinder zur Entfaltung zu verhelfen.

Arbeitsplätze, Freunde und sogar Ehepartner kommen und gehen, aber Kinder bleiben einem für immer – auch wenn sie Segel setzen, um das Mutterland zu verlassen. Wenn sie in See stechen, fangen wir an, uns Fragen zu stellen. Waren wir immer für sie da, als wir beruflich so stark eingespannt waren? Waren wir präsent genug bei ihren Fußballspielen, Schulaufführungen und Geburtstagen und wenn sie verletzt oder krank waren? Konnten wir uns mit ihnen freuen, wenn sie in der Schule gut abgeschnitten oder etwas neu gelernt hatten? Haben wir ihnen zu viel oder zu wenig gegeben? Haben wir ihnen genügend Aufmerksamkeit geschenkt, um die Dinge zu spüren, die sie nicht aussprachen – um zu spüren, wann sie ihre Wut, ihre Traurigkeit oder ihren Schmerz verbargen? Ach, die zahllosen Fragen, die uns durch den Kopf gehen, während wir hilflos zusehen, wie das Schiff, das unsere kostbarste Fracht trägt, in unbekannte Gewässer aufbricht. Der Lotse des Schiffs bleibt an Land zurück.

Das Bild des Lotsen passt gut zur Elternrolle, weil der Lotse eine immens wichtige Aufgabe auf jedem Schiff hat. Wir Eltern sind da, um unsere Kinder bei ihrer emotionalen Entwicklung anzuleiten, liebevoll zu begleiten und zu fördern. So können sie zu ihrer eigenen Abenteuerreise in ein glückliches, gesundes und produktives Leben aufbrechen. Ein guter Lotse zu sein, ist in unserer heutigen hektischen Welt oft eine beängstigende Aufgabe. Sie erfordert Konzentration, Aufmerksamkeit und Engagement. Das fällt schwer, wenn heute beide Eltern einer Vollzeitbeschäftigung nachgehen, um den Lebensunterhalt zu sichern, wenn neue Technologien dem Familienleben die Vertrautheit rauben und wenn uns viele andere Herausforderungen davon abhalten, voll und ganz für die Sicherheit und das Wohl unserer Kinder da zu sein. Die Anforderungen der Kindererziehung können mehr Stress erzeugen, als wir es je für möglich gehalten haben. Und doch gibt es keine wichtigere Arbeit oder Verpflichtung als die emotionale Anleitung und Prägung, die wir den Kindern, die wir in die Welt gesetzt haben, mitgeben.

Als kleines Mädchen sehnte ich den Tag herbei, an dem ich Mutter werden würde. Ich bürstete das Haar meiner Puppe, fütterte sie mit imaginärem Essen und sang ihr Schlaflieder vor, bevor wir uns beide unter die Bettdecke kuschelten. Ich malte Bilder von Häusern mit weißen Lattenzäunen, auf denen rote Rosen rankten. Die Tür zu diesem Haus war immer offen, bereit, die Kinder der Nachbarschaft willkommen zu heißen. Meine Vision schien so vollkommen, und das Leben, das ich mir vorstellte, so einfach: Ich würde die Köchin, die Bäckerin und die Hausfrau sein; meine Tage würden von Glück und

Freude erfüllt sein. Die reinste Idylle! Und wer hätte es gedacht? Die Wirklichkeit sah anders aus.

Oliver, mein Erstgeborener, wäre bei der Geburt beinahe gestorben. Mein zweites Baby, Kate, war ein Jahr alt, als ihr Vater und ich uns scheiden ließen, was noch mehr Unsicherheit und Traurigkeit mit sich brachte. Damals wurde mir klar, dass Kinder nichts mit Puppen gemein haben und dass Elternsein schwierig ist. Auch Ruhm und Reichtum können daran nichts ändern – genaugenommen können sie die Herausforderung der Kindererziehung sogar noch größer machen. Meine freudigste Entdeckung in dieser schwierigen Situation war, dass mein Herz trotz der ungeheuren Verantwortung für das Wohl meiner Kinder nicht nur aufging, sondern sich auszuweiten schien, bis es eine grenzenlose Menge an Liebe halten konnte.

Doch manchmal reicht auch die Liebe einer Mutter nicht aus. Alleinerziehend zu sein erwies sich als ungeheuer schwieriger Balanceakt, bei dem ich versuchte, meinen beruflichen Verpflichtungen und Anforderungen gerecht zu werden und gleichzeitig für meine Kinder da zu sein. Ich avancierte sogar zur stellvertretenden Fußballtrainerin, obwohl ich kaum die Regeln des Spiels kannte. Heute kann ich darüber lachen, aber damals habe ich mich gefragt, was aus meinem Traum vom vollkommenen Glück geworden ist. Doch dann begegnete ich Kurt Russell. Er brachte seinen Sohn, meinen Stiefsohn Boston, mit und machte uns zu einer richtigen Familie. Wyatt wurde drei Jahre später geboren – der letzte Strang, der unsere Familie zusammenband. Inzwischen bin ich stolze Großmutter von Ryder, Wilder und Bodhi und freue mich auf das vierte Enkelkind, das gerade unterwegs ist. Ich sehe meine Kinder an und staune, dass wir es nach all den gemeinsam durchlaufenen Schwierigkeiten irgendwie geschafft haben.

Die Mutterrolle erforderte den Einsatz zahlreicher Mittel, über die ich zum Teil verfügte und zum Teil nicht. Ich hatte das

Glück, selber wunderbare Eltern zu haben, die sich, obwohl sie beide Vollzeit berufstätig waren, immer um mich gekümmert und mich unterstützt haben. Vor allem haben sie mich geliebt. Sie waren die besten elterlichen Vorbilder, die man sich vorstellen kann – doch sogar das reichte nicht aus. Ich hatte immer noch jede Menge unbeantworteter Fragen. Und die Suche nach Antworten führte mich zu größerer Bewusstheit beim Verständnis meiner eigenen Psyche und bei dem Bestreben zu lernen, wie ich mein eigenes Denken und Fühlen beruhigen und meine Aufmerksamkeit fokussieren kann.

Ich erkannte, dass ich zu dem Vorbild werden musste, das ich für meine Kinder sein wollte. Ich musste mutig sein und mich selbst ehrlich betrachten. Das war nicht leicht. Zum eigenen Kern vorzustoßen und herauszufinden, woraus man wirklich gemacht ist, ist ein wichtiger Augenblick der Erkenntnis. Sobald man die Klarheit und Wahrheit darüber, wer man wirklich ist, verarbeitet hat, entwickelt man die notwendige Einsicht und Empathie, um seine Kinder bei ihrer eigenen Reise zur Selbsterkenntnis zu unterstützen.

Meine Suche

Da mich die Kraft und Widerstandsfähigkeit des menschlichen Geistes seit jeher fasziniert hat, und ich mich selbst als Reisende auf dem lebenslangen Weg der Selbsterkenntnis sehe, begab ich mich in diese Richtung auf die Suche. Ich fing an, Tagungen und Seminare über Neurowissenschaft und »Herzens- und Verstandesbildung« (»heart-mind education«) zu besuchen. Meine Suche eröffnete mir eine ganz neue Welt darüber, wie unser Gehirn funktioniert und über die Art, wie es abhängig von unseren Gefühlen auf Informationen reagiert.

Die Landschaft des Geistes ist ein unendlich faszinierendes Gebiet. Je mehr ich lernte, desto aufgeregter wurde ich ange-

sichts der Möglichkeit, dieses schier grenzenlose Potential anzuzapfen. Forscher und Wissenschaftler liefern uns nicht nur den eindeutigen Nachweis, dass das menschliche Gehirn ein lebendiges, wachsendes Organ ist, sondern ihre Ergebnisse deuten auch darauf hin, dass wir die Art, wie wir mit der Welt interagieren, bewusst verändern können: Wir können unser Denken ändern, um das Beste aus unserem Leben zu machen. Wie Studien belegen, verringert sich unsere Fähigkeit, Probleme zu bewältigen oder neue Informationen aufzunehmen, wenn wir (oder unsere Kinder) gestresst, ängstlich, gelangweilt oder unglücklich sind. Unser Gehirn krampft sich zusammen wie eine geballte Faust. Sind wir hingegen glücklich, entspannt und neugierig, öffnet sich das Gehirn wie eine Blume, und das hilft nicht nur unserem Erinnerungsvermögen auf die Sprünge, sondern verleiht uns auch die Fähigkeit, mit Stress umzugehen.

Entlang des Weges zu diesem tieferen Verständnis traf ich einige unglaublich innovative Menschen, die meine Vision vom Wohl unserer Kinder teilen. Sie haben mir großzügig Einlass in ihre außergewöhnliche Welt gewährt. Diese Experten wurden schnell meine Lehrer und Wegführer. Mit ihrer Hilfe und Inspiration gründete ich im Jahr 2003 die *Hawn Foundation,* eine Non-Profit-Organisation, die ein soziales und emotionales Lernprogramm für Grundschulen, das sogenannte *MindUP,* entwickelte. Wir haben entschieden, uns auf Schulen zu konzentrieren, weil dies die Orte sind, an denen Kinder einen Großteil ihres jungen Lebens verbringen. Durch das Schaffen einer schulischen Gemeinschaft, insbesondere für Kinder, die zuhause wenig Unterstützung finden, hofften wir, einen sicheren Hafen, erfüllt von Optimismus und Freude, zu errichten.

Bei MindUP geht es im Wesentlichen darum, dass Kinder die Biologie ihres eigenen Gehirns auf simpler Basis verstehen. Obwohl Kinder in der Schule routinemäßig die Namen aller wichtigen Knochen und Muskeln, von Schienbein bis Bizeps, auswendig lernen müssen, erfahren sie sehr wenig über das Gehirn – den wichtigsten »Muskel« von allen. Durch das MindUP-Programm lernen sie, wie der emotionale Teil des Gehirns die Areale des klareren Denkens, die uns ruhig und fokussiert sein lassen, okkupieren kann. Die Kinder entdecken, wie das Gehirn funktioniert, und das hilft ihnen zu verstehen, woher ihre Emotionen kommen. Es ermöglicht ihnen eine bessere Selbstwahrnehmung und befähigt sie, ihren eigenen Stress zu verringern und zu bewältigen. Sie lernen, selbst zu steuern, wie sie auf die Außenwelt reagieren.

Sobald die Kinder diese Grundlagen begriffen haben, wird ihnen beigebracht, wie ihre Gedanken und Gefühle ihr Verhalten beeinflussen. Sie entdecken, wie sich die Atmung auf das Gehirn auswirkt. Sie lernen, wie sie ihre Sinnesempfindungen bewusster wahrnehmen können und welche Reaktionen die Sinneseindrücke wachrufen. Schließlich erforschen sie ihre Gefühlszustände und werden in sozialen und zwischenmenschlichen Fähigkeiten unterwiesen. In gewisser Weise kümmert sich MindUP um die Seele der Kinder.

Nachdem wir die Grundprinzipien festgelegt hatten, haben wir einige der klügsten Köpfe aus der Welt der Wissenschaft gebeten, uns bei der Entwicklung eines Programms zu helfen, das in den regulären Stundenplan integriert werden kann. Dann schickten wir unser speziell ausgebildetes Personal landesweit in die Schulen. MindUP ist jetzt flächendeckend in den USA und in Großbritannien vertreten, um Lernfreude und hirn-freundliche Strategien im – wie wir es nennen – »optimistischen Klassenzimmer« einzuführen. Für eine ganzheitliche Erziehung führen wir im Anschluss an das Lesen, Schreiben und Rechnen als viertes Element die Reflexion ein (das sogenannte vierte »R« nach *reading, writing* und *arithmetic*). Wie Dan Siegel in seinem Vorwort zu diesem Buch schreibt, ist Reflexion kein Luxus mehr, sondern unabdingbar für unser Überleben.

In kurzen Unterrichtserweiterungen, die die Lernerfahrung fördern sollen, werden die Kinder dazu ermutigt:

- zu lernen, wie ihr Gehirn auf Emotionen reagiert, so dass sie sich selbst an ihren neutralen Punkt zurückbringen können
- sich regelmäßig »Gehirn-Pausen« zu gönnen und sich auf ihre Atmung zu konzentrieren
- zu üben, aufmerksam auf ihre Sinnesempfindungen zu achten – ihren Seh-, Geschmacks-, Geruchs-, Hör- und Bewegungssinn zu erforschen
- über die Unterschiede zwischen Optimismus und Pessimismus nachzudenken
- zu lernen, Glücksgefühle auszukosten
- sich in praktischer Problemlösung und im kritischen Denken zu üben
- zu lernen, die Perspektive zu wechseln, Situationen aus einer gewissen Distanz zu betrachten und unerwartete Ereignisse erfolgreich zu bewältigen
- den Fokus auf Mitgefühl und Empathie zu lenken
- die Bedeutung der Großzügigkeit und ein Gefühl sozialer Verantwortung zu entdecken
- gütig und mitfühlend zu handeln

Das Programm ist so konzipiert, dass all seine Aktivitäten mit den Lehrplan- und Unterrichtsstandards verknüpft werden können. Das macht MindUP so leicht zugänglich für Lehrer, weil das Programm in den Unterricht integriert wird und nicht einfach etwas Zusätzliches oder Aufgepfropftes ist. Wie zahlreiche Studien belegen, scheint dies auch für die Kinder zu funktionieren.

Die Ergebnisse

Die Hawn-Foundation hat wissenschaftliche Studien gefördert, die die Wirksamkeit des MindUP-Programms überprüfen. Die Ergebnisse waren sehr positiv. Zu meiner Freude berichtete die Mehrheit der Kinder in einer dieser Studien, ihnen gefalle am MindUP-Programm am besten, dass sie lernen, wie sie glücklich sein können. Durchgeführt wurde diese Studie von Kimberly Schonert-Reichl von der University of British Columbia. Im Folgenden einige Ergebnisse:

- Bessere Leseleistung
- Weniger Fehlzeiten
- Ein Rückgang der Aggressionen auf dem Schulhof um 25 Prozent
- Bessere Aufmerksamkeit und gesteigerte Konzentration
- Schnelleres Reaktionsvermögen beim Beantworten von Fragen und bei Antworten an den Lehrer
- Bessere zwischenmenschliche Beziehungen
- Verbesserte Fähigkeit zur Stressbewältigung
- Ein 63-prozentiger Anstieg des Optimismus bei den Teilnehmern

In einer Studie mit über 200 000 Kindern in ähnlichen Programmen kam CASEL (Collaborative for Academic, Social and Emotional Learning) zu dem Ergebnis, dass sich das Verhalten der Kinder im Unterricht verbesserte und die Schüler mit größerem Engagement lernten. Die Kinder waren weniger depressiv und hatten ihre Gefühle besser unter Kontrolle. Sogar die Wahrscheinlichkeit, Drogen zu konsumieren, nahm ab. Und weil emotionale und soziale Fähigkeiten eine entscheidende Rolle bei der Schulleistung spielen, gingen die Testnoten nach oben. Die Schüler in sozialen und emotionalen Lernprogrammen (SEL) schnitten bei Leistungstests um mindestens 10 Perzentilpunkte besser ab als Schüler, die nicht an diesen Programmen teilnahmen.

Eine weitere Studie bestätigte diese Ergebnisse und ergab, dass Kinder aus dem MindUP-Programm von ihren Mitschülern folgendermaßen eingeschätzt wurden:

- freundlicher
- vertrauenswürdiger
- hilfsbereiter
- beliebter
- geringere Neigung, Regeln zu brechen oder Streit anzufangen

MindUP-Kinder hatten ein besseres Arbeitsgedächtnis und waren besser in der Lage, sich Veränderungen anzupassen. Genaugenommen konnten Achtsamkeitsübungen nachweislich dazu beitragen, denjenigen Teil des Gehirns anzuregen, der zuständig für ein gesundes Urteilsvermögen und die Entscheidungsfindung ist.

In einer weiteren Studie wurde das Kortisol-Niveau im Speichel der Kinder untersucht. Beim Niveau dieses wichtigsten Stresshormons kommt es im Tagesverlauf zu natürlichen Schwankungen. Kortisol, das als direkte Reaktion auf Stress im Körper ausgeschüttet wird, ist mit den verschiedensten gesundheitlichen Problemen – von Herzerkrankungen bis Krebs – in Zusammenhang gebracht worden. Durch fokussierte Aufmerksamkeit waren MindUp-Kinder in der Lage, ihren Kortisol-Spiegel den ganzen Tag lang niedrig zu halten, das heißt, sie können besser mit Stress umgehen. Das ist eine sehr wertvolle Fähigkeit, weil Stress das Gedächtnis beeinträchtigt. Wenn wir unseren Kortisol-Spiegel senken, sind wir in der Lage, uns besser zu konzentrieren und zu erinnern. Ein aufgeregtes oder gestresstes Kind nimmt neue Informationen nur schwer auf.

Begeisterung und Neugier bilden hingegen eine ideale Lerngrundlage.

»Ich muss zugeben, dass ich zunächst skeptisch war«, sagte Dr. Schonert-Reichl zu mir. »Aber ich war überrascht, wie schnell sich die Kinder (Viert- und Fünftklässler) – und dann auch die Lehrer – auf das Programm und die Übungen eingelassen haben. Die Kinder haben es sofort begriffen und schienen ganz begierig auf die Übungen, die ihnen helfen würden, mit den Belastungen in ihrem Leben umzugehen … In den zwanzig Jahren, in denen ich sozial-emotionale Lernquotienten gemessen habe, habe ich nie ein Programm erlebt, das so gut funktioniert wie dieses. Ich musste die Zahlen überprüfen, um ganz sicher zu sein.«

Das war eine aufregende Nachricht. Was als winziger Hoffnungsschimmer am dunkelsten Tag aufgetaucht war, hatte sich zu einer hellen Wirklichkeit entwickelt. MindUP hatte so viel von dem, was ich mir erhofft hatte, erreicht. Die Berichte von Eltern und Lehrern (von denen viele in diesem Buch zu Wort kommen) ermutigten mich zusätzlich, denn ich erfuhr, dass manche Kinder die Übungen mit nach Hause brachten, um sie ihren Familien beizubringen. Ein kleines Mädchen erzählte mir zum Beispiel eine recht lustige Geschichte: Als ihre Mutter sie eines Morgens zur Schule fuhr, waren da – wie sie es formulierte – »tausend Verkehr und Autos überall«. Ihre Mutter, die es eilig hatte, fluchte und schimpfte – da lehnte sich das kleine Mädchen zu ihr herüber, schaute sie an und erklärte: »Mom, atme tief durch, entspann dich, und achte auf deine Atmung. Dann sagst du vielleicht nicht so viele schlimme Worte.«

Dieses Buch

Durch den Erfolg des MindUP-Programms habe ich zahllose Eltern kennengelernt, die unbedingt mehr darüber erfahren und diesen positiven Einfluss in ihr Familienleben einbringen wollten. Viele Mütter und Väter, sogar solche, deren Kinder nicht am Programm teilnahmen, erklärten, sie müssten unbedingt auch lernen, diese Methoden zu nutzen, und stellten mir Fragen wie: Wie können wir mehr Gelassenheit entwickeln? Können wir lernen, weniger impulsiv zu reagieren? Wo können wir mehr darüber erfahren?

> *MindUp hat mir im Grunde bei ganz vielen Dingen geholfen – ich kann zum Beispiel nachts besser durchschlafen, besser essen, bin glücklicher in der Schule, finde leichter neue Freunde und kann das Genörgel meiner kleinen Schwester besser ausblenden!*
>
> *William, 12 Jahre alt*

Aus diesen Fragen heraus fing ich an, dieses Buch zu schreiben. Ich bin keine Expertin und ganz bestimmt keine Wissenschaftlerin. Ich würde Jahre brauchen, um die Symphonie des Gehirns zu verstehen. Aber was ich bis jetzt entdeckt habe, ist wirklich aufregend. Mein Wunsch ist es, Sie an der Genialität jener Menschen teilhaben zu lassen, die sich dem Bereich des sozialen und emotionalen Lernens und der positiven Psychologie verschrieben haben, in der Hoffnung, eine bessere Zukunft für die nächste Generation zu schaffen.

Es steht mir nicht zu, irgendjemandem zu sagen, wie er sein Leben führen oder wie er seine Kinder erziehen soll. Ich bin keine perfekte Mutter, aber das heißt nicht, dass ich nicht nach Perfektion strebe. Was ich allerdings weiß, ist, dass MindUP bei Kindern funktioniert und dass die Prinzipien deshalb auch bei Eltern funktionieren können. Ich hoffe, dazu beizutragen, dass wir alle bewusster leben, unseren Stress bewältigen und in unserem eigenen und dem Leben unserer Kinder präsenter werden.

Fluggesellschaften geben ihren erwachsenen Passagieren den Rat, sich zuerst selbst die Sauerstoffmaske aufzusetzen, bevor sie ihren Kindern dabei helfen. Ich fand immer, das sei die perfekte Metapher für eine gute Kindererziehung, denn dasselbe gilt für das Elternsein. Wir selbst müssen die notwendige Stärke sowie die erforderliche Bewusstheit zuerst in uns selbst entwickeln, damit wir anschließend unseren Kindern den bestmöglichen Start ins Leben ermöglichen können. Indem wir einen achtsameren Ansatz entwickeln, mehr Gelassenheit lernen und die Auswirkungen von Stress verringern, gewinnen wir mehr Kontrolle über unsere eigenen Gefühle und Reaktionen. Das hilft uns nicht nur dabei, bessere Eltern zu sein, sondern in allen anderen persönlichen Beziehungen, am Arbeitsplatz und überall sonst in der Welt, zu bestehen.

Ein in sich ruhendes, glückliches Kind ist der erste Schritt zu einer friedlichen, glücklichen Welt. Ich hoffe, mit diesem Buch dazu beitragen zu können, dass Eltern ihre eigenen emotionalen Kämpfe in die richtige Perspektive rücken und wieder in Kontakt mit dem Glückspotential kommen, das wir alle in uns tragen.

Wenn wir den Schleier von den Freuden des Elternseins lüften, geschieht so etwas wie ein Wunder: Wir können nicht nur das Beste mit unserem Kopf anfangen, sondern gleichzeitig unser Herz wachsen lassen. Wir *können* das Rollenmodell für alles sein, was wir unseren Kindern wünschen. Wir *können* Optimismus und Fokus in uns selbst und in unseren Kindern erzeugen. Wir *können* ihr Wohlbefinden fördern und sie befähigen, sich ihrer mentalen Zustände bewusst zu sein und sie zu steuern. Wir *können* ein Gefühl des Trostes in unser Leben bringen und unsere Kinder mit einem Kompass ausstatten, mit dem sie sich in der Welt orientieren können, wenn sie die heimatlichen Gefilde verlassen.

Kinder sind ein kleiner Teil unseres Jetzt, aber 100 Prozent unserer Zukunft. Meine Mission ist es, als Mutter danach zu streben, Glück, Erfolg und emotionale Intelligenz in jenen zu fördern, die unsere Welt in ihrer ganzen Schönheit und Fehlerhaftigkeit erben werden. Wenn wir dasselbe in uns selbst fördern, können wir durch unsere eigene Freude und innere Gelassenheit zum Vorbild für unsere Kinder werden und mit gutem Beispiel vorangehen.

Ich danke Ihnen aus tiefstem Herzen dafür, dass Sie sich mir bei dieser wichtigen Aufgabe anschließen.

Goldie Hawn

Die Experten

Das in diesem Buch vorgestellte Material ist nur der Anfang. Die Menschen, die uns Anleitung gegeben haben, haben weit ausführlicher über dieses Thema geschrieben. Und ich kann nur jedem empfehlen, möglichst viele der im Literaturverzeichnis am Ende dieses Buches aufgeführten Werke zu lesen. Ich habe mich nach besten Kräften bemüht zu erklären, was sie entdeckt haben und wie wir es in unser Alltagsleben integrieren können. (Am Ende des Buches findet sich außerdem ein kurzes Glossar zur Erklärung zentraler Begriffe.)

Die Experten, die sich großzügigerweise bereit erklärt haben, ihre Erkenntnisse mit mir zu teilen, sind Forscher und Praktiker, Neurowissenschaftler und Psychologen. Sie sind gleichzeitig Mütter, Väter, Tanten, Onkel und Großeltern, die – wie ich – dazu beitragen möchten, die besten Methoden zu finden, damit Kinder zu gesunden, glücklichen Menschen heranwachsen. Jeder, der Kinder liebt und sich über die Richtung sorgt, die unsere Gesellschaft einschlägt, muss sich nur die außergewöhnlichen Ergebnisse ihrer Arbeiten ansehen. Sobald wir uns mit der wissenschaftlichen Forschung befassen, wird die Richtung klar.

Ich habe in diesem Buch viele Fachleute zitiert, aber die folgenden sind jene, deren Forschung und Ermutigungen besonders hilfreich für mich waren und deren wichtigste und relevanteste Entdeckungen das gesamte Buch durchziehen:

Daniel Amen, Neurowissenschaftler und Kinder- und Erwachsenenpsychiater an der University of California, Irvine, School of Medicine, und Autor von *Das glückliche Gehirn* (Original: *The Amen Solution*) und *Change Your Brain, Change Your Life* u. a. m.

Sharon Begley, Wissenschaftsjournalistin und Autorin von *Neue Gedanken – neues Gehirn (Original: Train Your Brain, Change Your Brain)* und *The Plastic Mind*

Mihaly Csikszentmihalyi, Fachmann für positive Psychologie und Leiter des Quality of Life Research Center, Claremont Graduate University

Richard Davidson, Professor für Psychologie und Psychiatrie, University of Michigan, und Gründer des Center for Investigating Healthy Minds

Adele Diamond, Neurowissenschaftlerin an der University of British Columbia und eine der Begründerinnen einer entwicklungsbezogenen kognitiven Neurowissenschaft

Daniel Goleman, Psychologe und Autor von *Emotionale Intelligenz* (Original: *Emotional Intelligence*) u. a.

Amishi Jha, Professor für Psychologie, University of Miami

Jon Kabat-Zinn, Professor Emeritus der Medizin und Gründungsdirektor der Klinik für Stressabbau und des Zentrums für Achtsamkeit in Medizin, Gesundheitswesen und Gesellschaft an der University of Massachusetts, Medical School.

Susan Kaiser Greenland, Lehrerin, Gründerin des Achtsamkeitsprogramms *Inner Kids* und Autorin von *Wache Kinder* (Original: *The Mindful Child*)

Linda Lantieri, Expertin für soziales und emotionales Lernen, CASEL *(Collaborative for Academic, Social and Emotional Learning)*

Madeline Levine, Psychologin und Autorin von *The Price of Privilege*

Helen Neville, Professorin für Psychologie und Neurowissenschaft, Leiterin des Brain Development Lab und Leiterin des Center for Cognitive Neuroscience, University of Oregon

Kimberly Schonert-Reichl, Associate Professor für Pädagogik, University of British Columbia

Daniel J. Siegel, Professor für Psychiatrie an der UCLA School of Medicine und Codirektor des Mindful Awareness Center

Kathryn Wentzel, Professor für menschliche Entwicklung und lebenslanges Lernen, University of Maryland, Maryland Literacy Research Center

Judy Willis, Neurologin, Lehrerin und Autorin von *How Your Child Learns Best*

1

Warum wir **JETZT** handeln müssen

Der menschliche Geist ist wie ein Fallschirm –
er funktioniert nur, wenn er offen ist.
Frank Zappa

Verlust des Glücks

Wissenschaftlichen Studien zufolge lächelt ein Säugling 50 bis 70 Mal am Tag, ein Kleinkind etwa 600 Mal. Ich bin sicher, einige von uns haben sich schon einmal gefragt, wohin dieses Lächeln verschwindet. Was beraubt uns dieses Lächelns? Dieses Kapitel stellt alarmierende Fakten vor, die belegen, dass auch das Glück unserer Kinder im Schwinden begriffen ist. Laut UNICEF sind US-amerikanische Kinder nach den britischen Kindern die zweitunglücklichsten der Welt – eine Tatsache, die jeden von uns bis ins Mark erschüttern sollte. Wie kann es sein, dass zwei der reichsten Länder der Erde so schlecht abschneiden, wenn es ums Glücklichsein geht? Glück ist kein belangloser Luxus, es ist die Essenz. Jeder von uns hat das Recht auf Glück, Zufriedenheit und Wohlbefinden. Den Entschluss zu fassen, das Glück auch im Chaos zu finden, ist der erste Schritt, um es wiederzuentdecken. Leider gibt es noch weitere beunruhigende Statistiken, die einige sehr unangenehme Wahrheiten bestätigen.

Emotionale Probleme: Immerhin 8 Prozent unserer Kinder

gelten als betroffen von emotionalen Problemen. Der US Public Health Service schätzt, dass 6 bis 9 Millionen amerikanische Kinder unter einer diagnostizierbaren mentalen Störung leiden, die ihnen den Alltag erschwert. Im Teenageralter leiden schon 20 Prozent unter Problemen wie der Aufmerksamkeitsdefizit-/Hyperaktivitäts-Störung (ADHS) und der Aufmerksamkeitsdefizit-Störung (ADS).

Depressionen: Schon bei Dreijährigen werden Depressionen festgestellt. Einige Studien deuten darauf hin, dass bereits jeder achte Jugendliche unter Depressionen leidet. Die American Academy of Child and Adolescent Psychiatry (AACAP) setzt die Zahl bei etwa 5 Prozent der jüngeren Bevölkerung an.

Gebrauch und Missbrauch von Pharmazeutika: Die Einnahme von Pharmazeutika zur Behandlung von psychischen Störungen ist im letzten Jahrzehnt bei Mädchen um 68 Prozent und bei Jungen um 30 Prozent angestiegen. Laut der American Psychiatric Association nehmen die Zahlen weiterhin jährlich zu.

Schlechte Schulleistungen: Nach dem letzten Bericht der Organisation for Economic Co-operation und Development (2003) belegen US-amerikanische Fünfzehnjährige den 23. Platz in der globalen Rangfolge der schulischen Leistung beim Lesen, den 28. beim Rechnen und den 27. in den Naturwissenschaften.

Zahl der Schulabbrecher: In den fünf größten Städten machen 48 Prozent unserer Kinder keinen High School-Abschluss, so America's Promise Alliance.

Suizid: Die Selbstmordrate bei Jugendlichen hat sich seit den 1950ern vervierfacht. Laut den veröffentlichten Statistiken der US Centers for Disease Control and Prevention haben im Jahr 2009 acht Prozent der High School-Schüler berichtet, sie hätten versucht, sich das Leben zu nehmen, und 17 Prozent, dass sie ernsthaft darüber nachgedacht hätten, sich umzubringen. Wie die Statistiken von AACAP zeigen, ist Selbstmord inzwischen die dritthäufigste Todesursache bei jungen Erwachsenen zwischen 15 und 24 Jahren, was dreimal so hoch ist wie die Mordrate. Bei Fünf- bis Vierzehnjährigen ist der Suizid die sechsthäufigste Todesursache.

Weniger Glück und Lebensfreude: Bis zu 60 Prozent unserer Kinder haben keinen inneren Bezug zur Schule. In einer Studie stimmten 61 Prozent der Viertklässler der Aussage zu: »Ich bin zufrieden mit dem Leben.« Bei den Siebtklässlern behaupteten dies nur 36 Prozent über sich.

Unbemerktes Leiden

Zu den Kindern, die besonders gefährdet sind, gehören viele, die kein Syndrom und keine sichtbaren Kennzeichen haben. Ihr Leiden bleibt entweder unbemerkt oder wird ignoriert, und sie brauchen Hilfe. Vor allem Kinder wohlhabender Eltern haben Probleme. Entweder ihr Tagesablauf wird bis ins letzte Mikrodetail gemanagt oder sie werden zum Ausgleich für die fehlende physische oder emotionale Präsenz mit materiellen Gütern überschüttet. Das kann dazu führen, dass die Kinder sich unverstanden und leer fühlen. Sie beschreiben sich selbst manchmal als »gelangweilt und langweilig«. Es fehlt ihnen an Resilienz und Begeisterung, sie verzagen schon bei kleineren Rückschlägen und verfallen in Apathie. Diese Kinder erledigen alles rein mechanisch. Viele brauchen Alkohol oder Drogen, um über den Tag zu kommen. Man hat sie als die »verlorene Generation der Vernachlässigung« bezeichnet.

Suniya S. Luther, Professorin für Psychologie und Pädagogik an der Columbia University, führte mehrere Studien über Resilienz und Vulnerabilität bei Jugendlichen durch. Sie kommt zu dem Ergebnis, dass Substanzenmissbrauch und emotionale Probleme von Jugendlichen keineswegs auf die innerstädtischen Bezirke und die sozial schwachen Schichten beschränkt sind, sondern am häufigsten in den Vorstädten bei wohlhabenden Bevölkerungsgruppen, insbesondere bei den Mädchen, auftreten.

Ob sieben oder siebzehn – Kinder sind sehr gut darin, ihre wahren Gefühle vor den Erwachsenen zu verbergen, vor allem wenn ihre Gefühle damit zusammenhängen, dass wir so viele Erwartungen in sie setzen oder sie vernachlässigen, weil wir mit anderen Dingen beschäftigt sind. Hoffnungen für das Wohl und Glück unserer Kinder zu hegen ist normal, aber wir müssen darauf achten, uns nicht darauf zu konzentrieren, was mit ihnen *nicht* in Ordnung ist, sondern auf das, was in Ordnung ist. Manchmal sind wir zum Beispiel auf ihre Schulnoten fixiert, doch einige Kinder schneiden bei Tests nicht gut ab, auch wenn sie sehr klug und kreativ sind. Häufig versagen sie aus Nervosität, die ihre Fähigkeit zum kritischen Denken und ihr Erinnerungsvermögen beeinträchtigt. Es ist wichtig, sich die Belastungen bewusst zu machen, denen unsere Kinder jeden Tag ihres jungen Lebens ausgesetzt sind. Wir müssen unter die Oberfläche schauen und uns auf sie einstimmen, damit wir die Symptome ihres stummen Kummers schnell erkennen und wissen, wie wir am besten damit umgehen können. Ist es nicht das, was wir im Grunde mehr als alles andere für unsere Kinder wollen – dass sie glücklich sind?

Reflexionen

Der Sohn meiner Freundin wurde zusammen mit mehreren anderen Schülern beim Schummeln in der Schule erwischt. Aus irgendeinem Grund wurde er herausgepickt. Im Büro des Direktors beobachtete sie, wie ihr Junge in sich zusammensank, als er gestand, was er gemeinsam mit zehn Mitschülern angestellt hatte. Hinterher weinten sie und ihr Sohn zusammen im Auto. Sie merkte, wie verwirrt, schuldbewusst und verletzt er war. »Jeder mogelt, Mom«, erklärte er weinend. »Wir haben Angst, schlecht abzuschneiden oder nicht die allerbesten Noten zu bekommen.« Er erzählte, dass die Schule Programme für Kinder anbietet, die Drogen nehmen oder zu viel trinken. »Sie müssten auch was gegen das Mogeln anbieten, weil jeder mogelt und jeder Angst hat.«

Als mir meine Freundin diese Geschichte erzählte, wurde mir bewusst, wie hoch der Stress-Level unserer Kinder ist und wie groß der Erfolgsdruck, unter dem sie stehen. Niemand schaute auf den größeren Zusammenhang – auf die Gründe, aus denen normalerweise wohlerzogene Schüler das Risiko eines Schulverweises eingingen. Vielleicht lag es an den Erwartungen der Eltern, vielleicht an denen der Schule. Vielleicht lag es auch daran, dass diese Schüler das Bedürfnis hatten, genauso schlau zu wirken wie einige ihrer Freunde. Emotionale Intelligenz ist genauso wichtig wie schulische Intelligenz, wenn nicht wichtiger. Diese Art von Verhalten ist ein Merkmal von emotionalem Analphabetentum und kann sich bis ins Erwachsenenalter fortsetzen, wenn man nicht richtig damit umgeht.

2

Die Wunder des Gehirns

Wenn Kinder einmal erkennen, dass es wichtig ist, was sie denken, verändert sich die Art, wie sie lernen. Es verstärkt die Freude am Lernen und die Wirkung der Lernerfahrung.

Daniel J. Siegel

Die Kräfte des Gehirns entdecken

Wir leben in aufregenden Zeiten – Eltern, Lehrer und Politiker erkennen allesamt, dass die alten Denkmuster nicht mehr funktionieren. Es gilt zu überdenken, wie wir die nächste Generation fördern und wie wir das Gefühlsleben unserer Kinder verbessern können (oder ihre emotionale Intelligenz, um den von Daniel Goleman geprägten Begriff zu verwenden). Die Zukunft liegt in unserer Hand und schon bald in der unserer Kinder.

Bevor wir die Achtsamkeit in all ihren Facetten voll erfassen können, müssen wir einige Schlüsselfakten über das menschliche Gehirn verstehen. Wenn wir uns mit den am Denken, Lernen und Fühlen beteiligten Hauptstrukturen vertraut machen, können wir lernen, die Kräfte des Gehirns zu nutzen, um emotionales Wohlbefinden zu schaffen. Wichtiger noch, wir können unseren Kindern auf einfache Weise erklären, wie das Gehirn funktioniert, und unsere Erkenntnisse mit ihnen teilen – beim

Essen, im Auto oder auf dem Schulweg –, wann immer und wo immer sich eine Gelegenheit bietet. Am wichtigsten ist dabei, unseren Kleinen zu vermitteln, dass sie ihr Denken und Fühlen selbst steuern können und nicht umgekehrt gesteuert werden.

Die Wegbereiter der Erforschung der Neurowissenschaften, des Verhaltens und der Emotionen arbeiten in einem sich ständig weiterentwickelnden und wachsenden Feld. Die Auswahl der aktuellsten und relevantesten Forschungsergebnisse und der besten Techniken zur praktischen Anwendung dieser Erkenntnisse auf Alltagsprobleme war keine leichte Aufgabe. Aber ich hoffe, die wichtigsten Ergebnisse dieser Arbeit herausgefiltert zu haben, die zeigen, dass unser Gehirn und unsere Gefühle (ebenso wie die Fähigkeit, sich zu konzentrieren, Stress zu bewältigen und zu lernen) aufs Engste miteinander verbunden sind.

Der beste Ausgangspunkt ist, zunächst die Forschungsfelder zu definieren, in denen die für dieses Buch zu Rate gezogenen Wissenschaftler und Pädagogen arbeiten. Anschließend können wir dazu übergehen, die Funktionsweise des Gehirns zu erkunden, um die Anwendung der Wissenschaft in unserem Alltagsleben aufzuzeigen.

Kognitive Neurowissenschaft

Heutige Studien über die Entwicklung und Funktionsweise des Gehirns stützen sich auf den Einsatz von bildgebenden Verfahren wie EEG, MRT und PET-Scans, durch die man das Denken tatsächlich *sehen* kann. Diese bunten Computerbilder des Gehirns zeigen uns, was mit der Durchblutung und der elektrischen Aktivität geschieht, wenn sich eine Person in einem aufgewühlten oder in einem gelassenen Gefühlszustand befindet. Die Bilder gewähren uns einen Einblick in die innere

Welt, wie wir ihn nie zuvor hatten, und liefern den Neurowissenschaftlern einen direkten Beweis für Ursache und Wirkung.

Soziales und emotionales Lernen

Wie wir Tag für Tag mit unseren Gedanken, Empfindungen, Emotionen und Beziehungen umgehen, ist in den letzten Jahren das Thema intensiver wissenschaftlicher Forschung gewesen. Was wir allmählich verstehen, ist, dass die emotionale Intelligenz – und das damit zusammenhängende Konzept eines Emotionalen Quotienten (EQ) – mindestens genauso wichtig ist wie der IQ. Personen mit ausgeprägten sozialen und emotionalen Kompetenzen kommen privat und beruflich nachweislich besser zurecht, unabhängig von ihrer Intelligenz. Es gibt fünf Formen von Grundkompetenzen, aus denen sich die sozial-emotionale Intelligenz zusammensetzt:

Selbstwahrnehmung: Man weiß, was man denkt und fühlt, und ist sich bewusst, wie Gedanken und Gefühle die eigenen Handlungen und Entscheidungen beeinflussen.

Selbst-Management: Man lernt, wie man mit schwierigen Emotionen umgeht und sie so steuert, dass sie keine Probleme verursachen; die Fähigkeit, Ziele zu setzen und Hindernisse zu bewältigen.

Verantwortliche Entscheidungsfindung: die Fähigkeit, Lösungen für Probleme zu finden, und die Konsequenzen des Handelns für sich selbst und andere zu erkennen.

Soziales Bewusstsein: Verständnis für die Gedanken, Gefühle und Perspektiven anderer und die Fähigkeit, sich in sie einzufühlen.

Beziehungskompetenz: Die Fähigkeit, Konflikte durchzuarbeiten, starke Bindungen einzugehen und sich negativem Gruppendruck zu widersetzen.

Positive Psychologie

Die positive Psychologie ist ein relativ neues Forschungsgebiet und stützt sich auf die Grundannahme, dass es besser ist, die geistig-seelische Gesundheit zu fördern, als sich auf die negativen Aspekte mentaler Störungen und psychischer Probleme zu konzentrieren. Laut dem Zentrum für Positive Psychologie an der University of Pennsylvania, das von Martin Seligman, dem Vater dieses Forschungsfeldes, gegründet wurde, »ist positive Psychologie die wissenschaftliche Erforschung der Stärken und Tugenden, die dem Einzelnen und der Gemeinschaft ein glückliches Leben ermöglichen … Positive Psychologie hat drei zentrale Anliegen: positive Emotionen, positive Persönlichkeitszüge und positive Institutionen[1]. Zum Verständnis positiver Emotionen gehört es, die *Zufriedenheit* mit der Vergangenheit, das *Glück* in der Gegenwart und die *Hoffnung* für die Zukunft zu erforschen. Das Verständnis positiver individueller Eigenschaften besteht aus dem Studium der Stärken und Tugenden, wie der Fähigkeit zu lieben und zu arbeiten, Mut, Mitgefühl, Resilienz, Kreativität, Neugier, Integrität, Selbsterkenntnis, Mäßigung, Selbstbeherrschung und Klugheit. Das Verständnis positiver Institutionen umfasst das Studium der Stärken, die bessere Gemeinschaften fördern – wie Gerechtigkeit, Verantwortungsbewusstsein, Höflichkeit, Elternverhalten, Fürsorg-

> *Wenn man Informationen durch Spiele und Aktivitäten lustvoll und sinnlich erlebbar macht, kann man den Fluss tatsächlich in die höheren Hirnregionen umlenken.*
>
> *Judy Willis*

[1] Gemeint sind z.B. »gesunde« Familien, Wohngegenden, Schulen, Medien oder Betriebe.

lichkeit, Arbeitsethik, Führungsqualitäten, Teamwork, Zielstrebigkeit und Toleranz.«

Positive Psychologen sind überzeugt, dass es tatsächlich einen angeborenen menschlichen Drang gibt, ein sinnvolles und erfülltes Leben zu führen. Ihre Kenntnisse nützen Familien und Schulen, sollen die kindliche Entfaltung fördern, die Zufriedenheit und Produktivität am Arbeitsplatz und das Engagement in Gemeinschaften.

Achtsamkeit

Das Studium der Achtsamkeit ist ein weiteres wichtiges Forschungsfeld, auf das die Vertreter der positiven Psychologie verweisen. Achtsamkeit ist ein wesentliches Mittel, um Glück

> *Studien deuten darauf hin, dass Menschen mit einem höheren Maß an Achtsamkeit besser in der Lage sind, ihr inneres Wohlbefinden zu regulieren, weil sie ihre Gefühle bewusster wahrnehmen, sie verstehen und akzeptieren. Sie sind fähig, negative Stimmungen zu korrigieren oder zu verbessern … Diese Fähigkeit, das eigene innere Gefühlserleben im gegebenen Augenblick gekonnt zu regulieren, überträgt sich auf lange Sicht in eine stabile Psyche.*
>
> *Jeffrey M. Greeson*

und Erfüllung zu erlangen. Achtsamkeit heißt, unsere derzeitigen Gedanken, Gefühle und die äußeren Gegebenheiten bewusst wahrzunehmen – und diese Wahrnehmungen mit Offenheit und Neugier, auf nicht wertende Weise anzunehmen. Achtsamkeit bedeutet, dass wir uns auch darauf konzentrieren, *nichts zu tun* – eine entscheidende Fähigkeit in diesen hektischen Zeiten.

Es ist heute wichtiger denn je, uns selbst und unseren Kindern beizubringen, wie man sich sammelt. Nur so bemerkt man es, wenn man den Fokus verloren hat. Wir lernen hierbei, unsere Aufmerksamkeit über längere Zeiträume aufrechtzuerhalten. Achtsamkeitspraktiken haben erstaunliche Wirkungen. Wenn wir zum Beispiel lernen, achtsam zu atmen, tragen wir dazu bei, das neurologische System ins Gleichgewicht zu bringen, und können das perfekte Klima für eine gesunde Hirnfunktion erzeugen.

3

Wie das Gehirn arbeitet

Bildung und Erziehung heißt, das Gehirn zu entdecken … Wer kein umfassendes, ganzheitliches Verständnis vom Aufbau, den Zielen und den wichtigsten Funktionsweisen des Gehirns hat, hinkt der Zeit so weit hinterher wie ein Autodesigner mit lückenhaften Kenntnissen von Motoren.

Leslie Hart, *Human Brain, Human Learning*

Das Gehirn steuert zusammen mit dem Rückenmark und dem Nervensystem alle mentalen Prozesse und körperlichen Handlungen. Es hat eine unglaublich komplexe Struktur mit fast unendlich vielen Teilen, die harmonisch zusammenarbeiten, um mentale, physische und emotionale Aufgaben zu erfüllen. Der Einfachheit halber wollen wir das Gehirn in möglichst allgemeinen Begriffen beschreiben und uns auf jene Aspekte konzentrieren, die mehr oder minder direkt mit dem achtsamen Gewahrsein zusammenhängen.

Amygdala: ein mandelförmiges Gebilde, das wie ein Wachhund im Gehirn agiert

Hippocampus: Teil des limbischen Systems, das die Erinnerungsfähigkeit und die räumliche Orientierung unterstützt

Limbisches Gehirn: auch bekannt als emotionales Gehirn, ein Schlüsselbereich für Emotionen, Langzeitgedächtnis und Verhalten

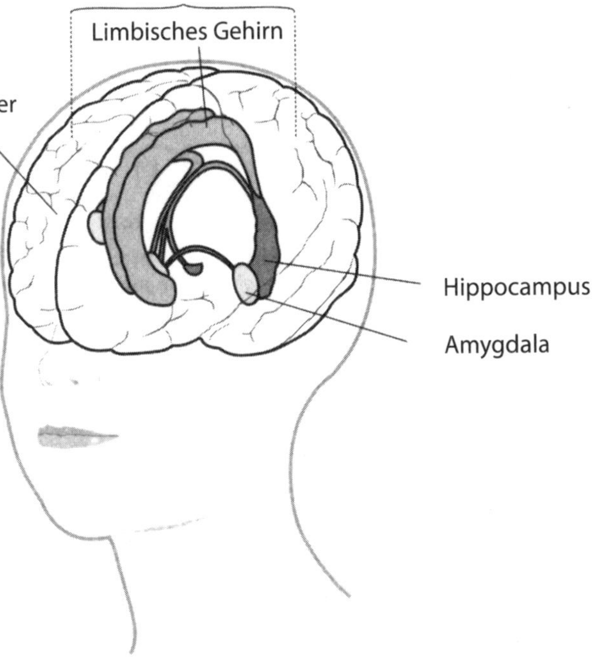

Präfrontaler Kortex (PFC): die »weise alte Eule« auf der Vorderseite des Gehirns, wo unsere höheren oder kritischen Denkfähigkeiten angesiedelt sind

Rechte und linke Hirnhälfte: die beiden Hälften des Großhirns, die durch das Corpus callosum miteinander verbunden sind

Die Hirnhälften

Der am deutlichsten zu erkennende Teil des Gehirns, der uns vielleicht am ehesten in den Sinn kommt, wenn wir an das Gehirn denken, ist das Großhirn. Es ist in die rechte und linke

Hemisphäre unterteilt, die durch eine Brücke verbunden sind. Über diese Brücke findet ein ständiger Informationsaustausch zwischen den beiden Hälften statt, aber jede Hemisphäre verarbeitet Informationen anders und erfüllt ihre jeweiligen Aufgaben.

Einige Menschen sind eher von der *linken Hemisphäre* gesteuert, die primär für lineares, logisches und sprachbasiertes Denken zuständig ist. Diese Seite ist darauf spezialisiert, zwischen richtig und falsch oder Ursache und Wirkung zu unterscheiden.

Die *rechte Hemisphäre* ist eher gefühlsbetont und zuständig für ein ganzheitliches, nicht-lineares Denken. Neben der Spezialisierung auf starke Gefühle verarbeitet sie visuelle und räumliche Informationen, sendet und empfängt nonverbale Signale und vermittelt uns ein Gespür für uns selbst und andere. Kinder sind hauptsächlich rechtshemisphärische Denker, gesteuert von ihren Gefühlen. Deshalb fällt es Erwachsenen (die hauptsächlich über die linke Hemisphäre denken) oft schwer, den kindlichen Gedanken und Argumentationen zu folgen. Die linke Hemisphäre schaltet sich im Alter von etwa vier Jahren ein, wenn das logische Denken und die Fähigkeit, Gefühle in Worte zu fassen, sich allmählich entwickeln; ab diesem Zeitpunkt können Eltern mit ihren Kindern auf eine eher rationale, logische und »erwachsene« Weise reden.

Im Alter von etwa acht Jahren fangen die beiden Hirnhälften an, besser miteinander zu kommunizieren. Jetzt zeigt sich allmählich – je nach Temperament – die angeborene Neigung zur Bevorzugung einer der beiden Hirnhälften. Wenn jemand künstlerisch und kreativ veranlagt ist, hat es wenig Sinn zu versuchen, ihn zu linkshemisphärischen Aktivitäten zu zwingen oder zu etwas zu formen, das er nicht ist – und umgekehrt. Ich zum Beispiel bin Linkshänderin (die Händigkeitspräferenz ist abhängig von der dominanten Hirnhälfte) und hatte das Glück, dass mir niemand die linke Hand auf dem Rücken festgebunden hat, um mich zur Benutzung der rechten zu zwingen, wie es in meiner Kindheit gängige Praxis war.

Doch wenn es darum geht, Glück und Erfüllung in unser Gefühlsleben zu bringen, kann es sich als problematisch erweisen, wenn man allzu sehr über die eine oder andere Hirnhälfte agiert. Durch Achtsamkeit können wir die beiden Seiten ins Gleichgewicht bringen.

Drei Gehirne in einem

Von außen betrachtet erscheint das Gehirn vielleicht wie ein einziger großer Klumpen oder eine unebene graue Masse, doch unter dem Großhirn verbergen sich verschiedene Hirnschichten oder Bereiche, die man auch als drei Gehirne in einem bezeichnen könnte:

1. Das »Steinzeit«- oder *Reptilgehirn* steuert unsere automatischen Reaktionen wie Essen und Atmen.
2. Das »emotionale« oder *limbische Gehirn* ist zuständig für die Erzeugung von Gefühlen und das Ein- und Ausschalten unserer Stressreaktionen. Tief im Zentrum des limbischen Gehirns sitzt die *Amygdala,* die einem Wachhund an den Toren des Gehirns gleicht. Ihre Funktion hat sich über viele Millionen Jahre hinweg entwickelt – seit den Tagen des Säbelzahntigers, als wir Entscheidungen darüber treffen mussten, ob wir kämpfen, fliehen oder zur Salzsäule erstarren. Die Amygdala filtert die eingehenden Informationen

> *Die Amygdala ist der Ort, wo Herz und Verstand aufeinander treffen und wo die empfangenen Daten mit emotionaler Bedeutung verknüpft werden, um ihren Lustgehalt einzuschätzen.*
>
> *Judy Willis*

und entscheidet, ob sie eine Bedrohung darstellen oder nicht. Sobald sie zu dem Schluss kommt, dass eine Gefahr droht, beginnt sie zu feuern und setzt Stress-Hormone wie Adrenalin und Kortisol frei, die die Symptome von Angst und Furcht auslösen. Diese Hormone sind toxisch und können mehrere Tage im Körper bleiben. Die Amygdala schüttet auch Glukose für unsere Muskeln aus, um sie auf bevorstehende Aktivitäten vorzubereiten. Wenn die Amygdala eingehende Informationen hingegen als erfreulich oder sicher deutet, entspannt sie sich und öffnet eine Art Schleusentor: Die Informationen können zur nächsten Ebene, dem präfrontalen Kortex, aufsteigen, wo ein Großteil des kritischen Denkens stattfindet.

Viele Teile des Gehirns arbeiten zusammen, um komplexes Verhalten zu erzeugen.
Richard Davidson

3. Das »neue« oder *kortikale Gehirn* spielt eine Schlüsselrolle für Erinnerungsfähigkeit, Aufmerksamkeit, bewusste Wahrnehmung, Denken, Sprache und Bewusstsein. Der *präfrontale Kortex (PFC)*, der direkt hinter der Stirn liegt, bildet den größten Teil des kortikalen Gehirns. Diese Hirnregion gleicht einer weisen alten Eule, die Informationen beobachtet, analysiert und erinnert. Der *PFC* steuert die *Exekutivfunktionen* – Denken, Planen, logisches Schlussfolgern, Problemlösung, Entscheidungsfindung und Impulskontrolle. Mit anderen Worten: Er kontrolliert den größten Teil dessen, was wir als Intelligenz bezeichnen.

Menschen haben proportional betrachtet den größten präfrontalen Kortex aller Säugetiere. Eine seiner wichtigsten Aufgaben ist die Regulation der Signale, die von der Amygdala ausgehen – die Besänftigung des Wachhundes »im Tanz zwischen Geist und Gehirn«, wie Daniel Siegel es ausdrückt.

Reflexionen

Als meine beiden ältesten Kinder in der Grundschule waren, bemerkte ich, wie sie im Bildungssystem von ihrem Weg abkamen. Sie wirkten überfordert vom Auswendiglernen und litten offensichtlich unter Versagensängsten. Ich hatte den Eindruck, dass man ihr Interesse auf eine Weise wecken müsste, die das Lernen zu einer freudigeren Erfahrung machte. Ich raffte meinen Mut zusammen und suchte die Direktorin auf, um sie zu fragen, ob sie meinen Kindern helfen könne, einen persönlicheren Zugang zu den Lerninhalten zu finden – etwas, was sie meiner Ansicht nach brauchten. Glücklicherweise reagierte sie sehr aufgeschlossen auf meine Ideen und fing an, einige davon umzusetzen. Bei einem darauffolgenden Englisch-Projekt zum Beispiel wurden die Kinder aufgefordert, ihre Familien zu fotografieren und über sie zu schreiben, wodurch das Erzählen für sie lebendig wurde. Ich wusste damals noch nichts darüber, wie das Gehirn funktioniert, aber ich hatte durchaus ein gewisses Gespür dafür. Alle Eltern haben – wenn sie innehalten und aufmerksam hinschauen – die Fähigkeit, die Sorgen und inneren Kämpfe ihres Nachwuchses zu erkennen. Nur so können Eltern ihre Kinder unterstützen, und zwar unabhängig davon, ob sie etwas über das Gehirn und die Gefühlssteuerung in deren Tagesablauf wissen.

Positiv und negativ

Auch wenn das physiologische Gehirn als solches möglicherweise der Ausgangspunkt für alle physischen und mentalen Funktionen und Informationen ist, wäre die Verbreitung von Informationen im gesamten System unmöglich ohne die Freisetzung von *Neurotransmittern.* Das sind chemischen Substanzen wie Dopamin, Serotonin, Norepinephrin und Melatonin, die Botschaften über die Zwischenräume der Hirnzellen transportieren. Dopamin zum Beispiel, das von besonderer Relevanz für das soziale und emotionale Lernen ist, trägt nicht nur dazu bei, die Informationsübermittlung zu erleichtern, sondern löst auch angenehme Gefühle bei uns aus. Genauso wie das Betrachten eines Schokoladenkekses oder einer anderen Lieblingsspeise dazu führen kann, dass uns im wahrsten Sinne des Wortes das Wasser im Mund zusammenläuft, kann tatsächlich der bloße Gedanke an eine erfreuliche Erfahrung Dopamin freisetzen. Immer wenn wir an etwas Positives denken oder eine angenehme Erinnerung wachrufen, wird Dopamin ausgeschüttet und versetzt uns in positivere Stimmung. Wissenschaftler haben nachgewiesen, dass mitfühlendes Handeln und der Ausdruck von Dankbarkeit die Dopaminproduktion ankurbelt. Dopamin fördert außerdem das Erinnerungsvermögen und die Konzentrationsfähigkeit – wie Sie wahrscheinlich selbst schon erlebt haben, wenn Sie an einem Projekt arbeiten, das Ihnen wirklich am Herzen liegt, oder sich an ein besonders schönes Erlebnis erinnern.

Die wichtigste Zeit für die Reifung des Gehirns sind die Jahre von der Geburt bis zum Alter von sechs Jahren (auch wenn die Reifung des Gehirns erst mit etwa Mitte zwanzig abgeschlossen ist). Vom ersten Atemzug an ist unser Gehirn wie ein kleiner Schwamm, der alles um uns herum aufsaugt. In dieser Zeit haben Eltern den größtmöglichen Einfluss, weil sich die positiven und negativen Erfahrungen, denen das Gehirn ausgesetzt ist, besonders stark einprägen. Das funktioniert so: Elektrische Signale reisen an den etwa 100 Milliarden Nervenzellen/*Neuronen* im Gehirn entlang, um Gedanken, Erinnerungen und Gefühle zu bilden. Bei jeder neuen Erfahrung werden die elektrischen Ladungen in einer bestimmten Sequenz gefeuert. Je öfter sie aktiviert werden, desto wahrscheinlicher ist es, dass sie das nächste Mal in der selben Sequenz feuern. So kommt es schließlich zur »Verdrahtung« des Gehirns, indem sich bestimmte Leitungsbahnen vertiefen. Wenn wir an etwas Negatives denken, feuert das Gehirn auch entsprechend. So wie unsere Fähigkeiten beim Fahrradfahren oder Klavierspiel sich durch wiederholte Übung verbessern, können wir durch positive Praktiken wie die der Achtsamkeit ein gesünderes Gehirn aufbauen.

> *Dopamin erzeugt ein Gefühl von Aufgewecktheit, sorgt für Aufmerksamkeit, schnelles Denken, Motivation und mentale Energie. Versagensangst, Isolation und Stress führen dazu, dass Dopamin in Norepinephrin verwandelt wird. Aufgewecktheit schlägt dann in Aggressivität, Aufregung, Frustration und Apathie um. Wie sollen Kinder unter solchen Voraussetzungen lernen?*
>
> *Marc Meyer*

Als lebende Organismen, die Energiewellen abgeben, haben wir ungeheuren, unsichtbaren Einfluss auf die Menschen in unserer Umgebung, insbesondere auf unsere Kinder. Sogar Säuglinge können unsere Gefühle über spezialisierte Hirnzellen, die sogenannten *Spiegelneuronen,* aufnehmen. Wir werden zu einem Spiegel für unsere Kinder. Wenn wir lächeln, lächeln sie zurück. Wenn wir weinen, sind sie traurig. Deshalb gehört es zu den wichtigsten Kompetenzen, die wir als achtsame Eltern und Lehrer brauchen, uns des emotionalen Einflusses, den wir auf unsere Kinder haben, bewusst zu sein. Immer wenn wir Glück und Gelassenheit ausstrahlen, tragen wir dazu bei, ein gelasseneres, glücklicheres und emotional intelligenteres Kind zu schaffen. Sind wir dagegen angespannt, aggressiv oder gestresst, können wir bei unseren Kindern Verhaltensprobleme auslösen. Dieser Spiegelungsprozess zeigt, dass Beziehungen zu anderen von entscheidender Bedeutung für den Menschen sind. Wir fühlen einander, leiten uns gegenseitig an und brauchen den anderen. Es geht nicht nur darum, eine Verbindung zu unseren Kindern herzustellen, sondern es geht um die Qualität dieser Verbindung; sie ist von äußerster Wichtigkeit.

Die Wahrheit ist: Kinder ahmen nicht nur nach, was die Eltern tun, sondern sind auch darauf »programmiert«, nach der Liebe und Aufmerksamkeit ihrer Eltern zu streben. Diese entscheidende Beziehung zwischen uns wird als »Bindung« bezeichnet. Was wir für das emotionale, physische und intellektuelle Wohl unserer Kinder schaffen wollen, wird als *sichere Bindung* bezeichnet – sie entsteht aus der Überzeugung, dass wir der sichere Hafen sind, der das Kind vor den Stürmen des Lebens schützt.

Eine sichere Bindung aufzubauen ist wichtig, weil sie Vertrauen und dauerhafte Beziehungen fördert. Eltern von sicher gebundenen Kindern spielen häufiger mit ihnen und reagieren schneller auf die kindlichen Bedürfnisse. Wie Studien belegen, sind sicher gebundene Kinder empathischer und zeigen weniger Verhaltensstörungen in späteren Phasen ihrer Entwicklung. Bei Kindern mit sicherer Bindung besteht eine größere Wahrscheinlichkeit, ein gutes Selbstwertgefühl zu entwickeln. Sie fühlen sich auch später wohl dabei, ihre Emotionen mit Freunden und Partnern zu teilen und nach sozialer Unterstützung zu suchen.

Reflexionen

Meine Mutter war immer sehr aktiv und auch lustig – eine starke Persönlichkeit. Aber als ich etwa zehn Jahre alt war, legte sie sich scheinbar ohne Grund häufig ins Bett. Ich war verwirrt und besorgt. Aber sie versicherte mir, alles sei in Ordnung, sie habe einfach Schmerzen im Bein. Bald darauf wurde auch ich teilnahmslos, wollte nicht zur Schule gehen und hatte, ungelogen, ebenfalls Schmerzen im Bein. Schließlich ging meine Mutter mit mir zum Arzt, weil sie befürchtete, die Beinschmerzen könnten mein Tanzen beeinträchtigen, was damals ein wichtiger Teil meines Lebens war. Der

Arzt bat mich, einen Entrechat, einen Sprung in die Luft, vorzuführen, um sich einen Eindruck von meinen Ballettbewegungen machen zu können. Ich kam der Bitte bereitwillig nach und hatte die Schmerzen im Bein völlig vergessen. Er sah meine Mutter, die er ebenfalls behandelt hatte, an und meinte: »Ihre Tochter leidet unter Solidaritäts-Schmerzen.« Danach erholte sich meine Mutter ziemlich schnell. Als sie erkannte, dass ich ihre Empfindung spiegelte, bekämpfte sie es – was immer es war –, und ihr Bein tat nicht mehr weh. Das Gleiche geschah wie durch ein Wunder mit meinem Bein. Wir sind viel tiefer verbunden, als wir glauben.

Wenn Kinder ins Teenageralter kommen, werden sie zum Spielball widerstreitender Gefühle. In physischer Hinsicht ist ihr Gehirn erst halb ausgereift und sie sind einem Ansturm von Hormonen ausgesetzt. Oft wirken sie ruppig und sind übelgelaunt, unsere Gegenwart scheint ihnen peinlich zu sein. Doch wie Studien zeigen, fühlen sie sich insgeheim durch die Gegenwart der Eltern getröstet, weil sich ihr präadoleszentes Gehirn immer noch nach der Aufmerksamkeit der geliebten Menschen sehnt. Mit anderen Worten: Dem äußeren Anschein zum Trotz sucht der Jugendliche immer noch nach sicherer Bindung.

Wie Studien zeigen, können sich die Beziehungen zu den Eltern verändern und dadurch auch die Bindung des Kindes. Das heißt, es ist nie zu spät, um eine positive Veränderung im Leben des Kindes zu bewirken.

Daniel J. Siegel

Während der Jugendzeit geschehen außergewöhnliche Dinge im Gehirn. Genauso wie wir Pflanzen stutzen, um sie kräftiger zu machen, stutzt das Gehirn alte Verbindungen, die es nicht mehr braucht. Manchmal schneiden wir den falschen Zweig ab und beeinträchtigen die Vitalität der Pflanze. Das Gleiche kann dem Gehirn bei diesem Stutzungsprozess, dem sogenannten *Pruning*, passieren, so dass es unterwegs wichtige Informationen verliert. Judy Willis beschreibt diesen Vorgang als die »physische Neugestaltung des Gehirns in Reaktion auf Erfahrungen.«

Manche Eltern reagieren frustriert und wütend auf das unverständliche Verhalten ihres pubertierenden Kindes, aber sie spielen in dieser Phase eine überaus wichtige Rolle. Mit dem heftigen Ansturm der Hormone, dem die Kinder im Teenageralter ausgesetzt sind, und dem fortlaufenden Pruning-Prozess geht auch eine erhebliche Einschränkung ihrer Urteilskraft und ihrer logischen Denkfähigkeiten einher. Hinzu kommt, dass sie sich für unverwundbar halten. In dieser Zeit sind sie besonders anfällig für – gute oder schlechte – äußere Einflüsse.

Die schlechte Nachricht ist: Drogenmissbrauch im Jugendalter kann die Entwicklung des Gehirns dauerhaft beeinträchtigen. Neueren Forschungsdaten zufolge, die in den *Proceedings of the National Academy of Sciences* veröffentlicht wurden, fügen Koma-trinkende Teenager jenen Gehirnregionen bleibende Schäden zu, die mit dem Gedächtnis und der Formung mentaler Bilder zusammenhängen. Außerdem besteht die Gefahr, dass sie Sucht-Muster begründen, die ein Leben lang anhalten können.

Wenn man weiß, dass sich das Teenagergehirn buchstäblich von Minute zu Minute selbst neu strukturiert, wird vieles von dem, was wir mit Kindern in diesem Alter erleben, verständlicher. Wir schauen sie an und fragen uns, wer sie sind. Aber ich denke, sie verstehen sich in dieser Zeit auch selbst nicht wirklich. Wenn wir freundlich, aufmerksam und geduldig bleiben, helfen wir ihnen, ihren Weg durch diese besonders schwierige Phase zu finden, so dass sie sich schließlich erfolgreich entfalten können. Die Lektionen, die Sie in diesem Buch lernen, werden Ihnen helfen, mit allem, was das aufgewühlte Teenager-Hirn Ihrem Kind – und Ihnen – entgegenschleudert, umzugehen. Achtsamkeit – die der Eltern und der Kinder – ist der Schlüssel zum Erfolg.

> *Wenn Kinder glauben, äußerer »Dinge« könnten ihre innere Not lindern, dann werden sie das Gleiche von Alkohol, Drogen und Sex glauben. Der »Stoff« wird zur schnellen und leichten Problemlösung ... doch das Teenagergehirn ist ständig auf der Suche nach dem nächsten Kick, ohne Impulskontrolle und anfällig für Toxine. Alkohol und Drogen bewirken Veränderungen im Gehirn, die sich im späteren Leben zu psychischen Störungen auswachsen können. Sogar Marihuana beeinträchtigt die Aufmerksamkeit, das Gedächtnis und die Informationsverarbeitung.*
>
> *Madeline Levine*

Reflexionen

Für mich war die Pubertät die reinste Achterbahnfahrt emotionaler Höhen und Tiefen. In der einen Minute war ich so heiter und gut gelaunt, dass ich vor lauter Glück fast geplatzt wäre: Ich schloss die Tür zu meinem Zimmer, sang und tanzte und tat so, als stünde ich am Broadway auf der Bühne. Urplötzlich am selben Tag konnte mich dann ein Gefühl der Resignation überkommen, eine überwältigende Niedergeschlagenheit und Traurigkeit. Es war so merkwürdig und ich verstand es nicht. Der einzige Trost war, dass es meiner Freundin genauso ging. Wir hatten sogar eine Geheimsprache für unsere Gefühle. Wir nannten sie die TFs, was für Terrible Feelings, also schreckliche Gefühle, stand. Wir hatten einander und wir gaben unserem Problem einen Namen. Wir teilten diese Erfahrung und fühlten uns dadurch nicht so allein. Ich kann mich lebhaft an diese Gefühle erinnern und weiß heute natürlich, dass sie hormonell bedingt waren. Das Gute ist: Wir können die Erinnerung daran, wie es war, diese hormonellen Wechselbäder zu durchlaufen, nutzen, um mit den Frustrationsgefühlen unserer heranreifenden Teenager umzugehen.

Technik und Gehirn

Erwachsene wie Kinder sind beide geschickt im Multitasking geworden – oder jedenfalls denken wir das gern. Wir müssen dieses Talent entwickeln, um den Anforderungen des Lebens im 21. Jahrhundert gerecht zu werden und mit der explosionsartigen Ausbreitung technischer und kommunikativer Geräte Schritt zu halten. Die scheinbare Leichtigkeit, mit der unsere Kinder mit Videospielen, Handys und Computern umgehen, ist ein Nebenprodukt unserer schönen neuen Welt und wird von vielen für ein Zeichen größerer Effizienz gehalten.

Kommunikation und sogar Freundschaft sind online gegangen. Wir werden mit Informationen bombardiert, die uns in Form von zahllosen Byte-großen Häppchen erreichen und unsere Konzentrationsfähigkeit auf die Probe stellen. Da unsere Aufmerksamkeitsspanne angesichts dieses Bombardements abnimmt, haben wir die Neigung entwickelt, oberflächlich über alle Informationsbruchstücke hinwegzustreifen, anstatt bei eine Einzelinformationen zu verweilen und gründlicher darüber nachzudenken. Unsere Gedanken sind wie Schmetterlinge, die von Thema zu Thema flattern, was die Fähigkeit, uns auf eine einzige Aufgabe zu konzentrieren, beeinträchtigt.

Vor allem auf das junge Gehirn kann sich diese mentale Rastlosigkeit ungeheuer negativ auswirken. Tatsächlich kann die Informationsflut der digitalen Medien eine berauschende Wirkung haben. Für die »Screenager« unserer Zeit sind diese flackernden Bilder wie leuchtende Versuchungen im digitalen Süßwarenladen. Das Bedürfnis danach kann zu etwas Zwanghaftem und mitunter zur Sucht werden. Wir alle sind einem gewissen Gefühl von Dringlichkeit ausgesetzt: Die Dinge dulden keinen Aufschub und müssen allesamt sofort erledigt werden. Wir erwarten, dass unsere Emails oder SMS umgehend beantwortet werden. So wie der Verzehr von zu vielen Süßigkeiten sich negativ auf unseren Körper auswirkt, kann auch der Ansturm ungefilterter Informationen auf das junge Gehirn großen Schaden anrichten. Zahlreiche Studien sind zu dem Ergebnis gekommen, dass das Arbeitsgedächtnis beeinträchtigt wird, die Leistung leidet und das Gehirn schneller ermüdet, wenn es unablässig von Reizen überflutet wird.

Da wir uns bei der Kommunikation in wachsendem Maße auf Maschinen verlassen, verlieren wir die Fähigkeit zum persönlichen Austausch. Wir sind von Natur aus soziale Wesen und profitieren in physischer und emotionaler Hinsicht sehr stark von der Nähe und Vertrautheit mit Freunden und Familie. Doch anstatt direkt mit anderen Menschen zu reden, senden wir elektronische Nachrichten. Unsere Kinder, die dieses Verhalten bei uns beobachten, ahmen uns nach und laufen dadurch Gefahr, echte Intimität und tiefe emotionale Nähe nur in eingeschränktem Maße erleben zu können.

> *Die Entwicklung des präfrontalen Kortex wird offenbar durch zwischenmenschliche Erfahrungen tiefgreifend beeinflusst. Deshalb haben unsere frühesten Beziehungen eine so bedeutsame Auswirkung auf unser Leben.*
>
> *Daniel J. Siegel*

Abgesehen von der emotionalen Beeinträchtigung wirkt sich der flatterhafte Ansatz dieses »Schmetterling-Gehirns« auch äußerst nachteilig auf unsere Konzentrationsfähigkeit aus. Nicholas Carr, Autor des Buches *The Shallows: What the Internet Is Doing to Our Brains*, sagt: »Wir entwickeln uns von Kultivatoren persönlichen Wissens zu Jägern und Sammlern im elektronischen Daten-Urwald.« Lila Davachi, Neurowissenschaftlerin an der New York University, hat festgestellt, dass die moderne Gier nach digitalen Medien starke Auswirkungen auf die kognitive Funktion, insbesondere auf das Gedächtnis, hat. Gemeinsam mit ihrem Team setzte sie einen fMRT-Scanner ein, um das Gehirn einer Gruppe Erwachsener zu untersuchen, während diese Fotos betrachteten. Diejenigen Probanden, die nach der ersten Untersuchung aufgefordert wurden, innezuhalten, ruhig liegen zu bleiben und die Gedanken schweifen zu lassen, konnten sich besser an die Bilder erinnern, als diejenigen Testpersonen, die man nicht auf diese Weise instruiert hatte. »Unsere Daten deuten darauf hin, dass man die Fähigkeiten des Gehirns zur Konsolidierung von Erinnerungen und Erfahrungen behindert, wenn man sich selbst keine Pause gönnt«, erklärt sie.

> *Teenager fühlen sich so abgetrennt, dass sie auf andere Weise nach Wohlergehen und Verbundenheit suchen – durch Sex, Drogen und Alkohol.*
>
> *Jon Kabat-Zinn*

Die Mediziner am Capio Nightingale Hospital in London haben einen Namen für unsere wachsende Abhängigkeit von sozialen Medien und allen technischen Dingen: »E-diction« (in Anlehnung an den Begriff »Addiction«, also Sucht). Und sie bieten sogar Kurse für die davon Betroffenen an, die dem Gefühl von »Always tired but wired« (»Immer müde, aber vernetzt«) entfliehen möchten. Nerina Ramlakhan, Spezialistin für Schlaf- und Energie-Management am selben Krankenhaus, erklärt: »Technik kann Sucht, Burnout und Schlafprobleme verursachen, und die Menschen müssen über die Art, wie sie die Technik nutzen, reflektieren, um Problemen vorzubeugen.«

Ein Gehirn, das bei der Informationsaufnahme an Rauschen und Lärm gewöhnt ist, so der führende Kinderpsychologe und Spezialist für bildgebende Verfahren Daniel Amen, wird das

Bedürfnis nach temporeichem Input entwickeln, um überhaupt noch auf etwas anzusprechen. Ziehen wir ungewollt eine Generation groß, deren Hirnfunktion süchtig nach dem Kick ist? Könnte dies letzten Endes zu einem gefährlichen Verhalten führen, das von der Suche nach ständigem Nervenkitzel geprägt ist? Einige Vertreter der American Academy of Child and Adolescent Psychiatry sind dieser Auffassung. Sie haben festgestellt, dass viele junge Menschen sich selbst mit allen möglichen Substanzen, von Marihuana bis hin zu Ecstasy oder Inhalaten, betäuben, um vor ihren Problemen zu flüchten. Der Konsum von Marihuana und Alkohol in der High School ist allgemein verbreitet. Das Durchschnittsalter beim ersten Marihuanakonsum liegt bei vierzehn Jahren, der Alkoholmissbrauch setzt zum Teil schon bei Zwölfjährigen ein. Ein junges Gehirn, das durch eine wachsende Techniknutzung rastlos ist, lässt sich durch eine Umgebung, die vergleichsweise flach oder langweilig wirkt, nicht so leicht befriedigen. Drogen und Alkohol bieten sich als schnelle Lösungen an, die für mehr Pepp sorgen.

> *Aufmerksamkeit ist der heilige Gral. Alles, dessen man sich bewusst ist, alles, was man aufnimmt, alles, was man erinnert und vergisst, hängt davon ab. … Zu viel digitale Stimulation kann Menschen, die sonst gut funktionieren würden, in einen Bereich versetzen, in dem ihre psychische Gesundheit beeinträchtigt ist.*
>
> *David Strayer*

Dr. Gary Small, Professor für Neurowissenschaften an der University of California in Los Angeles und Autor von *iBrain, Surviving the Technological Alteration of the Mondern Mind,* sagt: »Viele Studien sind zu dem Ergebnis gekommen, dass ein Zusammenhang zwischen der zunehmenden Techniknutzung und einer geringeren Aufmerksamkeitsspanne besteht.« Er versichert aber, dass das Internet nicht immer der Teufel ist, zu dem es gemacht wird, und man bei dieser Aktivität genauso viele, wenn nicht gar mehr Hirnanteile nutzt als beim Lesen eines Buches. Außerdem unterscheidet er zwischen *Digital Natives*, die in die Welt der Computertechnik hineingeboren werden und *Digital Immigrants*, die erst als Erwachsene in die Computerwelt eingewandert sind. Small stellt die These auf, es gebe eine »Kluft in den Köpfen« zwischen den Generationen. Diese Kluft kann – wie alle Gräben zwischen verschiedenen Alters- und Personengruppen – zu Entfremdung und Isolation führen, wenn wir nicht achtsam damit umgehen. Geduld und Verständnisbereitschaft ermöglichen Kommunikation, Mitgefühl und Empathie.

Auch wenn wir die Welt der Computer, Organizer und elektronischen Spiele vielleicht nie verlassen werden, ist es wichtig, dass wir und unsere Kinder wieder mit den einfachen Freuden des Lebens in Verbindung treten. Wenn wir uns ausloggen, unser Kind an die Hand nehmen und nach draußen gehen, um zu den Sternen hochzublicken oder den Garten zu erforschen, fördern wir die Kreativität und Fantasie ebenso wie unser Wohlbefinden. Immer mehr Studien kommen zu dem Ergebnis, dass die Rückkehr zur Natur ein wirksames und einfaches Gegenmittel zur Technik-Sucht und ihren schädlichen Auswirkungen ist. Sie macht uns den Kopf frei für eine Neukalibrierung unserer Sinne und eine geistige Neubelebung. Gleichzeitig lässt sie uns die Freude am zwischenmenschlichen Kontakt und an den Gemeinsamkeiten in engen Beziehungen wiederentdecken.

Ob wir draußen in der Natur oder drinnen in einer ähnlich ruhigen Umgebung sind – sobald wir die volle Kontrolle über unsere Fähigkeiten haben, geht uns alles bestens und mühelos von der Hand. Dann sind wir fähig, uns wieder auf die natürlichen Rhythmen unseres Körpers einzustimmen. Der Psychologe Mihaly Csikszentmihalyi nennt diesen optimalen Zustand »flow«: Durch ihn fühlen wir uns glücklich, stark, verbunden und motiviert. Die meisten von uns haben schon einmal erlebt, wie es ist, ganz im Augenblick aufzugehen, weil wir etwas tun, das uns emotional derart fesselt, dass wir jedes Zeitgefühl verlieren. Wir vergessen, auf die Uhr zu schauen oder unsere elektronischen Nachrichtensysteme zu überprüfen – und es kümmert uns nicht einmal. Ich nenne das »Gummi-Zeit«, weil die Zeit elastisch wird – Minuten dehnen sich aus und Stunden vergehen wie im Fluge.

> *Die innere Arbeit an unseren Reaktionen lehrt uns, dass wir unser Leben trotz all der Geschehnisse, die außerhalb unserer Kontrolle liegen, immer noch selbst gestalten können.*
>
> *Jon Kabat-Zinn*

Wäre es nicht schön, wenn wir alle diese »Gummizeit« jeden Tag erleben könnten – und das Gefühl von Motivation und Verbundenheit, das damit einhergeht? Stellen Sie sich vor, unsere Kinder würden vor Aufregung überschäumen und darauf brennen, uns zu erzählen, was sie gelernt oder gesehen haben. Wie befriedigend wäre es, wenn sie jeden Morgen *begierig* darauf wären, zur Schule zu gehen und sich auf jede neue Herausforderung freuen würden. Wie wäre es, wenn *wir* so wären? Unabhängig von allen akademischen Ambitionen, die wir vielleicht für unsere Kinder hegen, sollten wir ihnen wünschen, dass sie ihren *flow* finden; dazu können wir beitragen, indem wir ihre natürlichen Gaben fördern, sie zu Entdeckungen, Mitgefühl und Selbstreflexion anregen und darauf aufbauend ihre angeborene Neugier bestärken.

Ohne dieses Gleichgewicht laufen unsere Kinder Gefahr, sich selbst in den digitalen Medien zu verlieren und in einer Welt zu verschwinden, in die wir ihnen nicht folgen können.

Wenn wir nicht aufpassen und überprüfen, wie lange sie am Computer sitzen, simsen oder fernsehen, dann geben wir ihnen keine Leitlinien vor und machen ihnen nicht klar, wie zerstörerisch solche suchterzeugenden Verhaltensmuster wirken können.

Laut der American Medical Association verbringt ein amerikanisches Kind den größten Teil seines Wachlebens vor dem Fernseher oder Bildschirm. In einer durchschnittlichen US-amerikanischen Familie bleibt der Fernseher knapp sieben Stunden täglich eingeschaltet. Sogar in Kindertagesstätten läuft der Fernseher als Geräuschkulisse. Im Folgenden einige alarmierende Zahlen, die das Marktforschungsunternehmen AC Nielson über die Fernsehgewohnheiten der Amerikaner ermittelt hat:

- Einige Vorschulkinder sehen bis zu 28 Stunden pro Woche fern (der Durchschnitt liegt bei 22 Stunden).
- Im Laufe von 65 Jahren hat der durchschnittliche Amerikaner neun Jahre vor dem Fernseher verbracht.
- Bis zum Alter von 18 Jahren hat ein Kind schätzungsweise 25 000 Stunden ferngesehen und dabei über 200 000 Gewalttaten einschließlich 16 000 Morden gesehen sowie über 20 000 Dreißig-Sekunden-Werbespots.

  Man stelle sich vor, was das im Gehirn anrichtet. Diese Art von medialer Übersättigung beeinträchtigt nachweislich die Konzentrationsfähigkeit, verringert die Zeit, die mit Lesen verbracht wird, und führt zu schlechteren Schulnoten. Das Sitzen am Schreibtisch oder auf der Couch begünstigt Lethargie und Fettleibigkeit. Wenn Kinder sehr viel Zeit mit Videospielen verbringen, führt dies zu eingeschränkten sozialen Fähigkeiten und zu Isoliertheit.

Studien haben gezeigt, dass Kinder, die brutale Filme sehen oder derartige Videospiele spielen, nicht zwangsläufig selbst gewalttätiger werden, wie man vielleicht denken könnte. Sicher ahmen manche die Gewalttätigkeit nach, indem sie ein aggressiveres Verhalten zeigen oder indem sie Gewalt als Mittel der Problemlösung akzeptieren. Bei der Mehrheit geschieht aber etwas noch Schlimmeres. Der emotionale Teil des Gehirns wird desensibilisiert, was die Fähigkeit zur Empathie verringert. Laut der AACAP (American Academy of Child and Adolescent Psychiatry) werden Kinder »immun« oder gleichgültig gegenüber dem Schrecken der Gewalt.

Diese Desensibilisierung beunruhigt mich persönlich am meisten, weil mit ihr möglicherweise eine ganze Generation ohne die Fähigkeit oder den Wunsch, sich um andere Menschen zu kümmern, heranwächst. Das ist furchtbar gefährlich, weil es sich auf alle Bereiche ihres Lebens auswirken wird. Empathie ist unabdingbar für gesunde Beziehungen und für eine produktive Gesellschaft. Es ist umfassend belegt, dass Kinder, die über soziales Verantwortungsbewusstsein verfügen, die ihren Klassenkameraden vertrauen und zwischenmenschliche Probleme auf adaptive Weise lösen, im Leben wesentlich besser zurechtkommen als Kinder, denen diese Fähigkeiten fehlen.

Man kann ohne Übertreibung behaupten, dass das emotionale Wohl unserer Kinder – ebenso wie unser eigenes – auf dem Spiel steht. Wir brauchen Lösungen, die die sozialen ebenso wie die emotionalen Fähigkeiten, die seelische Gesundheit und das schulische Leistungsvermögen fördern. Jüngste Forschungsergebnisse deuten darauf hin, dass die beiden letztgenannten eng miteinander verbunden sind: Die seelische Gesundheit beeinflusst die schulische Leistung und die schulische Leistung beeinflusst die seelische Gesundheit. Was wir für unsere Kinder wollen, ist, dass sie glücklich sind, gut mit anderen auskommen, aufmerksam sind, Probleme lösen können und Stress erfolgreich bewältigen. Genaugenommen wünschen wir uns für sie, was wir uns auch für uns selbst wünschen – emotionale Fitness.

Reflexionen

Ich habe die Zeit, in der ich aufgewachsen bin, geliebt. Es gab weniger Ablenkungen durch moderne Technik, die meine Aufmerksamkeit auf sich gezogen oder meine Fantasie eingeschränkt hätten. Meine Freundin und ich saßen oft auf unserer vorderen Veranda und malten uns aus, was wir als Nächstes tun wollten. Wir waren ziemlich kreativ beim Spielen. Wir dachten uns Lieder aus oder suchten nach Steinen, die wir dann aufschlugen, um die wunderbaren Kristalle im Innern zu sehen. Wir lagen im Gras und schauten in die Wolken, beobachteten, wie sich die Wolkenformationen in Gesichter oder Tiere verwandelten. Wir lachten ohne Grund. Im Sommer verkauften wir Limonade und Schokoladenkekse, im Herbst harkten wir alle Blätter auf unserer Straße zu einem riesigen Haufen zusammen und sprangen dann eine nach der anderen hinein. Diese Erinnerungen kann ich so wachrufen, als würde das alles heute geschehen. Sie machen mich glücklich und gelassen und bringen mich vor allem zu einem Gefühl innerer Zentriertheit und seelischen Wohlbefindens zurück.

Um die Techniken auf authentische Weise zu lehren, ist es hilfreich, auch selbst zum Schüler zu werden. Ihr Kind wird am besten lernen, indem es Ihrem Vorbild nacheifert und Ihr Verhalten nachahmt.

Linda Lantieri

Wir Erwachsene verlieren unseren Fokus genauso leicht wie Kinder und erleben, wenn wir in Stresszustände geraten, die gleiche Überlastung. Viele Menschen fühlen sich von den Anforderungen der Technik überwältigt, was zu Depressionen führen kann. Die gute Nachricht ist, dass auch wir lernen können, uns auf uns selbst einzustimmen und zu besseren Vorbildern für unsere Kinder zu werden. Ohne dieses Gewahrsein fehlt uns der innere Halt; mit ihm haben wir einen starken Anker und können einen sicheren Hafen für eine Familie finden, die sich durch Stabilität, Resilienz und Zusammenhalt auszeichnet.

Wenn wir das Wesen unseres eigenen Glücks wiederentdecken und dabei Achtsamkeitsfähigkeiten zum Ausdruck bringen, können wir zum Vorbild für unsere Kinder werden. Es wäre wunderbar, wenn Kinder von allein wüssten, wie sie glücklich sein und sich im Leben orientieren können – aber das ist leider nicht immer der Fall. Dank der bahnbrechenden Arbeit von Neurowissenschaftlern auf der ganzen Welt erhalten wir jedoch endlich ein paar Antworten auf unsere Fragen.

Der Stress und das Gehirn

Stress scheint der Fluch unserer Generation zu sein, dem vieles angelastet wird. »Ich bin heute total gestresst«, sagen wir, oder »Der Stress macht mich echt fertig.« Wir alle reden von Stress, als ob es etwas wäre, das uns befällt wie eine Krankheit, auf die wir keinen Einfluss haben.

> *Die Stressreaktion kann sich als zerstörerischer erweisen als der eigentliche Stressor, vor allem wenn der Stress rein psychisch ist.*
> *Robert Sapolsky*

Da wir jetzt mehr darüber wissen, wie unser Gehirn funktioniert, können wir besser verstehen, dass die Amygdala, sobald sie eine vermeintliche Bedrohung wahrnimmt, in den Kampf-, Flucht- oder Erstarrungsmodus wechselt. Das löst die Stressreaktion, bei der Adrenalin und Kortisol durch den Blutkreislauf schießen, aus. Ist der Körper in ständiger Alarmbereitschaft, wirkt sich das negativ auf unsere

Gesundheit aus, wenn wir nicht erfolgreich damit umgehen lernen.

Kortisol ist ein besonders gefährliches Stresshormon, nicht nur wegen der Auswirkungen auf unsere Gesundheit, sondern auch, weil es den Zugang zum präfrontalen Kortex einschränkt und uns am rationalen Denken hindert. Wenn wir im Kampf-, Flucht- oder Erstarrungszustand sind, reagiert der Körper folgendermaßen:

- Das Herz schlägt schneller.
- Die Atmung wird flacher.
- Die Muskelspannung nimmt zu.
- Blutdruck und Blutzucker steigen an.
- Die Fähigkeit, eine Situation aus verschiedenen Blickwinkeln zu betrachten und unterschiedliche Möglichkeiten zu erkennen, nimmt ab.
- Verdauung und Immunsystem werden beeinträchtigt.

Bei Tieren sind Stresshormone sehr wichtig und können sich tatsächlich als lebensrettend erweisen. Sie überleben in der Wildnis, indem sie sich entsprechend der Stressreaktion verhalten und ein Raubtier angreifen, vor ihm flüchten oder sich verstecken.

Obwohl die meisten Menschen heute in einer relativ sicheren Umwelt ohne Raubtiere leben, kann die Stressreaktion automatisch einsetzen, ganz gleich, um welche wahrgenommene Gefahr es sich handelt. Sie kann bei Beziehungsproblemen, Geldsorgen oder schwierigen Lebensumständen eintreten: allesamt Sorgen, die keine wirkliche Bedrohung für unser Überleben darstellen – aber das Gehirn ignoriert diesen feinen Unterschied mitunter. (Denken Sie zum Beispiel daran, wie Sie beim letzten Gruselfilm reagiert haben: Unser rationales Denkvermögen muss die mehr oder weniger automatische Reaktion der Amygdala auf Gefahr überwinden. Wir müssen uns selbst ganz bewusst sagen, dass es nur ein Film ist.) Gewinnt die Stressreaktion dauerhaft die Oberhand, kann dies katastrophale Folgen haben – von Herzerkrankungen und hohem Blutdruck über eine geschwächte Immunabwehr und den Tod von Hirnzellen bis hin zu Magengeschwüren und anderen Magen-Darm-Problemen. Eine unkontrollierte Stressreaktion senkt das Energieniveau und verändert die Essgewohnheiten, was zu Essstörungen führen kann. Noch beunruhigender ist der Befund einer Studie, die zeigte, dass fortgesetzter Stress jene Hirnareale *schrumpfen* lässt, die für die Exekutivfunktionen zuständig sind, und dafür die gewohnheitsbildenden Teile *stimuliert,* die uns dazu veranlassen, negative Handlungsmuster zu wiederholen.

> *Stress behindert uns – beeinträchtigt unsere Fähigkeit zum Lernen, zur Speicherung von Informationen im Arbeitsgedächtnis, zum flexiblen und kreativen Reagieren, zur bewussten Fokussierung der Aufmerksamkeit und zum Planen und Organisieren.*
>
> *Daniel Goleman*

Ungeprüfte Stressreaktionen sind wenig hilfreich, wenn wir Konflikte mit unserem Kind, Chef oder Partner haben, weil wir gerade in diesen Situationen unser rationales Denkvermögen benötigen, um Lösungen zu erarbeiten. Wie an früherer Stelle in diesem Kapitel erwähnt, wird der Informationsfluss zum präfrontalen Kortex, wo das rationale Denken und die Gefühlsregulation stattfinden, beeinträchtigt, wenn die Amygdala eine Gefahr wahrnimmt und Stresshormone freisetzt. Mit anderen Worten: Wir verlieren die Kontrolle über unsere Gedanken und Gefühle (mehr dazu später). Auch unsere Kinder sind nicht in der Lage, sich zu engagieren, Informationen aufzunehmen oder zu behalten, wenn sie gestresst zur

> *Schon kurzfristiger Stress, der nur wenige Stunden dauert, kann die Kommunikation der Hirnzellen und das Gedächtnis beeinträchtigen.*
>
> *Tallie Baram*

Schule gehen. Tatsächlich haben Studien gezeigt, dass chronischer Stress zur Schrumpfung des Hippocampus führen kann – also jenes Hirnareals, das für unsere Erinnerungen zuständig ist. Solange wir also nicht mit einer echten Bedrohung konfrontiert sind, ist es von Vorteil für uns, wenn wir lernen, ruhig und fokussiert zu bleiben.

Die Chance auf Veränderung

Es gibt weitere gute Nachrichten von der neurowissenschaftlichen Forschungsfront: *Hans kann lernen, was Hänschen nicht gelernt hat.* Früher ging man davon aus, dass das Gehirn in der Kindheit durch die sogenannte *Neurogenese* für das ganze Leben geprägt würde. Und man glaubte, das Gehirn eines Erwachsenen könne keine neuen neuronalen Leitungsbahnen oder Hirnzellen entwickeln. Obwohl das Gehirn als solches mit Mitte zwanzig zu wachsen aufhört, weiß man heute, dass die Neurogenese auch noch bis zum Alter von siebzig Jahren und darüber hinaus stattfindet. Peter Eriksson vom Sahlgrenska University Hospital im schwedischen Göteborg und Fred Gage vom Salk Institute im kalifornischen San Diego haben einen chemischen Marker verwendet, mit dem sich die Entwicklung neuer neuronaler Leitungsbahnen bei Menschen aller Altersstufen verfolgen ließ. Sie haben festgestellt, dass eine anregungsreiche Umwelt die Neurogenese fördert. Eine Studie von Elizabeth Gould von der Princeton University kam außerdem zu dem Ergebnis, dass das Lernen die Neurogenese unterstützt und Stress ihr entgegenwirkt.

Das als *Neuroplastizität* bekannte Phänomen besagt: Wir können die Struktur unseres erwachsenen Gehirns und sogar unser Verhalten in jedem gegebenen Alter verändern, einfach indem wir unsere Aufmerksamkeit bewusst fokussieren.

> *Plastizität bezieht sich auf das Wachstum neuer neuronaler Verbindungen und das Stutzen (Pruning) von ungenutzten Verbindungen. Es ist eine physische Umformung des Gehirns als Reaktion auf Erfahrungen … Je mehr Verbindungen sich herausbilden, desto größer ist die Chance zum Lernen.*
>
> *Judy Willis*

So wie ein verletztes oder geschädigtes Gehirn sich anpasst, indem es neue neuronale Leitungsbahnen herausbildet, »so sind auch Hirnschaltkreise für die Gefühlsregulation und für die Aufmerksamkeit durch die Umwelt formbar und daher mögliche Trainingsziele«, sagt Richard Davidson, einer der international führenden Hirnforscher. Mittels eines fMRT-Scanners hat Davidson nachgewiesen, dass Mitgefühl-Meditation auch bei Personen, die sie erst kurze Zeit praktizieren, zu signifikanten Veränderungen in den funktionalen Aktivitätsmustern des Gehirns führt. Davidson ist überzeugt, dass man mentale Übungen mit der Zeit als etwas akzeptieren wird, das genauso wichtig für das allgemeine Wohlbefinden ist wie körperliche Übungen.

Es ist ungeheuer ermutigend zu wissen, dass wir in nahezu jedem Alter ganz neue Leitungsbahnen für eine bessere Entscheidungsfindung und für positivere Gefühle ausbilden können. Wir sind ungesunden mentalen Gewohnheiten aus der Vergangenheit nicht hilflos ausgeliefert, vor allem nicht, wenn wir uns selbst und unseren Kindern neue Tricks beibringen.

4

Wie Sie dieses Buch optimal nutzen können

Kinder sind wie nasser Zement,
alles, was auf sie fällt,
hinterlässt einen Eindruck.
Haim Ginott

Bislang haben Sie etwas über das Gehirn gelernt und wie Sie dieses Wissen nutzen können, um einige der Probleme in Ihrem Leben in einen größeren Zusammenhang zu stellen. Sie wissen jetzt um den enormen Einfluss elterlichen Verhaltens und wie wir das Gehirn unserer Kinder formen. Der Rest dieses Buches bietet eine Mischung aus Theorie und Praxis.

Auf den folgenden Seiten finden Sie einige einfache, aber höchst effektive Methoden, durch die Sie und Ihre Kinder die erforderlichen Techniken lernen können. Durch die Befolgung einfacher Achtsamkeitsübungen, die zum Teil nur zehn Minuten eines hektischen Tages in Anspruch nehmen, lässt sich lernen, wie man seine Gefühle steuern, stärker im Augenblick leben und seinen Kindern näher sein kann.

Die meisten Kernübungen sind auf Kinder im Alter zwischen fünf und zwölf Jahren ausgerichtet, aber das ist nur eine grobe Richtschnur. Sie selbst kennen die Fähigkeiten und Interessen Ihrer Kinder besser als jeder andere. Nutzen Sie die Geschehnisse im Leben Ihres Kindes und passen Sie die Praktiken seinem Alter und seiner Persönlichkeit an. Je mehr Bedeutung Sie den Ereignissen verleihen können, desto größer wird das Interesse Ihres Kindes sein. Bei älteren Kindern ist es hilfreich, ihnen zu erzählen, wie aufregend Sie es finden, diese Dinge zusammen mit ihnen zu lernen und damit sozusagen zu einer gemeinsamen Reise aufzubrechen.

Das Ganze sollte Spaß machen, mit Leichtigkeit und Freude am Spielerischen einhergehen. Vor allem am Anfang werden Ihre Kinder viel kichern oder herumzappeln, aber das ist völlig normal. Lassen Sie zu, dass die Kinder ihre eigenen Erfahrungen machen und auf ihre ganz eigene Weise reagieren, auch wenn Sie vielleicht ein anderes Verhalten erwartet haben. Versuchen Sie, positiv zu reagieren. Eine Studie kam zu dem Ergebnis, dass Schüler mehr vom Lernstoff behielten, wenn die Lehrerin während des Unterrichts lächelte, als wenn sie es nicht tat. Eine heitere, offene Umwelt bietet die besten Voraussetzungen für gesundes Wachsen und Lernen.

Reflexionen

Jeden Abend, wenn ich aus der Schule kam, fragte mich mein Vater: »Hey, Go, was hast du heute gelernt?« Oder er sagte: »Wie war dein Tag – auf einer Skala von eins bis zehn?« Ich liebte diese Fragen, weil sie mir die Möglichkeit gaben, über meinen Tag zu reflektieren. Auf seine ganz eigene, ruhige Weise lenkte mein verrückter Erfinder-Vater meine Aufmerksamkeit auf das Gute in meinem Leben. Er ließ mich das größere Bild betrachten, was ich als Teil meiner täglichen Achtsamkeitspraxis noch immer zu tun versuche.

Wir alle wissen, dass etwas ganz Simples wie mit seinen Kindern beim Autofahren »Ich sehe was, was du nicht siehst« zu spielen, nicht nur ein Gemeinschaftsgefühl schafft, sondern den Kindern auch hilft, sich auf ein Ziel zu konzentrieren. Die Spiele und Übungen in diesem Buch tragen auf ganz ähnliche Weise dazu bei, die Gehirnmuskeln zu trainieren.

Jeder Abschnitt konzentriert sich auf ein spezielles Thema, wie etwa achtsame Atmung oder die Frage, wie man mit schwierigen Gefühlen umgeht, und beschreibt dann einfache Methoden zur optimalen Nutzung der Übungen. Sobald Sie die Grundpraktiken beherrschen, werden die folgenden Übungen Ihnen helfen, die Erfahrung in einem Ihnen angemessenen Tempo und Rhythmus zu vertiefen und zu erweitern.

Entscheidend ist die wiederholte Übungspraxis. Nur so baut man neue neuronale Leitungsbahnen für erwünschte Verhaltensweisen auf. Unser Streben nach mehr Achtsamkeit im Umgang mit unseren Kindern muss aber keinesfalls eine neue Belastung oder Bürde sein, die spezieller Vorbereitung bedarf. Lesen Sie die Kapitel in aller Ruhe durch und machen Sie sich mit allem vertraut, um einen besseren Überblick über die Informationen zu erhalten. Oder wählen Sie die Abschnitte aus, die sich auf die Themen konzentrieren, die Ihnen für sich selbst und Ihre Kinder am wichtigsten erscheinen. Wenn Sie sich an die Grundpraktiken gewöhnt haben und bereit sind, sie weiterzugeben, überlegen Sie, wann und wo man sie am besten ausprobieren könnte. Das kann am Mittagstisch sein oder draußen beim Ballspielen. Sie selbst wissen am besten, welche Gelegenheit am günstigsten ist.

Ich habe festgestellt, dass die Zeit, wenn ich meine Kinder abends ins Bett brachte, wunderbar dafür geeignet war, und mir gefiel die Vorstellung, dass sie mit positiven Gedanken im Kopf einschliefen. Alternativ könnten Sie Ihrem Kind auch vorschlagen, die Übungen immer dann anzuwenden, wenn es sie im Laufe des Tages braucht. Zum Beispiel könnten Sie Ihr Kind, wenn es sich auf den Schulweg macht, anregen, sich auf das achtsame Atmen zu besinnen, falls es irgendwann wütend oder frustriert wird. Wenn Sie selbst dann bei der Arbeit sind, können auch Sie die erlernten Übungen in die Tat umsetzen. Auf diese Weise lassen sich diese Ideen zum Mittelpunkt einer neuen Familienkultur machen.

Schließlich werden diese Lernmomente zu einem ganz normalen Bestandteil des Alltags werden. Sogar nach einem total aufreibenden Tag, an dem wir das Gefühl haben, dass wir überall kleine Stückchen von uns selbst hinterlassen haben, tragen die Achtsamkeits-Praktiken dazu bei, diese Stücke wieder einzusammeln und zusammenzusetzen. Die Zeit, die Sie mit Ihren Kindern verbringen, stärkt die Verbundenheit und ist von unschätzbarem Wert.

Rufen Sie sich das innere Glücksgefühl Ihrer Kindheit in Erinnerung. Bei der Anwendung der in diesem Buch beschriebenen Praktiken müssen wir immer auf unser inneres Kind achten. Wir können dieses Glück noch immer mit unseren Kindern teilen, so dass wir ihren Geist nie brechen. Manchmal lässt sich die Erfahrung vertiefen, wenn wir unsere Erinnerungen wachrufen und unseren Kindern davon erzählen.

Ich ging immer ganz allein zur Schule, spielte im Freien, bis es dunkel wurde, und wartete, bis meine Mutter mich zum Abendessen ins Haus rief. Was für ein Unterschied zu heute! Kinder stehen ständig unter Beaufsichtigung und werden überall hinchauffiert. Immer weniger Kinder unternehmen etwas auf eigene Faust im Freien. Sie sind durch zu viele Aufgaben überlastet und ihre kostbare Zeit wird in Zeitfenster unterteilt – für außerschulische Projekte, Sportveranstaltungen, Spiel-Verabredungen, Jugendgruppen oder Tanzkurse. Unstrukturiertes Spielen ist aber immens wichtig, damit das junge Gehirn zur Ruhe kommt und Gelegenheit erhält, Erfindungsreichtum zu entfalten. Spiel, das unsere Seele nährt und fördert, ist von entscheidender Bedeutung für die Kreativität.

Es ist alarmierend, dass die Ruhepausen aus vielen Grundschulen zunehmend verschwinden. Kindergartenkinder sollen sich, lange bevor sie in die Schule kommen, »vorauslernende

Fähigkeiten« (Prelearning) aneignen. In Schweden geht man einen anderen Weg. Dort wird in den ersten sechs Lebensjahren auf ein strukturiertes Lernen verzichtet und Vorschulkinder werden zum Spielen und Entspannen ermutigt. Sie machen täglich einen Spaziergang durch die Natur, auch im bitterkalten schwedischen Winter. Das Lesen beispielsweise wird ihnen erst ab dem siebten Lebensjahr beigebracht. Dennoch schneiden schwedische Kinder im Alter von zehn Jahren regelmäßig besonders gut ab, wenn das Schreib- und Lesevermögen europäischer Schüler verglichen wird.

Es gibt kaum einen direkten Zusammenhang zwischen schulischer Leistung und allgemeinem Lebenserfolg, wie alle möglichen Arten von Idolen bewiesen haben. Warum also treiben wir unsere Kinder zu immer besseren Noten an? Auch in anderer Hinsicht versuchen wir, sie zu kontrollieren. Merken Sie, wie oft Sie Ihr Kind an die Leine nehmen, anstatt ihm zu erlauben, seinem Forscherdrang nachzugehen? Werden Sie nicht manchmal Ihrer eigenen Stimme überdrüssig, die ständig sagt: »Nein!«, »Lass das!« oder fragt: »Was tust du da?« oder »Wohin willst du?« Der Versuch, das Leben unserer Kinder zu kontrollieren, wie gut gemeint auch immer, bewahrt sie vielleicht kurzfristig vor Fehlern, raubt ihnen aber auch wichtige Lernmöglichkeiten. Hören Sie sich selbst zu, wenn Sie das nächste Mal versuchen, jeden Schritt Ihres Kindes zu mikromanagen. Es macht viel mehr Spaß, sich von ihrer Verspieltheit anstecken zu lassen und spontan auf den Augenblick zu reagieren. Und dasselbe gilt für das minutiöse Management ihrer Bildung und Erziehung. Wenn ein Junge ein angeborenes Talent fürs Tennisspielen, aber null Begabung fürs Rechnen hat, werden seine Eltern wahrscheinlich darauf aus sein, einen Nachhilfelehrer für Mathe zu finden. Manchmal werden sie ihrem Sohn das Tennisspielen verbieten, damit er sich auf seine schulischen Aufgaben konzentriert. Die Ironie ist, dass er, wenn er Wimbledon gewinnt, einen Steuerberater engagieren kann, der sich um all seine Zahlen und Finanzen kümmert.

Erfolg lässt sich auf vielerlei Weise messen, nicht nur in materiellen Begriffen. Und beim schulischen Erfolg geht es nicht allein um perfekte Noten. Er misst sich auch an solchen Eigenschaften wie Kreativität, Großzügigkeit und Liebenswürdigkeit. Die Fähigkeit, Freundschaften zu schließen und gut mit anderen auszukommen, gibt Kindern die Zuversicht, dass sie ihre wahre Bestimmung finden werden. Viele der Menschen, die scheinbar »alles geschafft haben«, sind die ersten, die einem sagen, dass der Eindruck täuscht. Wie mein Vater immer zu sagen pflegte: »Die Erwartung ist größer als die Verwirklichung«. Die Worte dieses Sesselphilosophen, den ich so schmerzlich vermisse, finden ein immer stärkeres Echo in mir, je älter ich werde.

Reflexionen

Vor einigen Jahren wurde ich gebeten, einen Vortrag auf der jährlichen Fortune-Tagung der fünfzig erfolgreichsten Frauen Amerikas zu halten. Nach meiner Rede bot ich an, eine Achtsamkeits-Sitzung abzuhalten. Zu meiner Überraschung stürmten Dutzende Frauen nach vorn, ganz begierig darauf, mehr über Gelassenheit, Stressabbau und den erfolgreichen Umgang mit Gefühlen zu erfahren. Vor allem wollten sie wissen, wie sie den Achtsamkeitsansatz für ihre Kinder nutzen konnten. Ein paar Stunden später saß ich auf dem Fußboden eines unpersönlichen Konferenzraums und fragte mich, wie viele Teilnehmerinnen wohl zum angekündigten Termin erscheinen würden. Es waren selbstbewusste, erfolgreiche Frauen, die man aufgrund ihrer Kompetenz für einen Meinungs- und Erfahrungsaustausch zum Thema Wirtschaft, Wohlstand und Zukunft zur Tagung eingeladen hatte. Ich konnte nicht umhin, mich zu fragen, wie empfänglich sie für achtsame Meditation sein würden. Nach und nach füllte sich der Raum. Ganz ruhig setzten sich diese Frauen in Nadelstreifen im Schneidersitz auf den Boden, warteten auf weitere Teilnehmerinnen, bis kein Platz mehr war. Hier gab es eindeutig einen Hunger nach neuen Formen des Seins, Sehens und Funktionierens in dieser Welt. Ich erklärte einleitend, was »Achtsamkeit« bedeutet, und dass unser Gehirn im Laufe des Tages immer wieder Ruhepausen braucht. Ich schlug gegen eine tibetanische Klangschale, die einen tiefen, resonanten Ton durch den Raum sandte. Die ganze Versammlung wurde still, und ich konnte den Energiewechsel spüren, als die Frauen dem Klang nachlauschten und in tiefere Entspannung sanken. Nach der Kraft des Schweigens, das wir gemeinsam fast eine Stunde lang teilten, fingen die Frauen an, sich zu öffnen und von sich zu erzählen. Viele sprachen von den Schwierigkeiten, Unternehmenswelt und Elternrolle miteinander zu vereinbaren. Mehrere Frauen fragten, wie sie die Achtsamkeitspraxis innerhalb ihrer vollen Terminpläne bei der Arbeit fortsetzen könnten. Ich schlug vor, sie sollten zwei Mal am Tag zehn Minuten lang das Telefon abschalten und ihre Sekretärin bitten, die Anrufe entgegenzunehmen, um kurz innezuhalten und nichts zu tun. »Setzen Sie sich an Ihren Schreibtisch oder aufs Sofa«, sagte ich. »Achten Sie auf die Stille oder machen Sie Musik an, die Sie in gute Stimmung versetzt. Konzentrieren Sie sich auf Ihre Atmung.« Nach dem Ende der Sitzung, als es Zeit für die Frauen wurde, zum nächsten Meeting aufzubrechen, fragten mehrere, ob wir das Treffen wiederholen könnten. Ich war hocherfreut, aber der einzig mögliche Termin war um 5:30 Uhr am folgenden Tag. Ich rechnete fest damit, dass sie das Angebot ausschlagen würden, aber sie griffen es begierig auf. Bei Sonnenaufgang am folgenden Tag betraten sie abermals eine nach der anderen den Raum, bis man sich kaum noch rühren konnte.

Anstatt uns angesichts der unbegrenzten Herausforderungen, vor denen wir als Eltern stehen, hilf- oder hoffnungslos zu fühlen, können wir lernen, auf positivere Weise zu handeln und unser Gehirn auf mehr Erfolg und Freude einzustimmen.

Ich hoffe, dieses Wissen wird Ihnen auch helfen, großzügiger mit sich selbst zu sein, weil Sie erkennen, wie machtvoll die Einflüsse sind, die ständig innerhalb unseres Kopfes am Werk sind. Durch Klarheit und Fokus können wir lernen, die Geheimnisse des Geistes und der Seele zu entschlüsseln und zugleich auf ihre Kräfte zu vertrauen.

5

Die gleiche Wellenlänge finden: Einstimmung auf das Kind

Die aufmerksame, liebevolle und kluge Stimme des unterstützenden Erwachsenen wird verinnerlicht und wird Teil der eigenen Stimme des Heranwachsenden.
National Research Council

Dass wir unsere Kinder lieben und für sie sorgen, ist manchmal einfach nicht genug. Sie brauchen unsere volle Aufmerksamkeit, mit der wir uns auf ihre Gefühle einstimmen, damit sie sich sicher, verstanden und emotional verbunden fühlen.

Ein anderer Begriff dafür ist *Resonanz*. Der Ausdruck »voll präsent sein« gilt für das Elternsein in besonderem Maße. Er bedeutet nichts anderes, als dass Sie Ihren Kindern Ihre ungeteilte Aufmerksamkeit schenken: genau zuhören, was Ihr Kind sagt, auf seinen emotionalen Zustand eingehen und an nichts anderes denken als an seine momentanen Bedürfnisse. Es ist gut, sich einmal bewusst zu machen, wie abgelenkt man in Wahrheit ist, wenn man telefoniert, eine SMS schreibt, im Internet surft oder fernsieht. Ich sage nicht, dass man alles stehen und liegen lassen soll, nur weil das Kind nach Aufmerksamkeit verlangt, aber heute gibt es so viele Ablenkungen, dass man leicht aus dem Blick verliert, was wirklich wichtig ist und wann man dem Kind Vorrang vor irgendeinem Online-Chat oder einer Sitcom im Fernsehen einräumen sollte.

Reflexionen

Ein kleiner Junge spielte Baseball im Park. »Mama, Mama, guck mal!«, rief er wiederholt seiner Mutter zu, die ein paar Schritte entfernt stand. Sie schrieb gerade eine Kurzmitteilung auf ihrem Handy und schaute nicht einmal hoch. Wieder rief er: »Mama!« und noch einmal »Mama!« Sie schaute überhaupt nicht auf. Schließlich drehte der kleine Junge sich um und ging davon. Der Ausdruck in seinem Gesicht brach mir das Herz.

Jedes Mal, wenn man sein Kind nicht beachtet, verletzt man es. Wir müssen nur den Blick heben, um die einfachen Freuden, die das Kind mit uns teilen möchte, zu erkennen. Und wissen Sie was? Es sind kostbare Momente, die unwiederbringlich sind.

Um echte Resonanz bei Ihren Kindern zu finden, empfehlen sich die folgenden vier Schritte:

1. Legen Sie beiseite, womit Sie gerade beschäftigt sind. Seien Sie voll präsent und interessiert. Lassen Sie sich auf die Ebene des Kindes herab. Signalisieren Sie ihm, dass Sie offen und empfänglich sind und bereit, es zu sehen und zu hören.
2. Passen Sie Ihren emotionalen Ton der Situation an, reflektieren Sie anschließend über die innere Erfahrung des Kindes und spiegeln Sie seine Gefühle korrekt wider. Wenn Ihr Kind mit einer Bastelarbeit nach Hause kommt, die es in der Schule gemacht hat, sagen Sie etwas wie: »Wow! Das hast du gemacht? Da kannst du aber stolz sein! Wie lange hast du dafür gebraucht?«
3. Wenn das Kind sich über Ihre Reaktion freut, verstärken Sie das Gefühl, indem Sie es reflektieren: »Das ist wunderbar, mein Schatz. Toll gemacht!«

4. Wenn das Kind traurig und frustriert ist, erkennen Sie diese Gefühle an und bringen Sie zum Ausdruck, dass Sie mit ihm fühlen, anstatt ihm zu sagen, dass es anders empfinden sollte. Es sind normale menschliche Emotionen – und das sollten Sie Ihrem Kind vermitteln.

Wenn Kinder sich einmal emotional sicher fühlen, wissen sie, dass sie nicht allein auf der Welt sind und jemand da ist, an den sie sich wenden können. Entscheidend ist, wachsam, geduldig und konsequent zu sein, damit das Kind die Gewissheit hat, in Krisensituationen genauso zu uns kommen zu können wie in guten Zeiten. Man sollte sich täglich fragen: »Habe ich meinen Kindern geholfen, ihre Talente und Gaben zu erkennen? Habe ich mich genügend in sie eingefühlt? Gibt es etwas, das ich tun oder sagen könnte, um unsere Verbundenheit zu bestärken?«

> *Wenn die primäre Bezugsperson des Kindes zugänglich ist und angemessen reagiert, … entwickelt das Kind das grundlegende Vertrauen, dass die wichtigen Menschen in seinem Leben zugänglich und unterstützend sein werden, wenn es sie braucht.*
>
> *Sharon Begley*

Diese Art der Einstimmung auf unsere Kinder fällt uns nicht immer leicht; das gilt insbesondere, wenn die Kinder beschlossen haben, ihre wahren Gefühle nicht zu offenbaren. Manchmal scheinen sie über ein verlorenes Spielzeug zu weinen, obwohl ihre Tränen in Wahrheit ein Symptom ihres Kummers wegen einer ganz anderen Sache sind. Steht das Spielzeug für die Sehnsucht nach dem verlorenen Elternteil nach einer Scheidung? Oder sind sie nur quengelig, weil sie nicht genügend Schlaf bekommen haben?

Zum achtsamen Elternsein gehört, dass wir die einzigartige

Persönlichkeit unseres Kindes erkennen und fördern und nicht eigene Wünsche und Gefühle auf das Kind projizieren. Es gibt einfach keinen Schema-F-Ansatz für den Umgang mit unseren Kindern: Wir müssen ihre Individualität sehen und sie darin bestärken. Doch nur wenn wir eine klare Vorstellung von unserem eigenen Leben haben, können wir unsere Kinder voll dabei unterstützen, ihr ganzes Potential zu entfalten.

> *Wenn wir unsere Kinder beiseite schieben, während wir mit anderen Dingen beschäftigt sind, und uns darauf verlassen, dass sie durch Gegenstände gehalten und unterhalten werden, ermutigen wir sie, zu passiven, machtlosen Empfängern in einer liebevollen, responsiven Welt zu werden.*
>
> *Jon Kabat-Zinn*

Selbstbewusstsein ist alles, wenn es darum geht, sich wahrhaft auf die eigenen Kinder einzustimmen. Wir müssen klar erkennen, welche eigenen Verhaltensweisen uns möglicherweise daran hindern, Resonanz bei ihnen zu finden, und wir müssen uns bewusst sein, welche eigenen Erfahrungen unseren Verhaltens- und Reaktionsweisen zugrunde liegen. Immer wenn wir darauf achten, nicht dieselben Fehler zu machen wie unsere Eltern, bestehen gute Aussichten, dass wir denken, bevor wir handeln. Durch den bewussten Umgang mit unseren eigenen Problemen können wir die Perspektive wechseln und unser Gehirn selbst ein bisschen zurechtstutzen (Pruning), so dass wir eine negative durch eine positive Einstellung ersetzen. Dazu müssen wir Folgendes tun:

- Aufmerksam sein
- Die Kette negativer Prägungen durchbrechen
- Vermeiden, ein negatives Vermächtnis weiterzugeben

Wenn Sie alleinerziehend sind, habe ich eine gute Nachricht für Sie: Studien haben gezeigt, dass Kinder nur eine einzige starke Bindung zu einer primären Bezugsperson brauchen, um ein Selbstwertgefühl und stabile, dauerhafte Beziehungen zu anderen aufbauen zu können.

In einer wissenschaftlichen Untersuchung bei Jugendlichen kam man zu dem Ergebnis, dass ethnische Herkunft, Einkommen oder eine bestimmte Familienstruktur keine Vorhersagen über risikobereites Verhalten wie Drogenkonsum oder Alkoholmissbrauch, zu schnelles Fahren oder Glücksspiel zuließen. Der beste Schutz gegen gefährliches Verhalten war eine starke Beziehung zu mindestens einem Erwachsenen. Wer also alleinerziehend ist (wie ich es war), kann sich mit dem Wissen trösten, dass er/sie ausreicht.

Neurowissenschaftler schätzen, dass 50 Prozent des Glücks eine genetische Prädisposition ist – damit bleiben uns immerhin 50 Prozent, die wir selbst in der Hand haben. Das ist etwas, was wir aktiv fördern können, ganz gleich, ob wir allein oder Teil eines Paares sind.

Eltern sind die aktiven Bildhauer des heranreifenden Gehirns ihrer Kinder. Das unreife Gehirn des Kindes ist so sensibel für soziale Erfahrungen, dass Adoptiveltern tatsächlich ebenfalls als leibliche Eltern bezeichnet werden sollten, weil die familiären Erfahrungen, die sie erschaffen, die physiologische Hirnstruktur ihres Kindes formen.

Daniel Siegel

Die Steuerung unserer Reaktionen

Die Freuden der Elternschaft können uns mehr Erfüllung bringen, als wir je zu hoffen wagten. Es gibt so viele wertvolle Momente, die wir auskosten können. Die Herausforderungen der Elternschaft können unseren Kopf allerdings auch mit anderen als mit Glücksgefühlen füllen. Immer wieder treten Situationen auf, in denen unsere Kinder uns wahnsinnig machen. Kinder zu haben ist eine Art Odyssee, ein mit täglichen Herausforderungen befrachtetes Abenteuer – aber auch reich an zahllosen Wundern.

Doch wenn wir uns überfordert fühlen oder der Geduldsfaden kurz vorm Zerreißen ist, wie gehen wir dann erfolgreich mit unserem Ärger, unserer Enttäuschung und Angst um? Wie finden wir einen Ort innerer Ruhe, so dass wir klarer erkennen, was tatsächlich mit und in unseren Kindern geschieht, unbeeinflusst von überwältigenden Gefühlen? Manchmal scheint die einfachste Lösung zu sein, Konfrontationen zu vermeiden, um die rauen Wegstrecken relativ unbeschadet zu überstehen.

> *Durch achtsames Gewahrsein verstehen wir besser, was in unserem Kopf geschieht. Wir erkennen, wie unsere Gedanken und Gefühle kommen und gehen, aufwallen und abebben. Diese Bewusstheit hilft uns, unsere Emotionen besser zu steuern.*
>
> *Daniel Goleman*

Selbstverleugnung ist ein sehr starker menschlicher Instinkt, vor allem in schwierigen Zeiten. Es erfordert viel Mut, sich den eigenen Ängsten zu stellen und sich die eigenen Schwächen einzugestehen. Die gute Nachricht ist, dass wir unsere Reaktionsweise steuern können, indem wir uns unsere Gedanken bewusster machen. Wir können unseren eigenen präfrontalen

Kortex, der für unsere höheren und kritischeren Denkfähigkeiten zuständig ist, in Betrieb nehmen und damit die weise, alte Eule des Gehirns aktivieren – so wie es hoffentlich auch unsere Kinder lernen werden. Um uns von unserer besten Seite zu zeigen, müssen wir tapfer unsere Gefühle und Handlungen unter die Lupe nehmen und uns die Wahrheit über unser eigenes Verhalten eingestehen. Ich nenne das »auf Wache sein«, was keine leichte Aufgabe ist.

Wenn wir als Eltern einfach impulsiv reagieren, so kann das sehr schädlich für unsere Kinder sein. Sie anzubrüllen, weil sie etwas vergessen haben oder weil sie etwas tun, das uns missfällt, macht ihnen nur Angst – und ändert nichts an ihrem Verhalten. Wir können unsere Wut in den Griff bekommen, indem wir verstehen, dass unsere höheren Denkfähigkeiten von unserem Gefühlszustand gekidnappt werden und wir deshalb die Kontrolle verlieren.

Emotional gekidnappt

Bei der Wut und Frustration, die wir in solchen Momenten empfinden, handelt es sich schlicht um unsere Wachhund-Amygdala, die auf die wahrgenommene Stresssituation reagiert und die Herrschaft über unsere Gefühle übernimmt. Sobald wir das wissen, können wir lernen zu erkennen, wann wir zur Geisel unserer Gefühle werden und akzeptieren, dass der Rückweg zu einem klaren Denken über achtsames Gewahrsein führt. Einfach in einem Zustand der Bewusstheit zu sein, regt automatisch die Neurotransmitter an, die die Amygdala beruhigen und den präfrontalen Kortex einschalten.

Es klingt fast wie eine zu starke Vereinfachung, aber versuchen Sie es einmal – es funktioniert. Wenn wir unseren Geist beruhigen, können wir den Kortisolspiegel senken, das Dopamin erhöhen und darüber reflektieren, was eigentlich unsere emotionale Reaktion ausgelöst hat. Wir können unser Gehirn darauf umtrainieren, weniger reaktiv zu sein, wenn wir beobachten, was geschieht, und beim nächsten Mal achtsamere Entscheidungen treffen.

Sogar wenn wir die Kontrolle verlieren und unangemessen reagieren, ist das nicht das Ende der Welt. Es gibt Möglichkeiten, den angerichteten Schaden wieder gutzumachen. Laut John Gottman, Autor von *Raising an Emotionally Intelligent Child*, sollte es uns nie zu peinlich sein, unsere Fehler einzugestehen. Denn wenn wir es tun, vermitteln wir unseren Kindern das Gefühl, zu uns kommen zu können, wenn sie etwas falsch gemacht haben. Gottman schlägt vor, dass wir uns folgendermaßen verhalten:

> *Wenn ich die Augen schließe und einen Moment lang ganz still dasitze, ist das cool. Es ist total entspannend. Es beruhigt mich, wenn ich am Ausflippen oder Durchdrehen bin.*
>
> *Lisa, 11 Jahre alt*

Beruhigen Sie sich: Handeln Sie erst, wenn Ihre Amygdala den Wachdienst beendet hat und Ihr präfrontaler Kortex wieder funktioniert.

Entschuldigen Sie sich: Sagen Sie Ihrem Kind: »Tut mir leid, ich hatte den Verstand verloren, aber jetzt ist er wieder da.«

Stellen Sie die Verbindung wieder her: Sind die Kinder noch klein, können Sie sie trösten, umarmen oder sie auffordern, etwas zu malen oder zu schreiben, um ihre Gefühle auszudrücken. Mit älteren Kindern können Sie über die Rollen, die Sie beide bei dem Geschehen gespielt haben, diskutieren.

Wenn wir unseren Kindern helfen, genau zu verstehen, was in ihrem Gehirn geschieht, wenn sie (oder wir) aufgeregt sind, können sie Situationen logischer betrachten. Und wenn wir bestimmte Techniken, die in den folgenden Kapiteln erläutert werden, anwenden, können sie lernen, die Kontrolle zu übernehmen und schließlich ihren eigenen Stress zu erkennen und zu verringern.

Auch wenn wir die Gründe für unsere negativen Reaktionen und unangemessenen Verhaltensweisen verstehen, bedeutet das nicht das Ende aller Konflikte. Konflikte sind ein normaler und gesunder Bestandteil des Familienlebens. Es ist völlig in Ordnung, ab und zu wütend zu sein. Studien zufolge können Eltern-Kind-Konflikte sogar das mentale Wachstum und die moralische Entwicklung fördern, wenn wir lernen, sie zu steuern. So wie Stress uns entweder Schwung verleihen oder uns überwältigen kann, können auch Konflikte uns entweder zur Nachdenklichkeit und zum Handeln anregen oder eine Katastrophe in Gang setzen. Die Entscheidung liegt immer bei uns.

Unsere Kinder stehen vor größeren Herausforderungen als jede frühere Generation. In einer reizüberfluteten, schnelllebigen Gesellschaft sind sie einem immensen emotionalen Risiko ausgesetzt – ob durch den Zusammenbruch der traditionellen Familie, den Kollaps unseres Wirtschaftssystems oder den ungeheuren Erfolgsdruck. Indem wir ihnen helfen, sich selbst zu helfen, können wir sie dabei unterstützen, ihren Stress zu bewältigen und uns – dadurch – selbst in Erinnerung zu rufen, wie wichtig es ist, unseren eigenen zu bewältigen.

Reflexionen

Auf dem geschäftigen Höhepunkt meiner Karriere gab es einen Punkt in meinem Leben, an dem ich mich von meinen Verpflichtungen – und meiner Traurigkeit – überwältigt fühlte. Meine Ehe ging gerade in die Brüche und ich litt zutiefst unter dem Verlust und dem Zerbrechen eines Traums. Das war nicht das Leben, das ich wollte. Ich wusste, ich brauchte Hilfe, und suchte einen Psychologen auf. Er hörte mir zu, als ich mich darüber beklagte, wie überlastet ich mich durch die Arbeit, durch die Pflege meiner kranken Mutter und die Betreuung der Kinder fühlte. Dann sagte er etwas, das die Art, wie ich über mein Leben dachte, veränderte: »Wer hat Ihnen gesagt, dass Sie eine Art Göttin sind, die alles schafft? Halten Sie sich für eine Göttin?« Er machte mir bewusst, dass ich ein aufgeblasenes Selbstbild entwickelt hatte und überzeugt war, alles schaffen zu können – und zu müssen. Es war eine solche Erleichterung, die Erlaubnis zu erhalten, nicht perfekt zu sein, mir einzugestehen, dass ich menschlich und fehlbar war. Ich musste nur nein sagen. Meine Wahlmöglichkeiten standen mir viel klarer vor Augen, und ich wurde nicht länger von äußeren Erwartungen getrieben. Ich entschied mich dafür, nicht mehr an Frühstücks-Meetings oder Business-Dinners teilzunehmen, wenn sie mich von meinen Kindern fernhielten. Es ergab keinen Sinn für mich, da draußen bei zahllosen Wohltätigkeitsveranstaltungen für Kinder »die Welt zu retten«, wenn das bedeutete, meine eigenen Kinder allein lassen zu müssen. Mir wurde klar, dass die Welt sich weiterdrehen würde, auch wenn ich mich zurücknahm. Nein zu sagen war ungeheuer befreiend. Es eröffnete mir die Möglichkeit, gänzlich präsent für meine Kinder zu sein.

6

Wie Sie mit Ihrem Kind über das Gehirn reden können

Ich bin besser im Schreiben, bin ausdauernder und ruhiger. Ich habe den Abstand, um ruhig und freundlich zu bleiben. Ich bin glücklich. Es hilft mir, gesund zu sein. Ich bin schlau. Es hilft mir gut beim Lesen.

Melissa, 11 Jahre alt

Auf Kinder kann es eine erstaunliche und befreiende Wirkung haben, wenn sie herausfinden, wie ihr Gehirn funktioniert – ein echtes Aha-Erlebnis. Das bewusste Gewahrsein der Geschehnisse in ihrem Alltag – und wie sie darauf reagieren – stärkt ihre Selbstbeherrschung. Die Nutzbarmachung der Kräfte des präfrontalen Kortex erhöht ihre Aufmerksamkeit und fördert ihre Fähigkeit, sich auf sich selbst und auf die sie umgebende Welt einzustimmen. Das wiederum stärkt ihr Empathievermögen, eine entscheidende Eigenschaft, die ihnen hilft, die Anforderungen von Arbeit, Schule und Beziehungen erfolgreich zu bewältigen. Die Fähigkeit, die Aufmerksamkeit zu fokussieren und gelassen zu bleiben, trägt dazu bei, dass sie weniger gestresst, aufnahmebereiter und emotional und mental fitter sind.

Die praktischen Anwendungsmöglichkeiten für dieses Wissen sind grenzenlos und zeigen sich am deutlichsten daran, wie das Kind auf Ereignisse und auf andere Menschen reagiert, vor allem wenn es wütend, ängstlich oder gestresst ist. Die Erkenntnis, dass die Amygdala die Angst nicht nur entdeckt, sondern sie auch erzeugt, kann alles verändern.

Mit diesem Wissen können Kinder auch allmählich verstehen, wodurch der Kontrollverlust über die Gefühle ausgelöst wird, und dass diese Auslöser bei jedem anders sind. Sie hängen immer davon ab, was das Gehirn auf der Grundlage früherer Erfahrungen als Bedrohung wahrnimmt.

Die Arbeitsweise des Gehirns und wie man sie erklärt

Etwas darüber zu erfahren, wie das Gehirn funktioniert, sollte nicht nur lehrreich für Sie und Ihre Kinder sein, sondern auch Spaß machen. Die Wahl des richtigen Zeitpunktes für den Einstieg in das Thema ist wichtig, weil man seinen Kindern nicht den Eindruck vermitteln sollte, in der Schule zu sitzen. Es ist immer am besten, das Gespräch zu einem normalen Bestandteil der täglichen Interaktion zu machen. Situationen, in denen man Zeit zum Nachdenken hat und nicht zu vielen Ablenkungen ausgesetzt ist, wären zum Beispiel das gemeinsame Abendessen, die Schlafenszeit oder ein Spaziergang. Wahrscheinlich fragen Sie Ihr Kind normalerweise, was es an diesem Tag in der Schule durchgenommen hat und bekommen so seine Aufmerksamkeit. Vielleicht stellen Sie auch fest, dass Sie seine Aufmerksamkeit besonders gut wecken können, wenn Sie ihm von einer persönlichen Erfahrung berichten, die zu einem Gespräch über die Funktionsweise des Gehirns überleitet. Wenn Sie zum Beispiel an ein Ereignis und Ihre Reaktion darauf denken, können Sie Ihr Erlebnis als Aufhänger für die Arbeitsweise des Gehirns nutzen und zum Beispiel von einem angsteinflößenden Ereignis berichten, das die Kampf- oder Flucht-Reaktion auslöste. Oder Sie erzählen Ihrem Kind von den eher positiven

Gefühlen, die sich einstellten, als Sie einer älteren Person mit ihren Einkaufstüten geholfen haben.

Manchmal ergibt sich der richtige Zeitpunkt auch mitten in einer emotionalen Krise oder stressigen Situation. Das könnte während eines Streits mit einem Geschwister sein, vor einer Klassenarbeit, nach einem besonders harten Tag in der Schule oder im Anschluss an einen ganz normalen Tobsuchtsanfall wegen eines scheinbar belanglosen Zwischenfalls. Ihr spontaner Impuls ist, das Kind zu trösten. Jedes Gespräch, das Sie führen wollen, sollte normalerweise damit beginnen, dass Sie gemeinsam ein paar Mal tief durchatmen, so dass Sie beide ruhiger und aufnahmefähiger werden. Das ist eine gute Gelegenheit, um kurz zu erklären, warum die Tiefenatmung hilfreich für uns ist – die positiven Effekte dieser einfachen Übung sind sofort zu spüren.

Wenn Sie beide dann innerlich ruhiger geworden sind, können Sie darüber sprechen, dass das Gehirn die Angewohnheit hat, die Kontrolle zu übernehmen und alle möglichen Probleme zu verursachen, wenn wir nicht verstehen, was dort geschieht und wie wir die Kontrolle über unsere Reaktionen erlangen können. Ihr Kind soll erkennen können, dass es die Wahl hat, ob es sich traurig und elend oder lieber glücklich fühlen möchte. Ganz gleich, auf welche Weise Sie einen Zugang zu dem Thema finden – vermitteln Sie Ihrem Kind etwas von Ihrem eigenen Staunen über die Wunder des Gehirns und von Ihrer eigenen Entdeckungsfreude. Wenn es einmal verstanden hat, was das Gehirn bewirkt und wie es arbeitet, wird es ebenfalls staunen. Vergessen Sie nicht: Das Ganze soll Spaß machen und spielerisch sein; ein glückliches Kind ist lernbegieriger.

Im folgenden Abschnitt habe ich versucht, die Informationen der ersten Kapitel in eine kindgerechte Sprache zu übertragen und einige Anleitungen zu geben, die ich von am MindUP-Programm beteiligten Lehrern und Wissenschaftlern in Erfahrung gebracht habe. Die Skripts sind nur Empfehlungen – Sie können die Gespräche dem Alter, Verständnis und der Aufmerksamkeitsspanne Ihres Kindes anpassen. Und auch wenn es unmöglich ist, jede Frage vorauszuahnen, die Ihr Kind auf dem Herzen hat, habe ich am Ende dieser kurzen »Unterrichtseinheit« eine Liste mit »häufig gestellten Fragen« zusammengestellt.

Je nachdem, wie alt Ihr Kind ist, weiß es unter Umständen mehr über das Gehirn, als Sie denken. Unabhängig davon sollten Sie einige Anschauungsmaterialien, die Teile des Gehirns zeigen, vorbereiten. Sie könnten zum Beispiel zusammen mit Ihrem Kind einfache Zeichnungen herstellen. (Sogar wenn Sie nicht künstlerisch begabt sind, wird Ihr Kind Ihre Bemühungen zu schätzen wissen – die gemeinsam verbrachte Zeit bekommt eine persönlichere Note, macht mehr Spaß und fühlt sich weniger wie eine Schulstunde an.) Das Internet bietet ebenfalls zahlreiche gute Illustrationen. Sie können auch den Computer nutzen, um Ihre Ausführungen zu verdeutlichen, aber achten Sie darauf, dass der Computer nicht zum Ersatzlehrer wird.

Das konkrete Gespräch

»Dein Gehirn«, können Sie zu Ihrem Kind sagen, »ist wie das ganze Zeug, das sich unter der Motorhaube eines Autos befindet – wie der Motor und die ganzen elektrischen Teile, die alles funktionieren lassen. Ohne den Motor bewegt sich das Auto nicht, das Licht geht nicht, das Lenkrad dreht sich nicht und das Radio spielt nicht. Ohne dein Gehirn könntest du nicht sehen, hören, fühlen, reden, laufen oder überhaupt irgendetwas tun – es ist ein wirklich wichtiger Teil von dir. Doch dein Gehirn besteht nicht aus Metall und Drähten und auch dein Körper ist nicht aus Glas, Stahl und Gummi gemacht wie ein Auto.

Dein Gehirn ist rund, mit ganz vielen Höckern und Falten, wie eine große Walnuss, nur viel weicher. Deshalb wird es durch deinen Schädel geschützt – wie durch den Helm, den du aufsetzt, wenn du Fahrrad fährst. Es ist ungefähr so groß wie deine beiden Hände, wenn du sie zu Fäusten ballst und zusammenhältst. Und wie die beiden Fäuste ist das Gehirn in zwei Hälften unterteilt, die man *Hemisphären* nennt.

Wie beim Automotor sind verschiedene Teile des Gehirns für verschiedene Dinge zuständig. Ein Teil, das sogenannte *Reptilgehirn,* sorgt für die ganzen Sachen, die du machst, ohne darüber nachzudenken, wie zum Beispiel dass dein Herz schlägt oder die Lunge atmet oder deine Kehle das Essen herunterschluckt.

Ein weiterer Teil, das *limbische* oder *emotionale Gehirn,* ist zuständig dafür, wie du dich fühlst – ob du glücklich oder traurig oder besorgt bist. Ein wichtiges Stück des limbischen Gehirns ist die *Amygdala* – ein komisches Wort, um etwas zu beschreiben, das wie ein Wachhund ist, der bellt, wenn er spürt, dass etwas Schlimmes – oder manchmal etwas Schönes – geschieht. Wenn du also etwas siehst, das dir Angst macht, dann gibt die Amygdala deinem Körper unter Umständen das Signal, gegen den Bösewicht zu kämpfen – oder vor ihm wegzulaufen. Oder ganz still und bewegungslos stehenzubleiben wie ein verängstigtes Kaninchen. Das nennt man Kampf-, Flucht- oder Erstarrungsreaktion. Manchmal geschehen Dinge, die uns wütend oder ängstlich machen. Problematisch wird es, wenn uns die Amygdala vermittelt, wir seien in Gefahr, obwohl das gar nicht stimmt. Bei anderer Gelegenheit spürt der Wachhund vielleicht etwas Schönes und sendet das Signal aus, dass man lachen und sich freuen soll – zum Beispiel, wenn du deinen besten Freund auf dem Bürgersteig begegnest.

Der größte Teil des Gehirns ist die *Hirnrinde* oder der *Kortex.* Das ist der Teil, der wie eine große Walnuss aussieht. Er ist zuständig dafür, dass wir uns erinnern, über Dinge nachdenken und sprechen, und er hilft uns, aufmerksam zu sein. Die Vorderseite des Kortex, direkt hinter deiner Stirn, ist der sogenannte *präfrontale Kortex*. Diesen Teil könnte man als weise alte Eule bezeichnen oder als denjenigen Hirnteil, der Dinge anschaut, darüber nachdenkt und sich daran erinnert, was du gesehen und gehört hast. Er ist zuständig für Denken, Planen, Logik, Problemlösung und gute Entscheidungen. Er sorgt auch mit dafür, dass deine Gefühle nicht die Oberhand gewinnen und du keine hässlichen Dinge tust, wenn du wütend oder traurig bist.«

Nachdem Sie mit Ihrem Kind über die verschiedenen Hirnregionen gesprochen haben, können Sie das eigene Erlebnis, von dem Sie einleitend berichtet haben, wieder aufgreifen. Jetzt können Sie erklären, dass Ihre Amygdala – Ihr innerer Wachhund – auf den Plan getreten war und Ihnen geholfen hat, auf die Situation zu reagieren. Wenn Sie Ihr Kind außerdem dazu anregen, an eine Situation zu denken, in der seine Amygdala ihm wirklich geholfen hat, und zu beschreiben, was es empfunden hat, machen Sie die Lektion lebendig.

Fragen Sie anschließend: »Kannst du dich an eine Situation erinnern, in der deine Amygdala dir *nicht* geholfen hat?«

Erinnern Sie Ihr Kind zum Beispiel an ein Ereignis auf dem Spielplatz oder an einen dummen Streit. Wiederholen Sie, dass der Wachhund uns manchmal vor Gefahren schützt und uns hilft, uns manchmal aber auch am klaren Denken und an guten Entscheidungen hindert.

Erstellen Sie gemeinsam eine Liste einiger körperlicher Empfindungen, die durch das »Bellen« der Amygdala bei Ihrem Kind ausgelöst werden können:

- Schwitzen oder Zittern
- Herzklopfen
- Bauchweh oder das Gefühl, sich gleich übergeben zu müssen
- Schnelleres Atmen
- Das Bedürfnis zu weinen

Fragen Sie Ihr Kind, was ihm seiner Ansicht nach helfen könnte, sich in solchen Situationen zu beruhigen. An dieser Stelle können Sie den Gedanken des achtsamen Atmens einführen: Sagen Sie einfach, es sei hilfreich, sich etwas Zeit zu nehmen und tief zu atmen und dabei bis zehn zu zählen, bevor man irgendetwas tut – und dass der Wachhund dann mit dem Bellen aufhört, sich beruhigt und wieder zurück in seine Hütte geht. Erklären Sie Ihrem Kind, dass sein Gehirn sich entspannt und die weise alte Eule ihm hilft, wieder klar zu denken, sobald es den Wachhund unter Kontrolle bekommen hat. Weisen Sie es noch einmal darauf hin, dass es sich bei allen künftigen Aufregungen besser fühlen wird, wenn es einfach tief atmet und erst einmal ganz ruhig sitzen bleibt.

Nachdem Sie Ihrem Kind die Grundlagen vermittelt haben, sollten Sie geduldig mit ihm sein. Lernen geschieht nicht über eine Nacht. Bleiben Sie dran und greifen Sie das Thema wieder auf, wann immer sich eine Gelegenheit bietet. Denken Sie daran: Die Sache soll Spaß machen. Wenn Ihr Kind aus der Schule kommt, stellen Sie ihm eine Frage wie: »Wie war dein Tag? Hat die weise alte Eule dir heute geholfen?« Sie werden garantiert einige interessante Antworten erhalten.

Wenn Kinder einmal das Wesentliche verstanden haben, führen sie ihre Gespräche mit den Eltern auf eine ganz andere Art. Sie können ihre Gefühle in einen größeren Zusammenhang stellen, indem sie die Bilder der weisen alten Eule und des Wachhunds nutzen.

Kinder sehen ihr eigenes Denken aus einer anderen Perspektive und erkennen, dass es wichtig ist, was sie denken. Das hat großen Einfluss darauf, wie sie lernen. Es verstärkt die Freude am Lernen und die Wirkung des Gelernten.

Daniel J. Siegel

Häufig gestellte Fragen

- Wie heißt der Teil, der sich wie ein Wachhund verhält?
  (Amygdala)
- Wenn sich uns die Haare im Nacken sträuben und wir am liebsten weglaufen möchten, wofür ist das ein Zeichen?
  (Flucht)
- Welcher Teil des Gehirns befindet sich direkt hinter der Stirn und verhält sich wie eine weise alte Eule?
  (Präfrontaler Kortex)
- Welcher Teil unseres Gehirns trägt dazu bei, uns vor Gefahren zu schützen?
  (Amygdala)
- Welcher Teil unseres Gehirns hilft uns, gute Entscheidungen zu treffen?
  (Präfrontaler Kortex)
- Wenn wir auf jemanden losgehen oder etwas Schlimmes sagen, ohne darüber nachzudenken – aus welchem Teil des Gehirns kommt das?
  (Amygdala)

7

Achtsames Atmen

Der Atem ist einfach ein Mittel, um sich mit dem tiefen Fassungsvermögen von Herz und Kopf anzufreunden ... Kommen Sie ohne zu werten, zu urteilen oder sich zu zwingen, zum gegenwärtigen Augenblick, zu diesem Atemzug zurück; jedes Einatmen ist ein neuer Anfang; jedes Ausatmen ein Loslassen, keine Pläne; nur dieser Augenblick; dieser Atemzug, jenseits der Zeit; zeitlos.

Jon Kabat-Zinn

Wir Menschen sind eine erstaunliche Spezies. Soweit wir wissen, sind wir die einzigen Lebewesen auf dem Planeten, die ihr eigenes Denken und Handeln beobachten und sich selbst auf eine Weise analysieren können, die einen Richtungswechsel ermöglicht. Diese Fähigkeit nennt sich *Metakognition*.

Glücklicherweise gibt es eine einfache Methode, um diese Fähigkeit einzuschalten – eine Methode, für die man kein Geld und keine spezielle Ausrüstung benötigt und die alle möglichen positiven Auswirkungen hat. Sie nennt sich *achtsames Atmen*.

Wir alle wissen intuitiv, dass es uns vor oder während einer Stresssituation gut tut, einige Male tief durchzuatmen. Wie oft sagen wir uns selbst: »Moment Mal. Atme tief durch!«, weil wir spüren, dass es uns zurück zu unserer Mitte bringt. Immer präsent, immer verfügbar ist unser Atem etwas, das wir jederzeit einschalten und als sanftes Metronom nutzen können, um den Rhythmus unserer Bewusstheitsübungen zu steuern. Achtsames Atmen ist die beste Methode für das *achtsame* Gewahrsein, weil der Atem unserem Gehirn und Körper Sauerstoff zuführt und dadurch ein Gefühl der inneren Ruhe schaffen kann.

Es gibt zahlreiche Deutungen des Begriffs *Achtsamkeit*. Die geläufigste Auslegung umfasst den Einsatz der Meditation. Doch zur Achtsamkeit gehören noch weit mehr Elemente. Eines ist die Kontemplation. *Achtsames* Gewahrsein klingt im ersten Moment vielleicht schwierig, doch das ist es nicht. Wir müssen auch nicht hart daran arbeiten, um unser Ziel zu erreichen. Achtsames Gewahrsein heißt einfach, auf das zu achten, was gerade geschieht. Wenn wir nichts anderes tun, als einige Minuten im gegenwärtigen Augenblick zu leben, können wir Gedanken und Gefühle kommen und gehen lassen, ohne sie festzuhalten oder zu bewerten. Dadurch bauen wir die Muskeln der Konzentration, Beobachtung und *Entspannung* auf, und zwar alle gleichzeitig.

> *Wenn wir uns zehn Minuten pro Tag hinsetzen und achtsam atmen, können wir bereits in einem Zeitraum von nur acht Wochen den Teil des präfrontalen Kortex stärken, der positive Gefühle erzeugt und denjenigen Teil schwächen, der negative erzeugt.*
>
> *Richard Davidson*

Das ist etwas anderes als ein Denkprozess, in dem wir häufig jeden Augenblick danach bewerten, was vorher war oder was künftig sein könnte. Manchmal spreche ich daher vom Gewahrsein *voller Achtsamkeit,* weil der Geist von nichts anderem erfüllt ist als dem sanften Fokus des Atmens. Das ist das genaue Gegenteil von Unachtsamkeit. Unachtsamkeit heißt, dass wir auf Autopilot geschaltet haben und dem gegenwärtigen Augenblick keine Aufmerksamkeit schenken. Das kennen wir alle. Manchmal hat man das Gefühl, als ob man schlafwandelnd durchs Leben ginge. Minuten, Stunden, sogar Tage vergehen, ohne dass man sich wirklich an sie erinnern kann, weil man sich nicht gewahr ist, was geschieht.

Im Fall von Unachtsamkeit reagieren wir manchmal automatisch auf negative Weise – wir gehen auf jemanden los oder sagen etwas, das wir hinterher bereuen. Wir fragen uns selbst: »Warum habe ich das getan?« oder »Wer hat meinen Mund das sagen lassen?« Das muss nicht so sein. Wir alle besitzen die Fähigkeit, präsenter zu werden. Als Erstes müssen wir fest daran glauben. Dann erzeugen wir die Absicht. Je mehr wir uns auf unsere eigenen Gedanken und Gefühle einstimmen, desto mehr Optionen schaffen wir uns selbst im Hinblick auf unsere Reaktionen.

Ein kleines Mädchen hatte Schwierigkeiten, sich in der Vorschule anzupassen. Deshalb sollte es nur noch halbtags teilnehmen – aber das half auch nicht. Seine Reaktion darauf war so schlimm, dass wir uns fragten, ob es überhaupt in der Vorschule bleiben sollte. Dann entschied ich, das Mädchen ein paar Mal am Tag für achtsame Atemübungen mit in mein Büro zu nehmen. Daraufhin wurde es besser. Nachdem wir drei Wochen lang keine andere Maßnahme ergriffen hatten, als mehrmals täglich gemeinsam zu atmen, konnte sie ganztags in der Vorschule bleiben.

Elizabeth Z., Vorschullehrerin

Der Schlüssel zu all diesen Achtsamkeitspraktiken ist, einfach weiterzumachen und nicht zu streng mit sich selbst zu sein. Immer wenn wir uns bewusst werden, dass unsere Gedanken von unserer Praxis abschweifen, refokussieren wir sanft die Aufmerksamkeit. Der Lernspezialist Tim Gallwey bezeichnet dies als »Bewusstheit ohne Wertung« und behauptet, das sei eines der großartigsten Werkzeuge für das Erlernen des, wie er es nennt, »inneren Spiels«. Je mehr wir diese Botschaft verstärken, desto besser können wir unsere Aufmerksamkeit fokussieren – und desto mehr helfen wir unseren Kindern zu akzeptieren, dass man Fehler machen darf, ohne allzu hart mit sich selbst ins Gericht zu gehen.

Die Vorteile achtsamen Atmens sind seit Jahrhunderten und in allen Kulturen bekannt, doch in jüngerer Zeit haben sie sich insbesondere für alle, die unter starkem beruflichen Stress stehen, als äußerst hilfreich erwiesen. Die Praktik wird den unterschiedlichsten Personengruppen, von Olympiasportlern bis Feuerwehrleuten, beigebracht. In einem Programm namens *Achtsamkeitsbasiertes geistiges Fitnesstraining (Mindfulness-based Mind Fitness Training)* oder »M-Fit« lernen Angehörige des Militärs das achtsame Atmen, um widerstandsfähiger für Stressbelastungen zu werden. Rettungssanitäter, Polizeibeamte, Pflegekräfte, Krisenhelfer und Intelligenzanalytiker werden in ähnlichen Techniken geschult.

In einer bahnbrechenden Studie von Jon Kabat-Zinn wurde eine von zwei Gruppen gesunder Probanden in Techniken achtsamen Gewahrseins geschult, bei denen sich die Teilnehmer hauptsächlich auf ihre Atmung konzentrierten. Nach drei Monaten zeigte sich, dass bei dieser Gruppe der psychische Stress um 44 Prozent gesunken war, Krankheiten wie Erkältungen und Kopfschmerzen hatten sich um 46 Prozent verringert und die Stressreaktion auf alltägliche Schwierigkeiten war um 24 Prozent zurückgegangen. Bei der anderen Gruppe ergab sich keine Veränderung. Zu den wirkungsvollen Effekten achtsamen Atmens und Gewahrseins, die in mehr als 1000 Studien nachgewiesen wurden, zählen unter anderem:

- Reduzierung der Stressreaktion
- Verbesserung der Aufmerksamkeit
- Förderung der neuronalen Integration
- Besserer Schlaf
- Stärkung des Selbstbewusstseins

Reflexionen

Ich erinnere mich noch an den Tag, an dem ich zum ersten Mal probiert habe, achtsam zu atmen. Ich wählte mit Bedacht einen Raum ohne Ablenkungen, in dem sich nur ein einfacher Stuhl mit gerader Rückenlehne, ein kleiner Tisch mit einer Vase, die eine einzelne Rose enthielt, und ein brennendes Räucherstäbchen befanden. Ich setzte mich, schloss die Augen und versuchte, mir ins Gedächtnis zu rufen, was man mir beigebracht hatte. Zuerst fühlte es sich komisch an. Ich bemerkte, dass meine Atmung nicht regelmäßig war – ich dachte darüber nach, doch dann fiel mir wieder ein, dass ich solche Gedanken loslassen sollte und konzentrierte mich wieder auf meine Atmung. Ein warmer Luftzug kam durchs offene Fenster. Ich spürte ihn und achtete auf die Empfindung, aber dann kehrte ich wieder zu meiner Atmung zurück. Ich spürte, wie mein gesamter Körper sich Stück für Stück entkrampfte – meine Arme, meine Beine, mein Bauch. Zum ersten Mal seit Monaten fing ich an, mich zu entspannen. Plötzlich geschah etwas – ich fühlte mich leicht wie eine Feder. Ich fühlte mich tatsächlich, als ob ich nach langer Zeit meinem wahren Selbst wiederbegegnet wäre. Es war, als ob ich mich mit einem alten Freund verbinden würde, der in dem ganzen Chaos der Alltagskämpfe verloren gegangen war. Ich wollte lachen. Ich fühlte mich so überglücklich, dass ich laut loskicherte. Ich war erstaunt, dass eine so einfache Übung so viel Positives bewirken konnte.

ACHTSAMKEITSÜBUNG
Achtsames Atmen

Auch wenn man überall achtsam atmen kann – im Auto, in der Bahn, sogar auf dem Klo –, ist es mitunter hilfreich, sich einen speziellen Ort dafür einzurichten. Er muss nicht groß sein, eine Ecke in einem Zimmer, wo man bequem sitzen kann, ist völlig ausreichend. Es ist einfach eine tolle Sache für Sie und Ihre ganze Familie, einen Platz zu haben, an den man sich zurückziehen kann, wann immer das Gehirn eine Pause braucht.

Viele Leute, die Achtsamkeitsübungen durchführen, benutzen eine Glocke oder Klingel, um ihre Atemübung zu beginnen und zu beenden. Das ist nicht unbedingt notwendig, aber vielleicht stellen Sie fest, dass dies auch bei Ihnen gut funktioniert. Es spielt keine Rolle, welches Instrument Sie verwenden (Sie können auch mit einer Gabel gegen ein Kupferrohr schlagen), es muss nur ein Echo haben, das noch lange nachhallt. Lauschen Sie dem Echo. Achten Sie auf den Ton und begeben Sie sich dann in den leeren Raum, der darauf folgt.

> *Die Atmung Ihrer Kinder ist die Schwingtür zu ihrer inneren und äußeren Welt.*
>
> *Susan Kaiser Greenland*

Das Erlernen der achtsamen Atmung ist ganz einfach. Sie konzentrieren sich nur auf Ihren Atem. Wenn ein Atemzug endet, beginnt der nächste. Viele Menschen atmen sehr flach, nur mit dem oberen Lungenbereich. Das gilt vor allem, wenn wir zusammengekauert am Computer oder Handy sitzen. Je gestresster und aufgeregter wir werden, desto flacher wird die Atmung. Wenn wir tief in den Bauch atmen, verleihen wir unserem Körper neue Energie. Der ausströmende Atem entspannt den Körper.

Sie müssen die Augen nicht geschlossen halten, aber Sie sollten geistig ganz im gegenwärtigen Augenblick sein. Entspannen Sie den Bauch. Atmen Sie langsam ein und aus. Ihre Gedanken werden zweifellos abschweifen, weil das Gehirn automatisch auf diese Weise reagiert: Es »denkt« Tag und Nacht wie ein aufgedrehter Wasserhahn, aus dem ein endloser Strom von Gedanken plätschert. Ob es uns gefällt oder nicht – unser Kopf gibt zu allem und jedem einen Kommentar ab.

Seien Sie nicht zu streng mit sich selbst. Wenn Sie bemerken, dass Ihre Aufmerksamkeit zu Gedanken, Gefühlen oder Empfindungen abgeschweift ist, lassen Sie es gut sein, ohne sich länger damit aufzuhalten. Betrachten Sie diese Gedanken wie Wolken, die am Himmel Ihres Bewusstseins auftauchen, und lassen Sie es dann zu, dass sie einfach vorüberziehen. Lenken Sie Ihre Aufmerksamkeit sanft zurück auf den riesigen blauen Himmel, nicht auf die vorbeihuschenden Wolken. Konzentrieren Sie sich dann wieder ganz auf Ihre Atmung. Je öfter Sie üben, desto leichter wird es Ihnen fallen. Entscheidend für den Aufbau des geistigen Muskels ist, dass Sie lernen, sich erneut zu konzentrieren, wenn Sie in Gedanken abschweifen.

> *Wenn ich mit meinen Freunden streite, gehe ich manchmal einfach weg und atme eine Weile, weil ich nicht will, dass sie böse auf mich werden und wir dann keine Freunde mehr sind.*
>
> *Kevin, 9 Jahre alt*

Wenn Sie Ihrem Kind die achtsamen Atmung beibringen, bitten Sie es, sich bequem hinzusetzen und die Hände in den Schoß zu legen. Sollte es Ihrem Kind unangenehm sein, die Augen zu schließen, kann es sich auf einen einzelnen Gegenstand, zum Beispiel ein Bild, ein Fenster oder auf seine Hände konzentrieren. Fangen Sie damit an, zunächst einige Sekunden lang ganz still dazusitzen und zu atmen; dehnen Sie diese Sitzungen allmählich auf einige Minuten aus. Kleine Kinder bleiben häufig höchstens eine oder zwei Minuten still sitzen. Ältere Kinder können ein bisschen länger durchhalten, vielleicht zehn Minuten. Dehnen Sie die Zeit, in der Sie schweigend zusammensitzen, ganz allmählich weiter aus.

Bitten Sie Ihr Kind, seine Hände auf den Bauch zu legen, damit es das Auf und Ab beim Atmen spüren lernt. Das ist eine großartige Methode die ihm hilft, sich zu konzentrieren und tief genug zu atmen. Erklären Sie, dass man sich verkrampft, wenn man schnell und flach atmet, und sich entspannt, wenn man langsame, tiefe Atemzüge macht. Ältere Kinder können Sie daran erinnern, dass tiefe Atmung die Amygdala beruhigt und sie diese Methode zur Verbesserung ihrer Konzentration nutzen können.

Seien Sie darauf vorbereitet, dass es zu Ablenkungen kommt, wenn Sie sich gemeinsam hinsetzen und atmen. Die Geräusche des Alltags werden sich bemerkbar machen, sei es ein bellender

Hund, das Klingeln des Telefons oder ein vorbeifahrendes Auto. Das Kind fängt vielleicht an zu zappeln, was völlig normal ist. Wenn das geschieht, ermuntern Sie es einfach jedes Mal, seine Aufmerksamkeit wieder zurück auf die Atmung zu lenken. Je ruhiger und sanfter Sie bei Ihren Instruktionen vorgehen, desto friedvoller wird die Erfahrung sein. Je öfter Sie diese Übung gemeinsam mit Ihrem Kind machen, desto weniger wird es auf Ihre Instruktionen angewiesen sein.

Wenn Sie etwas Übung gewonnen haben, können Sie sich mehrmals am Tag für vielleicht jeweils fünf Minuten zusammensetzen, um achtsam zu atmen. Im Laufe der Zeit können Sie die Häufigkeit und Dauer der Sitzungen dann weiter steigern. Folgen Sie einfach Ihrem Gefühl.

Besprechen Sie im Anschluss an jede Übung mit Ihren Kindern, wie sie die Erfahrung empfunden haben. Erzählen Sie ihnen von den Möglichkeiten, wie man das achtsame Atmen nutzen kann – zum Beispiel wenn sie sich über einen Freund ärgern oder nervös wegen eines bevorstehenden Sportereignisses sind. Legen Sie von jetzt an immer einige Minuten achtsamen Atmens ein, bevor Sie irgendeine der in diesem Buch beschriebenen Aktivitäten (mit oder ohne Kinder) beginnen. Je mehr Sie üben, desto stärker werden Sie die Vorzüge spüren – bis es zu etwas ganz Normalem wird. Und sobald das der Fall ist, werden Sie erkennen, wie positiv sich die Praxis auf Ihren ganzen Tagesablauf auswirkt.

In einer Welt, die auf schnelles Glück ausgerichtet ist, erwarten wir häufig sofortige Ergebnisse. Für einige dieser Übungen braucht man Geduld, und sie fallen einem an einigen Tagen leichter als an anderen. Das ist ganz normal. Bleiben Sie dran.

Wenn Sie meinen, das Ganze koste zu viel Zeit, denken Sie noch einmal nach. Laut einer neueren Studie der *Proceedings of the National Academy of Sciences* müssen Sie nur drei Minuten pro Tag achtsam atmen, um eine Veränderung zu bewirken. Was das Gehirn stärkt, ist nicht die Länge der investierten Zeit pro Übung, sondern die Häufigkeit, mit der Sie diese im Laufe des Tages praktizieren. Ein mal zwanzig Minuten achtsames Atmen am Tag sind beispielsweise weniger effektiv als drei mal drei Minuten. (Und für einen Anfänger ist Letzteres, ehrlich gesagt, auch sehr viel leichter.)

> *Stellen Sie sich achtsames Atmen als die Erschaffung präfrontaler Verstärkungen für künftige Problemsituationen vor … Achtsames Gewahrsein sorgt für positive Gefühle, weil es dieselben Hirnschaltkreise nutzt, die aktiviert werden, wenn wir uns emotional auf einen anderen Menschen einstimmen.*
>
> *Daniel J. Siegel*

Achtsamkeitspraktiken führen nicht nur dazu, dass wir uns im gegebenen Augenblick besser fühlen, weil Wohlfühlhormone wie Dopamin und Serotonin ausgeschüttet werden, sondern sie lösen auch anhaltende und sich wechselseitig verstärkende Effekte aus. Dank des Wunders der Hirnplastizität führen diese Effekte zu dauerhaften Veränderungen der Hirnstruktur. Jedes Mal, wenn wir innehalten und innerlich zur Ruhe kommen, bauen wir gesündere Denk- und Gefühlsmuster auf. Je öfter wir üben, desto stärker werden diese Verhaltensweisen automatisiert: bei uns selbst und bei unseren Kindern. Wie unsere Kinder werden wir bald zur *Reflexion* statt zur bloßen *Reaktion* neigen, weil sich stärkere Hirnschaltkreise für unser Selbstbewusstsein, unsere Gefühlsbeherrschung und Aufmerksamkeit entwickelt haben. Denken Sie daran: Übung macht den Meister.

Reflexionen

Es war Heiligabend und wir waren auf unserer Ranch in Colorado. Draußen herrschte starker Schneefall und Familie und Freunde waren drinnen und halfen, den Baum zu schmücken. Die Erwachsenen waren in der Überzahl – insgesamt etwa fünfzehn Leute, die alle aufgeregt durcheinanderschnatterten und sich über das Wiedersehen und die alljährliche Tradition freuten. Es war fast Abend, als einer von uns ein Gedicht vorlesen sollte. Der Raum war laut und lebhaft und niemand wollte sich setzen. Ich versuchte, den Lärm zu übertönen, und rief mit lauter Stimme: »Der Weihnachtsmann kommt bald, deshalb müssen die Kinder nach dem Gedicht alle ins Bett!« Mein vierjähriger Enkel Ryder zupfte an meinem Ärmel. Ich beugte mich herunter, und er flüsterte mir ins Ohr: »Können wir vorher noch ein bisschen zusammen atmen?« Ich war vollkommen baff. Obwohl ich wusste, dass er im Kindergarten achtsames Atmen gelernt hatte, konnte ich nicht fassen, dass mein Enkel in seinem zarten Alter die Geistesgegenwart besaß, die Truppe zu beruhigen. Mit seiner Hilfe bildeten wir einen Kreis, und ich bat Ryder, uns beim Atmen anzuleiten. Er gab dann tatsächlich allen die notwendigen Instruktionen, und in den nächsten drei Minuten war es, abgesehen vom Knistern des Kaminfeuers, völlig still im Raum. Innerhalb von Sekunden senkte sich dank eines vierjährigen Jungen eine große weiche Decke des Friedens über unseren Heiligabend. Er schuf den Rahmen, in dem wir uns auf unser Zusammensein konzentrieren und diese magischste aller Nächte zusammen feiern konnten. Der Jüngste in unserem Kreis hatte uns an die Wichtigkeit der Reflexion erinnert und uns dadurch geholfen, dankbar für das zu sein, was wir hatten.

Tun, was wir predigen

Das achtsame Atmen ist wahrscheinlich die wichtigste Übung in diesem Buch, weil man sie zur Unterstützung aller anderen Praktiken einsetzen und in ganz gewöhnlichen Alltagssituationen anwenden kann. Ich nenne sie die »Geheimsauce«.

> *Mein Dad half mir, ein Modellflugzeug zu bauen, aber es fiel auseinander. Er war total wütend und schimpfte ganz fürchterlich. Ich sagte zu ihm: »Dad, setz dich doch einfach hin, atme ein bisschen und entspann dich. Es ist nur ein Modell.«*
>
> *Chad, 8 Jahre alt*

Die ganz normalen Sorgen um Geld, Arbeit, Kinder oder Gesundheit können uns mitunter überwältigen. Achtsames Atmen ist eine Art Rettungsring, vor allem für Eltern, deren Kinder mit gravierenden Problemen zu kämpfen haben. Die Fähigkeit, uns selbst in eine neutrale Position zurückzubringen, die uns den Fokus und die Kraft zur Bewältigung unserer komplexen Gefühle gibt, ist ungeheuer wichtig. Kinder, die vor vielem Angst haben, vor Monstern im Schrank bis hin zur Bedrohung unseres Planeten, können sich auf ihr achtsames Atmen stützen, um ihre Ängste zu beschwichtigen. Aggressiven Kindern hilft es, mit ihrem aufbrausenden Temperament umzugehen. Hyperaktive Kinder können es als Werkzeug benutzen, um sich zu beruhigen und sich ihre Hyperaktivität bewusst zu machen. Ein Teenager, der seine Frustration und Enttäuschung äußert, kann lernen, sich auf den Augenblick zu konzentrieren, seinen Stress zu reduzieren und die Perspektive zu wechseln.

Schlaf

> *Achtsames Atmen hilft mir beim Einschlafen. Und es hilft mir beim Denken und Konzentrieren.*
>
> *Sophie, 9 Jahre alt*

Eine der großen Entdeckungen in unserer Forschung war, dass achtsames Atmen Kindern auch hilft, besser zu schlafen. Schlafmangel wird mit einer Vielzahl physischer und psychischer Probleme in Zusammenhang gebracht, z. B. Fettleibigkeit, Typ-2-Diabetes, Depressionen und Verhaltensproblemen.

Wissenschaftler sind heute überzeugt, dass Stress zwar Schlaflosigkeit auslösen kann, umgekehrt aber auch Schlafmangel zu Stress führen kann. Wir alle kennen das Gefühl: Nach mehreren unruhigen Nächten sind wir reizbar, aggressiv und überfordert. Wir sehen grau aus und haben dunkle Ringe unter den Augen. Der Teufelskreis setzt sich fort. Am nächsten Abend geraten wir in Stress, weil wir fürchten, dass eine weitere schlaflose Nacht vor uns liegt.

> *Achtsames Atmen hilft Erwachsenen, schneller einzuschlafen, besser und länger zu schlafen und nachts seltener aufzuwachen.*
>
> *Ramadevi Gourineni*

Leider gilt dasselbe für unsere Kinder. Dass sie unter denselben Symptomen leiden wie wir, ist schlimm genug, aber dann wird auch noch von ihnen erwartet, in der Schule volle Leistung zu bringen.

Wenn Kinder schlafen, werden wichtige Erinnerungen des Tages im Gehirn abgelegt, was ihnen beim künftigen Lernen hilft. Schlaf ist unabdingbar für unser allgemeines Wohl und wir müssen alles dafür tun, dass die ganze Familie genug davon bekommt. Die US-amerikanischen *Centers for Disease Control and Prevention* bieten eine Richtschnur dafür, wie viel Schlaf für ein Optimum an physischer, psychischer und mentaler Gesundheit notwendig ist:

- Erwachsene brauchen mindestens 7 Stunden Schlaf pro Nacht.
- Jugendliche brauchen mindestens 8,5 Stunden.
- Fünf- bis Zwölfjährige brauchen mindestens 9 Stunden.
- Drei- bis Fünfjährige brauchen mindestens 11 Stunden.

Achtsame Atmung ist eine wunderbare Methode, sich auf gesunden Schlaf vorzubereiten. Indem wir den Geist beruhigen und uns auf die Atmung konzentrieren, können wir den Herzschlag senken und den Körper entspannen.

Ein eindrucksvolles Beispiel für die Wirksamkeit dieser Methode stammt von einem kleinen Jungen, der seit zwei Jahren nicht mehr durchschlafen konnte, weil er in der Schule schikaniert wurde. Er flehte seine Eltern an, zuhause bleiben zu dürfen und nicht zur Schule gehen zu müssen. Auch seine Schulleistungen litten darunter. Nachdem er achtsames Atmen gelernt hatte, schlief er das erste Mal wieder eine Nacht durch und fing bald darauf an, wieder gern zur Schule gehen. »Wenn ich mit Angst aufwache«, sagte er seinen Lehrern, »fange ich einfach an, achtsam zu atmen, und dann schlafe ich ein.«

Reflexionen

Ich hatte als Kind Ballettunterricht und wollte später unbedingt Tanzlehrerin werden. Immer wenn wir mit unseren Routineübungen durch waren, sagte unsere Choreographin: »Okay, jetzt nehmen alle wieder Position Eins ein.« Als ich anfing, mir meiner Atmung bewusst zu werden, erkannte ich, dass achtsames Gewahrsein genau das ist – Position Eins für Geist, Körper und Seele nach den geschäftigen Routinen des Lebens. Seit dieser Erkenntnis sorge ich dafür, jeden Tag eine Zeit der Ruhe einzuhalten. Auch als meine Kinder klein waren und mir auf Schritt und Tritt folgten, versuchte ich, mir Zeit für meine Atmung zu nehmen, wenn sie Mittagsschlaf hielten oder kurz bevor ich selbst zu Bett ging (was mir einen langen und tiefen Schlaf bescherte). Als meine Kinder älter wurden, sagte ich ihnen: »Mama wird jetzt Ruhe und Stille in sich bringen.« Sie zogen mich immer damit auf, dass ich »wieder eine Wand anstarren wollte«.

Ein weiterer Ausdruck, den wir in unserer Familie dafür benutzen, ist »unsere Augen auf uns selbst richten«. Immer wenn ich zur Ruhe komme – und vor allem nachts – richte ich meinen Blick auf mich selbst zurück. Geborgen in mir selbst und tief atmend habe ich gelernt, das Gute und das Schlechte ohne Wertung zu beobachten und zu mehr Klarheit zu gelangen. Man kann die Raserei und Hektik stoppen, wenn man einfach ruhig wird und sich auf den Atem konzentriert. Es ist unglaublich, wie sich innerhalb weniger Minuten ein Gefühl innerer Ruhe und Freude ausbreitet. Probieren Sie es aus!

8

Achtsame Sinneswahrnehmung

Kinder sind geborene Wissenschaftler. Sie machen spontane Experimente und Erfahrungen und wiederholen die Erfahrungen … Sie führen Geruchs-, Geschmacks-, Biss- und Berührungstests durch, um Härte, Weichheit, Elastizität, Rauheit, Glätte, Kälte und Wärme zu überprüfen.
R. Buckminster Fuller

Bei der achtsamen Sinneswahrnehmung geht es darum, sich die Zeit zu nehmen, Augenblick für Augenblick auf die bemerkenswerte Empfindung des Lebendigseins in unserem Körper zu achten. Mit anderen Worten: alles zu würdigen, was wir sehen, hören, riechen, schmecken und fühlen. Das mag selbstverständlich klingen, ist aber gar nicht so einfach.

Wir sagen unseren Kindern immer, dass sie aufmerksam sein sollen, doch wenn wir selbst zunehmend Schwierigkeiten haben, uns zu konzentrieren, wie können wir dann von unseren Kindern erwarten, dazu fähig zu sein? Kinder sind ganz genauso vielen Ablenkungen ausgesetzt wie wir, haben aber nicht so viel Erfahrung im Umgang damit. Und aus der Neurowissenschaft und Psychologie weiß man heute, dass diese täglichen Ablenkungen die Konzentrationsfähigkeit des Gehirns tatsächlich negativ beeinflussen.

Achtsame Sinneswahrnehmung ist eine weitere großartige Methode, mit der wir das ständige Rauschen unserer Zeit unterbrechen. Es ist für uns und unsere Kinder wichtig zu wissen, dass wir unsere Aufmerksamkeit fokussieren können, wenn wir einfach lernen, uns selbst zu zentrieren und uns der Sinnesreize, die uns umgeben, voll bewusst werden.

Reflexionen

Als meine Kinder klein waren, bin ich oft mit ihnen am Strand oder im Wald gewandert, um nach Steinen in Herzform zu suchen, weil das Herz eines meiner Lieblingssymbole ist. Es hat Riesenspaß gemacht, aber damals war mir nicht bewusst, was für eine bedeutungsvolle Aktivität es war – wie gesund es für das Gehirn meiner Kinder war, sich minutenlang auf etwas so Natürliches zu konzentrieren. Ich besitze immer noch einige der herzförmigen Steine, die meine Kinder und ich gefunden haben, und neulich brachte mir mein Sohn Wyatt einen weiteren, den er in Deutschland am Strand gefunden hatte, als er zwischen seinen Hockeyspielen einen Tag frei hatte. Ich war begeistert, sowohl weil er sich an meine Vorliebe für herzförmige Steine erinnerte, als auch weil er immer noch wusste, wie wichtig es ist, zwischen stressreichen Momenten eine Zeit der Ruhe und der Reflexion einzubauen.

Jede Sekunde des Tages wird unser Gehirn von allen Seiten mit Milliarden von sensorischen Informationsbruchstücken überschwemmt. Laut Michael Gazzaniga von der University of California werden 99 Prozent dieser Informationen beim Eintritt ins Gehirn nahezu augenblicklich verworfen. Fast so wie Wasser, das durch ein Sieb läuft.

Wenn wir allen Daten Aufmerksamkeit schenken würden, wäre unser Gehirn sehr schnell überlastet, deshalb registrieren wir nur die wichtigsten Informationsteile. Wenn wir beispielsweise in einem Zimmer dicht neben einer tickenden Uhr sitzen und ein Buch lesen, nehmen wir vielleicht auch ein Auto in der Ferne wahr oder riechen den Duft des Bratens im Ofen. Wir registrieren vielleicht, dass es ziemlich warm ist oder schauen hoch und bemerken draußen vorm Fenster einen Singvogel in den Zweigen. Wir spüren die Berührung der Katze, die sich an unserem Bein reibt, oder bemerken die Trockenheit im Mund, die uns sagt, dass wir Durst haben. Diese Fähigkeit, zwischen verschiedenen Sinnesdaten zu unterscheiden, ist in einer spezialisierten Hirnregion lokalisiert, die unbewusst filtert, welche Informationen wir zu einem bestimmten Zeitpunkt und aus bestimmten Gründen beachten sollten.

Sobald wir anfangen zu üben, uns durch achtsames Gewahrsein zu konzentrieren, können wir bewusster steuern, welchen Dingen wir Aufmerksamkeit schenken. Wir entwickeln stärkere neuronale Leitungsbahnen, mit anderen Worten: Anstatt uns im elektronischen Datendschungel zu verirren, werden wir besser darin, einzelne Bäume zu erkennen. Nicht nur das – wir erwerben auch die Fähigkeit auszuwählen, *welchen* Baum wir beachten wollen, weil alle anderen Sinnesdaten, die auf uns einströmen, herausgefiltert oder zur Bedeutungslosigkeit abgeschwächt werden. Die Fähigkeit, unsere Aufmerksamkeit zu fokussieren, ist eine entscheidende Voraussetzung für unseren Erfolg im Leben.

Neurowissenschaftler haben mehrere wichtige Netzwerke im präfrontalen Kortex entdeckt, die uns in die Lage versetzen, uns zu konzentrieren, Informationen zu bewerten und Entscheidungen zu treffen. Diese Region hilft uns auch, unseren emotionalen Zustand zu erkennen und zu entscheiden, wie wir reagieren sollen. Noch interessanter ist vielleicht, dass Wissenschaftler herausgefunden haben, dass diese Netzwerke sich überschneiden. Achtsame Wahrnehmungspraktiken stärken nicht nur die neuronalen Netzwerke, die für die Konzentration sorgen, sondern aktivieren und fördern gleichzeitig auch jene Netzwerke, die für die Steuerung des emotionalen Gleichgewichts und für die höchsten Operationen der Exekutivfunktionen zuständig sind.

Wenn wir uns ins Gehirn schauen könnten, während wir etwas so Simples tun, wie nach einem herzförmigen Stein zu suchen, würden wir sehen, wie bestimmte Regionen aufleuchten. Wir würden auch bemerken, dass die Schaltkreise für die Entscheidungsfindung und die Gefühlsregulation gleichzeitig aufleuchten. Eine achtsame Sinneswahrnehmung ist also alles andere als eine belanglose Aktivität oder eine Ablenkung vom Lernen, wie man vielleicht denken könnte. Erstaunlich!

> *Unsere Sinne sind die einzige Möglichkeit, die Welt zu fühlen. Der Geist selbst ist ein Sinnesorgan … Man kann sehen, ohne zu sehen, man kann alles Mögliche hören, ohne zu hören.*
>
> *Jon Kabat-Zinn*

Achtsames Zuhören

Wie oft in der Woche missverstehen wir, was jemand sagt? Wie oft haben wir ein Gespräch gehört, in dem eine Person der anderen das Wort abschneidet, bevor letztere ihren Gedanken zu Ende geführt hat? Achtsames Zuhören verstärkt eine entscheidende Fähigkeit der emotionalen Intelligenz: die Fähigkeit, anderen Menschen *richtig* zuzuhören – mit Kopf und Herz, ohne den anderen zu unterbrechen oder voreilige Schlüsse zu ziehen.

Vor allem müssen wir zuhören, was unsere Kinder zu sagen haben. Sie erzählen uns alles, wenn wir ihnen nur unsere volle Aufmerksamkeit schenken. Deshalb müssen wir uns in der Kunst des Ruhigseins üben. Immer wenn wir achtsames Zuhören praktizieren, stärken wir das Gewahrsein und feilen die Fähigkeit zum echten Hören und Verstehen aus. Das Gefühl, nicht gehört und verstanden zu werden, gehört zu den besonders verletzenden Erfahrungen in jeder zwischenmenschlichen Beziehung. Wenn wir uns auf die gesprochenen Worte konzentrieren, können wir dem anderen volle Aufmerksamkeit schenken. Wir sind in der Lage aufzunehmen, was der andere sagt, bevor wir Urteile fällen, die auf früheren Erfahrungen oder Zukunftsprojektionen basieren.

Nachdem wir achtsames Zuhören praktiziert hatten, saß ich zuhause am Computer. Meine Mutter redete mit mir und ich merkte, dass ich nicht zuhörte. Ich klappte den Deckel zu und bat sie, ihre Worte zu wiederholen, damit ich achtgeben konnte.
Clark, 10 Jahre alt

Wenn wir dieses Gewahrsein bei uns selbst stärken, helfen wir unseren Kindern, sich ihrer Reaktionsweisen ebenfalls bewusster zu werden. Durch ein achtsames Zuhören werden sie sich der Möglichkeiten der Sprache bewusst und verstehen Unterschiede im Tonfall. Lisa Aziz-Zadeh, Dozentin für Arbeitswissenschaft an der University of Southern California, hat das Gehirn von jungen Probanden gescannt, während sie wiederholt einen sinnlosen Satz in mehreren unterschiedlichen Betonungen hörten. Sie stellte fest, dass die Aktivität in denjenigen Hirnregionen, die für die Erzeugung und Verarbeitung von Sprachlauten zuständig sind, umso höher war, je besser die Person bei Empathietests abgeschnitten hatte. Zuhören ist also nicht nur wichtig für die Aufnahme von Informationen, sondern es fördert auch unsere Fähigkeit zur Empathie und zur interessierten Einstimmung auf andere Menschen.

Mit jeder neuen technischen Spielerei und Modeerscheinung fügen wir unserer Welt weitere Geräuschebenen hinzu, die wir einschalten, während wir uns zwischenmenschlich abschalten. Wir verlieren die Stille.

George Prochnik, Autor von *In Pursuit of Silence: Listening for Meaning in a World of Noise*, warnt davor, dass das Verschwinden von Räumen der Stille unsere Fähigkeit, einen reflexiven, aktiven mentalen Zustand zu erreichen, bedroht. »Die Suche beginnt immer im Stillen«, sagt er, »ob bei einem Tier, das sich zur Jagd auf seine Beute bereit macht, oder bei einem nachdenklichen Menschen, der eine Antwort auf eine Frage sucht. Die Frage beginnt im Stillen.« Der New Yorker Autor J. Gabriel Boylan fasst die Gefahren unserer ständigen Konfrontation mit Lärm zusammen: »Die Spitzen der Hirnaktivität, des Denkens, liegen in den winzigen Pausen zwischen Geräuschen, wenn wir den vorangegangenen Ton verarbeiten und gleichzeitig den nächsten antizipieren. Wenn der Lärm nie aufhört, tendiert die Hirnaktivität zur Nulllinie.« Mit anderen Worten: ein Leben mit ununterbrochenem Lärm stumpft das Gehirn ab.

> *Es war schön, auf dem Schulhof zu sitzen und die ganzen Geräusche wirklich zu hören. Erst als ich wirklich darauf achtete, hörte ich die Vögel in den Bäumen singen – das war mir vorher nie aufgefallen.*
>
> *Janis, 9 Jahre alt*

Die folgenden Übungen tragen dazu bei, die Fähigkeit zum Zuhören zu stärken. Einige befriedigen unseren instinktiven Wunsch nach Stille. Andere umfassen Musik, die tatsächlich das Lern- und Erinnerungsvermögen fördern kann. In neueren Studien wurde nachgewiesen, dass Musik mehr sein kann als reine Stimmungshebung: Sie kann tatsächlich die Form des Gehirns verändern. Das hängt damit zusammen, dass die Nervenzellen im Ohr mehr Verbindungen zum Gehirn haben als alle anderen Nerven im Körper. Sie beeinflussen die Drüsen, das Nervensystem, den Blutdruck und das mentale Gewahrsein. In Studien wurde nachgewiesen, dass Kinder, die ein Instrument lernen, ein dickeres Corpus callosum haben und besonders schnell zwischen links- und rechtshemisphärischem Denken hin- und herwechseln können.

ACHTSAMKEITSÜBUNG
Achtsames Zuhören

Das Zuhör-Spiel

Suchen Sie mehrere unterschiedliche Haushaltsgegenstände zusammen, mit denen man Geräusche erzeugen kann. Sie könnten zum Beispiel Stifte nutzen, mit denen man auf harte Oberflächen klopfen kann, Papier, das knistert, einen Löffel, den man gegen eine Tasse schlagen kann, oder Münzen zum Klimpern. Legen Sie die Gegenstände in eine Kiste, so dass ihre Kinder nicht sehen, um was es sich handelt.

Fordern Sie Ihre Kinder auf, die Augen zu schließen und sich auf das Geräusch zu konzentrieren, das Sie gleich machen werden. Nehmen sie einen Gegenstand aus der Kiste, erzeugen Sie das Geräusch und verstecken Sie den Gegenstand wieder in der Kiste. Stellen Sie Ihren Kindern folgende Fragen:

- Konntet ihr besser zuhören, als ihr die Augen geschlossen hattet?
- Konntet ihr eure Konzentration auf den Ton aufrechterhalten?
- Hat euch irgendetwas dabei abgelenkt?

Jetzt ist es an den Kindern, laute Gegenstände zu finden. Genießen Sie die gemeinsame Erfahrung – es macht Spaß. Wiederholen Sie die Übung mit anderen Gegenständen und unterschiedlichen Geräuschen. Lassen Sie Ihrer Kreativität und Fantasie freien Lauf!

Töne in der Luft

Setzen Sie sich gemeinsam mit Ihren Kindern an einen schönen Ort im Freien. Stellen Sie einen Wecker auf zwei Minuten. Bitten Sie alle, die Augen zu schließen und sich so intensiv wie möglich auf alle Geräusche in der Luft zu konzentrieren. Fordern Sie die Kinder auf, die Augen wieder zu öffnen, wenn die Zeit um ist. Stellen Sie ihnen die folgenden Fragen:

- Habt ihr mehr gehört als sonst, als ihr eure Aufmerksamkeit aufs Hören konzentriert habt?
- Habt ihr bemerkt, dass bestimmte Töne lauter und dann wieder leiser wurden?
- Hatten bestimmte Töne einen Anfang oder ein Ende?

Weisen Sie darauf hin, dass die Geräusche die ganze Zeit über da sind: Wir nehmen sie nur nicht bewusst wahr. Nur wenn wir unsere Aufmerksamkeit auf sie lenken, können wir sie hören. Älteren Kindern können Sie das Konzept des achtsamen Zuhörens erklären und mit ihnen darüber reden, wie es ihnen in ihren Beziehungen mit Freunden, Lehrern, Trainern und Familienmitgliedern helfen kann.

Musik hören

Wählen Sie einen Song aus, in dem mehrere verschiedene Instrumente zu hören sind und spielen Sie einen kleinen Teil davon ab. Fragen Sie die Kinder, ob sie die verschiedenen gespielten Instrumente erkennen. Ist da eine Trommel? Ein Klavier? Eine Gitarre? Welche Instrumente können sie heraushören? Wählen Sie dann einen weiteren Song aus. Manchmal weckt Musik unterschiedliche Emotionen. Macht die Musik die Kinder fröhlich? Traurig? Oder würden sie gern dazu tanzen?

Echos

Lassen Sie Ihr Kind etwas erzählen, während Sie aufmerksam zuhören. Wiederholen Sie dann, was es Ihnen berichtet hat. Machen Sie das Gleiche anschließend andersherum: Bitten Sie Ihr Kind, aufmerksam zuzuhören, während Sie etwas sagen, und lassen Sie es dann das Gesagte wiederholen. Wechseln Sie sich mehrere Male ab und üben Sie mit kürzeren oder längeren Sätzen. Fragen Sie Ihr Kind anschließend, was es dabei empfunden hat. War es leicht oder schwierig? Was hat ihm geholfen, sich auf das Zuhören zu konzentrieren?

Reflexionen

In den 1980ern nahm ich an einer Fernsehsendung mit dem Titel *Kids: Listen to Them* teil, bei der Dutzende Kinder im Alter von zehn bis fünfzehn Jahren einen ganzen Tag mit mir und einem Kamerateam verbrachten. Als wir über ihre Ängste und Hoffnungen sprachen, ergaben sich im Laufe der wenigen Stunden viele wunderbare Momente. Ein Junge berichtete von der Scheidung seiner Eltern und wie schwierig die Situation für ihn war. Andere erzählten von ähnlichen Erfahrungen und wie es ihnen in dieser schwierigen Situation gelungen war, den Schulalltag zu bewältigen. So entstand eine kleine zusammengehörige Gruppe, die Trost und Hilfe spendete.

Während einer kurzen Pause fragte ich die Kinder, ob sie glaubten, dass das, was wir denken, und das, was wir fühlen, zwei verschiedene Dinge seien. Alle Kinder reagierten plötzlich mit großer Lebhaftigkeit, einfach weil jemand verstand, was sie durchmachten. Angesichts ihrer Offenheit und Ehrlichkeit fragte ich mich, wieso Kinder nicht die Freiheit oder das Forum erhalten, um häufiger so offen zu sprechen. Als Eltern lassen wir unsere Terminpläne alles andere beherrschen, und unsere Tage sind so ausgefüllt, dass wir nicht die Zeit finden, uns hinzusetzen und unsere Kinder zu fragen, was sie fühlen.

Am Ende der Filmaufnahmen für diese Sendung fiel uns der Abschied schwer. »Können wir das nicht nochmal machen?«, fragten die Kinder. Ich wünschte für unser aller Wohl, dass das möglich wäre. Aber wir alle haben die Erinnerung an diesen Tag – ein Tag, an dem wir getanzt, geweint, gelacht, einander zugehört und eine tiefere Verbundenheit hergestellt haben.

Achtsames Sehen

Wir bewegen uns so schnell durchs Leben, dass es häufig wie ein Film an uns vorüberzurauschen scheint. Wir fragen uns selbst, wohin der Tag verschwunden ist. Oder die Woche. Und manchmal fragen wir sogar entgeistert: Du lieber Himmel, wo ist das Jahr geblieben?

Es ist nicht überraschend, dass wir abgelenkt sind, wenn man bedenkt, wie viele Informationen auf uns einstürmen. Zum Glück hat unser Gehirn ein großartiges Filtersystem, andernfalls wären wir vollkommen überfordert. Man schätzt, etwa 80 Prozent der Informationen, die unser Gehirn aufnehmen muss, seien visueller Art. Das menschliche Auge registriert mehr als 35 000 visuelle Eindrücke pro Stunde. Angesichts eines derartigen Bombardements aufmerksam zu bleiben, ist eine anspruchsvolle Übung, wenn nicht eine Kunst.

> *Wenn ich eine Sache wirklich genau anschaue, sehe ich alle möglichen Teile, die ich vorher nicht gesehen habe, wie die Falte auf der Nase meiner Katze.*
>
> *Megan, 7 Jahre alt*

Achtsames Sehen ermöglicht uns, unser Gehirn zu beruhigen, so dass wir die Dinge in Zeitlupe mit all ihren intensiven Farben und Kontrasten wahrnehmen können. Inmitten der ganzen Geschäftigkeit unseres Lebens gibt uns das die Chance, tatsächlich auf Details zu achten. Jon Kabat-Zinn nennt das »zur Besinnung kommen«. Wenn wir eine Sache achtsam betrachten, bringt uns das nicht nur zu uns selbst zurück, sondern sorgt auch dafür, dass alles etwas ruhiger und langsamer wird, einschließlich unseres Herzschlags. Irgendwie wird alles einfacher.

Wenn wir einen Schritt aus unserer gewohnten Umwelt heraustreten, können wir häufig klarer sehen. Ins Freie zu gehen, um einmal durchzuatmen und uns umzuschauen, kann unseren Gefühlszustand vollkommen verändern. Richard Louv schreibt in seinem Buch Das letzte Kind im Wald?: Geben wir unseren Kindern die Natur zurück!: »Die Natur regt die Kreativität des Kindes an, weil sie die Fantasie und den vollen Einsatz aller Sinne fordert. Wenn das Kind die Chance erhält, bringt es das Chaos der Welt in den Wald, wäscht es im Bach und dreht es um, um zu sehen, was auf der ungesehenen Seite dieses Chaos lebt.«

Die Praxis des achtsamen Sehens hat mir in der Schule geholfen. Jetzt schaue ich wirklich in alle vier Ecken des Computerbildschirms, wenn ich etwas nicht verstehe, und das hat mir geholfen, andere Lösungen zu finden.

Maryvel, 10 Jahre alt

Den Eltern hilft das achtsame Sehen außerdem, ihr Herz zu öffnen. Es befreit uns aus dem Zustand ständiger Kritik und versetzt uns an einen Ort der Ruhe und des Staunens. Wenn wir uns dafür entscheiden, uns auf das Wahre und Wunderbare an unseren Kinder zu konzentrieren, können wir unsere Anspannung und Frustration leichter auflösen. Stattdessen fällt uns dann auf, wie zart und verletzlich sie sind. Wir denken über ihr Potential nach. Sie werden so schnell erwachsen, und wir können entlang des gemeinsamen Weges so viel Schönheit in ihnen entdecken. Das ist etwas, das zu sehen sich wirklich lohnt.

Achtsames Sehen ist wichtiger denn je für unsere Kinder, weil es die Hektik in ihrem Leben neutralisiert. Es hilft ihnen, das Tempo zu drosseln und auf Feinheiten zu achten. Dinge genau zu betrachten fördert auch die Aufmerksamkeit für visuelle Details, was ein entscheidender Faktor für die Genauigkeit beim Schreiben, Lesen und bei anderen Schularbeiten ist.

ACHTSAMKEITSÜBUNG

Achtsames Sehen

Echtes Hinschauen

Sammeln Sie ein paar ähnlich aussehende Kieselsteine und legen Sie sie in eine Kiste oder Papiertüte. Sie können auch Blätter, Knöpfe, Blumen oder andere Gegenstände, die sich ähneln, auswählen. Fordern Sie Ihr Kind auf, in die Kiste zu greifen und einen der Gegenstände herauszuholen. Tun Sie selbst das Gleiche.

Bitten Sie Ihr Kind, so ruhig und still wie möglich zu sein und dann den Gegenstand zu untersuchen. Wie sieht er aus? Welche Farben oder Markierungen weist er auf? Hat er eine glatte oder eine raue Oberfläche? Sagen Sie Ihrem Kind, es sei okay, wenn seine Gedanken zwischendurch abschweifen. Ermutigen Sie es, seine Aufmerksamkeit wieder auf den Gegenstand zu lenken und ihn weiterhin genau zu untersuchen.

Legen Sie die Objekte wieder in die Kiste oder Tüte zurück. Schütteln Sie sie. Kippen Sie den Inhalt auf den Boden und fordern Sie Ihr Kind auf, den Gegenstand zu suchen, den es gerade in der Hand gehalten hat. War es leicht, ihn wiederzufinden? War es schwierig, darauf konzentriert zu bleiben? Was ist Ihrem Kind beim achtsamen Sehen aufgefallen? Erzählen Sie ihm auch, was Ihnen selbst aufgefallen ist.

Welterforscher

Gehen Sie mit Ihrem Kind in den Garten oder in einen Park oder setzen Sie sich auf die Stufen vor der Haustür. Sie können diese Übung auch drinnen im Haus durchführen. So oder so ist es ein lustiges Spiel. Wenn Ihr Kind zur Ruhe gekommen ist und es sich bequem gemacht hat, fordern Sie es auf, sich umzuschauen, als ob es alles das allererste Mal sehen würde. Lassen Sie es einen Gegenstand auswählen, auf den es sich einige Minuten konzentrieren soll, ohne zu sagen, was es ist. Schließen Sie die Augen und lassen Sie Ihr Kind den Gegenstand beschreiben. Versuchen Sie zu raten, was gemeint ist. Suchen Sie abwechselnd ein Objekt aus, das der andere erraten soll.

Ich sehe was, was du nicht siehst

Versuchen Sie, das achtsame Sehen in Ihren normalen Tagesablauf zu integrieren. Sie können dieses Spiel auf dem Weg zur Schule oder im Lebensmittelgeschäft oder vielleicht auf der Fahrt zu einem Freund spielen. Fordern Sie Ihr Kind auf, sich umzuschauen. Bitten Sie es, darüber zu reden, was es sieht, und weisen Sie es auf Dinge hin, die ihm nie zuvor aufgefallen sind. Erzählen Sie Ihrem Kind, was Ihnen selbst auffällt.

Die Form von Wasser

Eine weitere lustige Übung besteht darin, einen großen durchsichtigen Glaskrug mit Wasser zu füllen. Geben Sie etwas Lebensmittelfarbe hinein und beobachten Sie die Formen und Wirbel, in denen sich die Farbe auflöst. Sprechen Sie darüber, was jeder von Ihnen im gefärbten Wasser sieht. Was kann man in den Formen erkennen? Vielleicht ein Tier? Einen Baum? Oder ein Gesicht? Schon seit meiner Kindheit spiele ich ein ähnliches Spiel. Ich lege mich ins Gras, beobachte die Wolken und schaue, ob ich Wesen erkennen kann, die sich aus den wirbelnden Nebeln am Himmel herausbilden. Probieren Sie das auch einmal mit Ihren Kindern aus.

Mit neuen Augen sehen

Legen Sie etwas Papier und einige Buntstifte bereit und setzen Sie sich mit Ihrem Kind an den Tisch. Bitten Sie es, etwas zu malen, das es im Zimmer sieht. Wählen Sie selbst ebenfalls ein Objekt aus und machen Sie das Gleiche. Wenn Ihr Kind sein Bild fertig gemalt hat, fordern Sie es auf, den Gegenstand ganz genau zu betrachten. Bitten Sie es dann, das Objekt erneut zu malen, und dann zu schauen, ob es Unterschiede zwischen dem ersten und dem zweiten Bild gibt. Hat das achtsame Sehen dazu geführt, dass sich die Zeichnung in irgendeiner Form verändert hat?

Reflexionen

Ich habe meine ersten Erfahrungen mit dem achtsamen Sehen in den 1970er Jahren gemacht, nachdem ich bei den Dreharbeiten zu dem Film *Shampoo* die Schauspielerin Julie Christie kennengelernt hatte. Nach Abschluss des Films blieben wir Freundinnen. Sie rief mich aus ihrer Heimat England an und erzählte mir, wie wunderschön der Himmel gerade aussah oder wie das Wasser des Ozeans glitzerte. Sie schickte mir kleine Federzeichnungen von dem Blick auf ihre walisischen Wiesen. Es waren zarte, detailgenaue Bilder. Ich konnte erkennen, dass Julie voll konzentriert war auf das, was sie sah. Sie brachte mir bei, wie wichtig es ist, die Aufmerksamkeit auf die kleinen Dinge zu richten, die wir oft gar nicht bemerken, wie die »Millionen kleinen Diamanten, die den Ozean so schön machen«. Sie schärfte mein Auge.

Achtsames Riechen

Wissen Sie noch, wie Sie sich gefühlt haben, als das Wohnzimmer am Weihnachtsmorgen von Tannenduft erfüllt war? Auch der Holzrauch-Geruch des Feuers, das Sie an einem stürmischen Herbstabend zuhause wärmt, kann angenehme Assoziationen wecken. Oder vielleicht das Aftershave Ihres Vaters. Unser Geruchssinn ist etwas Wunderbares. Er hat eine direkte Verbindung zu unseren Erinnerungen und Emotionen.

Meine Mutter hat immer ein Lavendelparfüm benutzt und jeden Abend, bevor ich ins Bett gehe, tupfe ich ein paar Tropfen Lavendelöl auf mein Kopfkissen, atme tief ein und gleite mit einem wohligen Gefühl in den Schlaf. Wir alle erinnern uns auch an unangenehme Gerüche, für gewöhnlich weil sie uns auf Gefahren oder etwas Negatives aufmerksam gemacht haben: Aus dem Haus strömender Gasgeruch, verdorbene Nahrungsmittel, die Krankheit im Atem eines Kindes oder Öl, das aus einer Maschine leckt. Die Fähigkeit zu riechen und sich daran zu erinnern, was der jeweilige Geruch bedeutet und ob er etwas Schönes oder eine Gefahr signalisiert, ist eine sehr wichtige menschliche Eigenschaft.

Die olfaktorische Drüse ist nicht nur die stärkste Drüse des Körpers, sondern auch der stärkste Auslöser von Erinnerungen und Gefühlszuständen. Deshalb hilft sie uns beim Abruf von Informationen und anderen Merkmalen. Eine Studie der Harvard University kam zu dem Ergebnis, dass Studenten, die im Schlaf dem Duft von Rosen ausgesetzt waren, mehr Daten erinnern konnten als Studenten, die die Nacht ohne diesen Duft verbracht hatten. Der Duft entspannte das Gehirn und stimulierte die Region, die für die Bildung von Langzeiterinnerungen zuständig ist.

Der Geruchssinn unterscheidet sich von den anderen Sinnen, weil er einen starken unbewussten Einfluss auf das Gehirn hat … Gerüche wecken die Emotionen, die mit einem Erlebnis verbunden waren. Sie können diese Gefühle wachrufen und sogar wieder lebendig machen. Das ist eine ziemlich exklusive Funktion des Geruchssinns verglichen mit den anderen Sinnen.

Tim Jacob

Blumen-, Pflanzen- und Kräuteressenzen sind besonders wichtig für diese Art von Aromatherapie. Lavendel und Rosmarin verbessern die Erinnerung. Zitrone verleiht Energie. Kiefer beruhigt, Jasmin verbessert die Problemlösungsfähigkeiten. Pfefferminz steigert alles – von der Erinnerung und Konzentration bis hin zur sportlichen Leistungsfähigkeit. Deutsche Wissenschaftler haben festgestellt, dass Blumendüfte angenehme Träume auslösten, während der Geruch von verfaulten Eiern Alpträume bewirkte.

In einer Schule im englischen Liverpool setzen die Lehrer den Duft von Minze im Unterricht ein. Das kombinieren sie mit dem Geräusch raschelnder Blätter und sanft tröpfelnden Wassers, wodurch auch der Hörsinn angesprochen wird. Andere Pädagogen und Wissenschaftler haben festgestellt, dass Schüler, die während der Aufnahme neuer Informationen einem bestimmten Duft ausgesetzt sind, das Erlernte bei Prüfungen besser erinnern, wenn sie dabei den gleichen Duft wahrnehmen. Einige innovative Schulen setzen zu diesem Zweck »Kratz- und Schnüffel«-Karten ein (»scratch and sniff«).

ACHTSAMKEITSÜBUNG
Achtsames Riechen

Wonach riecht das?
Wählen Sie vier Dinge aus, die einen charakteristischen, unverwechselbaren Geruch haben. Machen Sie ein lustiges Spiel daraus – nehmen Sie zum Beispiel einen Kiefernast, eine Stange Zimt, eine Rose, ein Glas Erdnussbutter, einen Lavendelzweig oder ein bisschen Vanilleextrakt.

Legen Sie Ihrem Kind eine Augenbinde an oder fordern Sie es auf, die Augen zu schließen. Bitten Sie es dann, tief einzu atmen und nacheinander an den verschiedenen Dingen zu riechen. Fragen Sie es, ob es die verschiedenen Sachen erkennt. Mag es bestimmte Gerüche lieber als andere? Kommt ihm bei einem bestimmten Geruch ein anderer Duft in den Sinn? Lassen Sie Ihr Kind anschließend etwas auswählen, das Sie dann raten müssen.

Experimentieren Sie auf diese Weise weiter und fragen Sie Ihr Kind, ob das Erkennen von Düften leichter wird. Wecken verschiedene Gerüche verschiedene Erinnerungen bei ihm? Erzählen Sie ihm von einer schönen Erinnerung, die Sie selbst mit einem bestimmten Duft verbinden – zum Beispiel vom Duft eines Babys, der Sie an die Zeit erinnert, als Ihr Kind noch ganz klein war, oder vom Duft frisch gebackener Kekse, der Sie in Ihre eigene Kindheit zurückversetzt.

Wenn Ihr Kind sich nicht an bestimmte Erlebnisse erinnern kann, die es mit einem speziellen Geruch verbindet, ermuntern Sie es mit Aufforderungen wie: »Weißt du noch, als wir am Meer waren und du diesen toten Fisch aufgesammelt hast?« Oder: »Wie war das, als wir zusammen durch den wilden Salbei gelaufen sind?«

Das »Wie schmeckt das Bonbon?-Spiel«

Legen Sie einige Bonbons in verschiedenen Geschmacksrichtungen bereit. Fordern Sie Ihr Kind auf, sich die Nase zuzuhalten und die Augen zu schließen. Geben Sie ihm ein Bonbon und bitten Sie es, die Geschmacksrichtung zu erraten. Lassen Sie Ihr Kind dann mit freier Nase noch einmal das gleiche Bonbon probieren. Machen Sie das Gleiche. Ist es leichter, den Geschmack zu erkennen, wenn man auch riechen kann?

Riechen und Schmecken

Bitten Sie Ihre Kinder am Abendbrottisch, an allem, was sie essen, zunächst zu riechen, bevor sie es in den Mund stecken. Verändert achtsames Riechen die Art, wie das Essen schmeckt?

Kann ich das essen?

Legen Sie drei verschiedene Nahrungsmittel (zum Beispiel einen Apfel, ein Brötchen und einen Keks) und drei andere Gegenstände (zum Beispiel Waschpulver, eine Kerze und eine Handlotion) bereit. Verbinden Sie Ihren Kindern die Augen oder fordern Sie sie auf, die Augen zu schließen und lassen Sie sie dann an allen Dingen riechen. Bitten Sie sie, bei jeder Sache zu sagen, ob sie essbar ist oder nicht. Tauschen Sie anschließend die Rollen.

Achtsames Schmecken

Wir alle genießen schmackhaftes Essen. Das Problem ist, dass einige von uns den Genuss übertreiben. Die USA sind zurzeit fest im Griff einer Fettleibigkeitsepidemie, die insbesondere unsere Kinder beeinträchtigt. Erschütternde 74 Prozent der Erwachsenen sind übergewichtig oder adipös und immerhin 25 Prozent der Kinder. Laut den Centers for Disease Control and Prevention steigen die Zahlen weiterhin stetig an.

Wer lernt, achtsam zu essen, kostet tendenziell jeden Bissen aus und neigt dazu, weniger zu essen. Wenn man sich klar macht, wie wichtig es ist, die Nahrung gründlich zu kauen, um die Verdauung zu unterstützen, ergibt sich ein weiterer Vorteil. Kinder finden es faszinierend zu lernen, ein bisschen langsa-

> *Achtsames Essen umfasst alle Sinne. Es lässt uns in die Farben, Strukturen, Düfte, Geschmacksrichtungen und sogar in die Geräusche des Trinkens und Essens eintauchen. Es ermöglicht uns, neugierig und sogar spielerisch zu sein, wenn wir unsere Reaktionen auf das Essen und unsere inneren Hunger- und Sättigungssignale erforschen.*
>
> *Jan Chozen Bays*

mer zu essen, weil das Gehirn zehn Minuten braucht, um ein Sättigungsgefühl zu empfinden. Das Essen genüsslich auszukosten, ist auch deshalb wichtig, weil Studien zeigen, dass wir das beste Schmecken bei jeder Mahlzeit nach dem zweiten Bissen hinter uns haben. Das ist schwer zu glauben, wenn ich den Kokosnusskuchen meiner Mutter esse! Aber vielleicht hilft schon das bloße Wissen um diese Tatsache, dass man sich nicht ganz so vollstopft.

Das Beste am achtsamen Essen ist, dass es die Freuden einer

gemeinsam eingenommenen Mahlzeit verstärkt. Dass man sich zusammen an den Tisch setzt, um zu essen, ist wichtig, um ein Gefühl der Verbundenheit zu schaffen, und in meiner Familie sorge ich dafür, dass wir diese Gelegenheit regelmäßig nutzen. Falls Sie diese Art von Esskultur in Ihrer Familie nicht pflegen, könnten Sie sich trotzdem zu Ihren Kindern setzen, während sie essen, sich mit ihnen unterhalten und sogar einige Achtsamkeitsübungen durchführen.

Achtsames Schmecken gehört zu den Methoden, durch die wir den optimalen Zustand entspannten Gewahrseins erleben können, indem wir unsere Aufmerksamkeit auf das lenken, was wir essen. Unseren Kindern beizubringen, sich nicht nur bewusst zu machen, *was* sie essen, sondern auch *wie* sie essen, trägt dazu bei, dass sie erkennen, was gut für sie ist und was nicht.

ACHTSAMKEITSÜBUNG
Achtsames Schmecken

Sehen und schmecken

Geben Sie Ihren Kindern eine Rosine oder ein kleines Stück Schokolade. Bitten Sie sie, das Teil in der Hand zu halten und zu warten. Fordern Sie sie auf, das Nahrungsmittel in ihrer Hand ganz genau zu betrachten, so als hätten sie es nie zuvor gesehen. Was sehen sie? Welche Form hat es? Wie ist es beschaffen? Welche Farbe hat es?

Bitten Sie Ihre Kinder, die Augen zu schließen und daran zu riechen. Woran erinnert es sie? Vielleicht an die letzte Gelegenheit, bei der sie eine Rosine oder ein Stück Schokolade gegessen haben? Fordern Sie Ihre Kinder dann auf, den Leckerbissen in den Mund zu stecken und einen Moment auf der Zunge zu behalten, bevor sie hineinbeißen und ganz langsam kauen. Wie schmeckt es? Wie fühlt es sich an? Ist ihnen das Wasser im Mund zusammengelaufen, als es auf ihrer Zunge lag? War es leicht oder schwierig, konzentriert zu bleiben und den Leckerbissen nicht einfach hinunterzuschlingen?

Ich hatte es eilig, deshalb bin ich mit meinen Kindern in ein Fast-Food-Restaurant gegangen, wo sie ihr Essen wie gewöhnlich hinunterschlangen. Mein jüngerer Sohn fing an, die Pommes seiner Geschwister zu stibitzen. Schließlich sagte mein älterer Sohn zu ihm: »Iss den hier lieber achtsam, es ist nämlich der letzte, den du kriegst!« Ich musste lachen!

Eine Mutter aus dem MindUP-Programm

Wie nennt man das?

Bitten Sie Ihre Kinder, aus einer Liste mit Begriffen rund ums Schmecken einige auszuwählen, die ihre Erfahrung beschreiben. Sie können die folgende Liste nutzen oder die Kinder bitten, eigene Wörter hinzuzufügen:

- bitter
- zäh
- knusprig
- fruchtig
- salzig
- süß
- eklig
- lecker

Wiederholen Sie die Übung und verwenden Sie dabei jedes Mal andere Speisen. Machen Sie ein Familienritual daraus und üben Sie achtsames Schmecken am Esstisch. Wählen Sie ein Nahrungsmittel aus, zum Beispiel eine Karotte, und fordern Sie alle Anwesenden auf, sie zu untersuchen, bevor sie sie essen. Ich weiß, dass das in meiner Familie garantiert für Heiterkeit sorgen würde! Schmeckt sie, als ob sie Zucker enthielte? Bei anderer Gelegenheit können Sie alle auffordern, von den Speisen auf ihrem Teller jeweils einen kleinen Bissen zu nehmen. Wie haben die Kinder die verschiedenen Geschmacksrichtungen empfunden?

Sich den Geschmack vorstellen
Bitten Sie Ihr Kind, sich vorzustellen, es hätte eine Zitrone in der Hand und dann zu beschreiben, wie sie aussieht. Fordern Sie es dann auf, sich vorzustellen, die Zitrone wäre in Scheiben geschnitten. Wie riecht sie? Bitten Sie Ihr Kind, sich vorzustellen, dass es eine Zitronenscheibe an die Lippen führt und in den Mund steckt. Was ist passiert, als es sich vorgestellt hat, in die Zitrone zu beißen? Konnte es die Säure schmecken? Hatte es das Gefühl, dass sich der Mund zusammenzieht, oder hat es die Nase kraus gezogen? Weisen Sie darauf hin, dass der bloße Gedanke an eine Zitrone dazu führt, dass sich der Mund zusammenzieht. Die Kraft der Fantasie kann sogar körperliche Reaktionen auslösen!

Achtsame Bewegung

Haben Sie je in Ihrem Büro oder Wohnzimmer gesessen und das Gefühl gehabt, Sie müssten jetzt unbedingt aufstehen und sich körperlich bewegen, weil Sie sonst durchdrehen? Ich schon. Als Tänzerin liebe ich Bewegung in jeder Form. Sie sorgt dafür, dass ich mehr Elan, Freude, Entspannung und alle möglichen anderen positiven Gefühle empfinde. Aktive Bewegung oder die körperliche Herausforderung bewirkt einen vollständigen Wandel meines mentalen Zustands.

> *Man hat festgestellt, dass die Dopamin-Ausschüttung (und die damit verbundene Lust) bei Kindern am höchsten ist, wenn sie sich bewegen, lachen und interagieren.*
> *Judy Willis*

Körper und Geist sind aufs Engste miteinander verbunden. Bewegung hat viele positive Effekte, einschließlich der Ausschüttung von Dopamin – diesem wunderbaren Neurotransmitter, der zu unserem Wohlbefinden beiträgt. Körperliche Betätigung regt alle möglichen neuronalen Schaltkreise an, die unser Gehirn beflügeln, und bringt unzählige Vorteile, einschließlich:

- Verbesserung des Gedächtnisses
- Linderung von Depressionen
- Verbesserung der Erkenntnis- und Problemlösungsfähigkeiten
- Freisetzung von Neurotransmittern, die körperliche und seelische Leiden lindern
- Förderung der Neurogenese oder Entstehung neuer Nervenzellen im Gehirn

Also gehen Sie nach draußen und legen die dringend benötigte Joggingrunde ein oder gehen Sie irgendeiner anderen körperlichen Aktivität nach. Sie werden sich besser fühlen, tatsächlich mehr Energie haben und besser in der Lage sein, die Belastungen des Tages zu bewältigen. Dieses verbesserte Wohlbefinden trägt dazu bei, uns auf die Gefahren von Stress und Erschöpfung aufmerksam zu machen. Selbstbewusstheit ist der erste Schritt zum fürsorglichen Umgang mit sich selbst.

Reflexionen

Ich tanze seit meinem dritten Lebensjahr. Ich kann ehrlich sagen, dass die Höhepunkte meines Lebens und die Momente, in denen ich mich besonders glücklich und am stärksten mit allem um mich herum verbunden fühlte, diejenigen waren, in denen ich meinen Körper zur Musik bewegt habe. Zu der Methode, die ich erlernte, gehörte nicht nur, dass wir – zum Beispiel – lernten, wie man eine Pirouette tanzt, sondern auch, dass wir die Bewegungen aufschlüsselten, um beschreiben zu können, wie ein bestimmter Teil des Körpers mit dem anderen verbunden war. Für mich war es eine großartige Methode, um meine beiden Hirnhälften zu integrieren und Geist und Körper zu verbinden. Ich erinnere mich besonders an einen Abend, an dem ich in *West Side Story* in einem Theater in Baltimore auftrat. Die Zeit stand still. Ich hatte das Gefühl, mit der Luft, mit den Molekülen des Unsichtbaren zu tanzen. Ich fühlte mich vollkommen glücklich, ruhig, entschlossen und überschwänglich zugleich.

Achtsame Bewegung kann alles sein – von kraftvollen Aktivitäten an der Luft wie Fahrradfahren, Laufen oder Bergwandern bis hin zu weniger anstrengenden Betätigungen wie Tischtennisspielen, Schwimmen oder mit dem Hund spazieren. Noch besser sind natürlich Aktivitäten mit der ganzen Familie.

ACHTSAMKEITSÜBUNG
Achtsame Bewegung

Das Puls-Spiel
Setzen Sie sich gemeinsam mit Ihren Kindern hin und zeigen Sie ihnen, wo Sie die beiden Finger ans Handgelenk halten müssen, um den eigenen Puls zu fühlen. Zählen Sie die Pulsschläge gemeinsam.

Fordern Sie dann alle auf, ausgelassen auf und ab zu springen, herumzurennen, zu schreien und zu toben: »Schüttelt euren Körper! Werft die Beine in die Luft!« Machen Sie das ein oder zwei Minuten lang, setzen Sie sich dann alle im Schneidersitz auf den Boden und bitten Sie die Kinder, erneut ihren Puls zu fühlen. Alle Herzen schlagen schneller. Lassen Sie sie dann alle drei Mal tief ein- und ausatmen.

Während die Kinder ihre achtsamen Atemübungen machen,

lenken Sie die Aufmerksamkeit darauf, wie schnell sie ihren Puls herunterbringen und in einen Ruhezustand zurückkehren können. Tauschen Sie sich darüber aus, wie lange es gedauert hat, bis sie sich entspannt fühlten; sprechen Sie die Unterschiede zwischen Ruhezustand und Aufregung an und gehen Sie darauf ein, wie wir uns alle selbst steuern können, wenn wir übererregt sind. Reden Sie mit den Kindern darüber, wie gut wir unseren Körper steuern können.

> *Körperliche Betätigung, neue Eindrücke, emotionales Engagement und optimale Aufmerksamkeitserregung sind allesamt Elemente, die die neuronale Plastizität fördern.*
> *Daniel J. Siegel*

Einfrieren und Auftauen

Spielen Sie mit Ihrem Kind »Einfrieren und Auftauen«. Sagen Sie ihm, es soll ausgelassen herumtollen und stocksteif stehenbleiben, sobald Sie »Einfrieren!« rufen. Sorgen Sie dafür, dass es den ganzen Körper anspannt und augenblicklich erstarrt. Sobald Sie dann »Auftauen!« rufen, kann es sich wieder entspannen und langsam zu Boden »schmelzen«. Was ist Ihrem Kind aufgefallen, als es in der Bewegung erstarrt ist? Wie unterschied sich das von dem Gefühl, das es beim Auftauen hatte? Tauschen Sie die Rollen, so dass Sie selbst auch einmal einfrieren und schmelzen können.

> *Unsere Zwillinge kamen nach Hause und brachten uns dazu, den Fernseher auszuschalten und vom Sofa aufzustehen. Dann machten sie ein bisschen Musik an und ließen uns tanzen. Ich weiß nicht mehr, wann wir das letzte Mal so viel Spaß hatten!*
> *Eine Mutter aus dem MindUP-Programm*

Auf jeden Schritt achten

Bitten Sie Ihr Kind jedes Mal, wenn Sie eine Wanderung machen oder im Park spazieren gehen, einige Minuten lang auf seine Bewegungen zu achten. Fordern Sie es auf, sich genau darauf zu konzentrieren, wie es die Füße hebt und senkt und wie es sich anfühlt, sich fortzubewegen. Was ist seiner Ansicht nach der Unterschied zwischen normalem Gehen und achtsamem Gehen? Ist es ihm gelungen, der Aktivität stärkere Aufmerksamkeit zu schenken?

Das Storch-Spiel

Suchen Sie sich einen Platz, an dem Sie frei herumwirbeln können, ohne gegen irgendetwas zu stoßen. Fordern Sie Ihr Kind auf, ganz still stehenzubleiben und sich selbst durch seine Atmung zu zentrieren. Bitten Sie es dann, wie ein Storch auf einem Bein zu balancieren. Lachen Sie mit ihm zusammen, wenn es das Gleichgewicht verliert, und ermutigen Sie es, es noch einmal zu probieren. Regen Sie es dazu an, sich auf einen bestimmten Punkt oder ein einzelnes Objekt zu konzentrieren. Nachdem Ihr Kind einige Sekunden lang auf einem Bein gestanden hat, fordern Sie es auf, sich auf beide Füße zu stellen. Fragen Sie es, wie sein Körper sich jetzt anfühlt. Lassen Sie das Kind das Bein wechseln, so dass es einige Sekunden lang auf dem anderen Fuß balanciert. Hat sich das genauso angefühlt wie mit dem anderen Bein? Was hat es dabei empfunden – fühlte es sich ruhig oder gestresst? War es hilfreich, sich auf einen bestimmten Punkt zu konzentrieren?

Du meinst also, dass du tanzen kannst?

Sorgen Sie für ein bisschen Musik. Tanzen Sie mit Ihrem Kind und führen Sie dabei nach Belieben die wildesten Verrenkungen aus. Sie können jeder für sich oder zusammen tanzen. Genießen Sie es, ausgelassen und albern zu sein. Fragen Sie Ihr Kind, ob es sich glücklich fühlt. Fühlt sich sein Körper locker oder angespannt an? Stark oder nicht so stark? Erzählen Sie ihm auch, was Sie selbst empfinden.

Achtsame Sinneswahrnehmung in die Praxis umsetzen

Die aufregenden Möglichkeiten, die sich ergeben, wenn wir all unsere Sinne nutzen, um unsere Hirnmuskeln zu stärken, unseren Fokus zu verbessern und unser Verständnis zu erweitern, sind noch längst nicht voll erforscht, aber eine wachsende Zahl von Studien belegt einen Zusammenhang zwischen verbesserter allgemeiner Leistungsfähigkeit und der Aktivierung unserer Sinne.

Mein Bruder fand achtsame Sinneswahrnehmung in der Schule so toll, dass er uns alle dazu überredete, es ein ganzes Wochenende lang zuhause zu machen. Das Lustigste war das achtsame Essen, weil wir unser Essen richtig schmecken und den anderen erzählen konnten, wie es sich anfühlte.

Cathy, 8 Jahre alt

Wenn Kinder beispielsweise das Wort *Trommel* lernen, prägt es sich ihnen viel leichter ein, wenn sie nicht nur das Bild einer Trommel sehen, sondern gleichzeitig den Ton hören, den man mit einer Trommel erzeugt. Dadurch üben sie sich im achtsamen Zuhören. Gibt man ihnen Buchstaben, mit denen sie das Wort zusammensetzen können, gewinnen sie eine bildliche Vorstellung von der Gestalt des Wortes, was ihnen hilft, sich beim nächsten Mal daran zu erinnern. Das wäre eine Übung im achtsamen Sehen.

Achtsames Hören hilft uns, uns auf unsere Umwelt einzustimmen, sei es, dass wir auf die Natur lauschen, damit sie uns einen Ort der Ruhe und Gelassenheit bringt, oder indem wir genau zuhören, was jemand sagt. Wie an früherer Stelle erwähnt, regt das aufmerksame Zuhören die Empathie an und erweitert das Gewahrsein, was dazu beiträgt, dass wir in der Familie, in der Schule und in der Gemeinschaft besser zurechtkommen. Es erhöht den EQ und schafft mehr Gelassenheit in Familie und Schule. Wenn wir lernen, fokussiert und achtsam zuzuhören, können wir Informationen besser aufnehmen und behalten. Es gibt uns auch die Möglichkeit, Veränderungen in der Intonation wahrzunehmen, die uns Hinweise auf die Stimmung der anderen Person geben. Sensibel für diese Dinge zu sein, erzeugt nicht nur Empathie, sondern kann auch dazu beitragen, schwierige Situationen zu entspannen. Worüber wir hier reden, ist eindeutig die Entwicklung eines höheren EQ.

Was das *achtsame Sehen* betrifft, so erweist sich die Verwendung von Farbe als ausgesprochen wirkungsvoll. Farben erzeugen elektromagnetische Strahlungen, jede mit ihrer ganz eigenen Wellenlänge. »I'm feeling blue«, sagen wir manchmal und jeder weiß, wir meinen damit, dass wir traurig sind. Farben können direkt beeinflussen, wie wir uns fühlen und neue Informationen aufnehmen und erinnern. Experimente in mit verschiedenen Farben gestrichenen Klassenräumen haben ergeben, dass Schüler in erdfarbenen Räumen bessere Testnoten erzielen als in einfarbig oder schwarzweiß gestrichenen Räumen. Blau hatte einen besonders beruhigenden Effekt, gefolgt von Grün. Gelb regte zum Optimismus an, sanfte Beleuchtung hatte eine ähnliche Wirkung.

Achtsames Riechen stimuliert das Gedächtnis, und die olfaktorische Drüse ist die stärkste Sinnesdrüse des Körpers. Duft öffnet die neuronalen Leitungsbahnen zum limbischen System (dem emotionalen Gehirn). Aus der Vergangenheit erinnerte Aromen können in stressreichen oder traurigen Situationen enormen Trost spenden. Über die Effekte von Gerüchen auf den mentalen Zustand sind zahlreiche Studien durchgeführt worden. Und Aromatherapien können nachweislich genutzt werden, um die Verbindung von Geist und Körper zu stärken.

Achtsames Schmecken ist besonders hilfreich beim Umgang mit Kindern und auch Erwachsenen, die unter Essstörungen leiden. Laut AACAP sind 10 Prozent der jungen Frauen von Essstörungen betroffen, von Adipositas bis Anorexia nervosa oder Bulimie. Viele leiden gleichzeitig unter Angst und Depressionen und haben Probleme mit dem Selbstwertgefühl. Ein Achtsamkeitstraining, das die eigene Sinneswahrnehmung stärkt und den Frauen hilft, bewusst zu essen und zu genießen, kann zu besserer Impulskontrolle führen und den Teufelskreis des Selbstmissbrauchs durchbrechen.

Achtsame Bewegung ist wichtig für viele Dinge. Sie fördert die körperliche Entwicklung und hilft, den Körper in Form zu halten. Sie trägt dazu bei, dass alle Bestandteile des Gehirns im Einklang arbeiten, denn wenn wir uns achtsam bewegen, werden viele Teile des Gehirns gleichzeitig trainiert. Ein starker Körper gibt Selbstvertrauen und ermöglicht uns, voll präsent in einen Raum zu treten, mit Offenheit und Stärke.

Alle diese Aspekte unserer achtsamen Sinneswahrnehmung – Hören, Sehen, Riechen, Schmecken und Bewegen – haben eine direkte Beziehung zur neurologischen Entwicklung und stärken unsere Fähigkeit zum Fokussieren. Indem wir uns voll bewusst machen, was wir hören, sehen, riechen, schmecken und spüren, machen wir unseren Geist und Körper zugänglich für den Reichtum unserer Sinneswahrnehmung, den wir von Geburt an besitzen, aber manchmal im Laufe der Zeit verlieren.

9

Optimismus

Optimismus ist der Glaube,
der zu Leistung führt.
Ohne Hoffnung und Zuversicht
kann man nichts erreichen.
Helen Keller

Reflexionen

Seit dem Alter von elf Jahren habe ich auf die Frage, was ich einmal werden will, wenn ich erwachsen bin, immer geantwortet: »Glücklich.« Die Leute, die mich fragten, wirkten meistens ein bisschen verwirrt. Vielleicht hatte ich ihre Frage missverstanden. »Ach, Goldie, das ist süß, Liebes, aber ich meine … was willst zu werden? Möchtest du nicht professionelle Tänzerin werden?« »Nein«, sagte ich. »Ich will nur glücklich sein.« Ich schätze, ich hatte Angst, dass ich als Erwachsene nicht mehr dieses Kribbeln in mir spüren würde. Bedeutete Erwachsensein, meinen freien Geist aufgeben zu müssen? Ich wollte nicht zu einer Erwachsenen werden, die nie grundlos zu singen anfing oder lustige Grimassen im Supermarkt schnitt. Als ich älter wurde, wurde mein Vorsatz, diese Heiterkeit in mir zu behalten, noch stärker. Ich war ehrlich überzeugt, dass es die eine Sache war, die nur mir gehörte und die mir niemand wegnehmen durfte, und sobald ich den Eindruck hatte, dass jemand versuchte, diese Gabe zu untergraben, schlug ich immer die entgegengesetzte Richtung ein. Ich hatte entdeckt, dass das Wichtigste in meinem Leben, das mir beim Aufbau meiner Widerstandskraft geholfen hatte, die klare Absicht war, glücklich zu sein.

Stellen Sie sich vor, zwei Leute verirren sich auf einer Bergwanderung. Der eine ist besorgt, weil er fürchtet, für immer herumzuirren, während der andere einfach die grandiose Aussicht genießt und darauf vertraut, dass sie schon wieder zurückfinden werden. Das ist ein klassisches Beispiel für Optimismus und Pessimismus. Einer hofft das Beste und kann das Schöne, das ihn umgibt, erkennen. Der andere fürchtet das Schlimmste und kann über diese Ängste nicht hinaussehen. Ein weiteres, gängigeres Beispiel ist das zur Hälfte gefüllte Wasserglas. Betrachten wir es als *halb voll* oder als *halb leer?* Wie wir diese Frage beantworten, zeigt an, wie glücklich, gesund und resilient wir sind.

> *Wenn ich jetzt wütend oder traurig werde, atme ich tief durch und sage mir selbst: »Glas halb voll, Glas halb voll«, bis mein negatives Gefühl weggeht.*
>
> *George, 7 Jahre alt*

Man kann *Optimismus* als die Neigung definieren, Ereignisse oder Handlungen im bestmöglichen Licht zu deuten, während *Pessimismus* die Neigung ist, das Schlimmste hineinzuinterpretieren. Beachten Sie das Wort »interpretieren«. Es ist die Bedeutung, die wir einem Ereignis verleihen, die darüber bestimmt, ob wir es als gut oder schlecht empfinden, nicht das Ereignis selbst.

Jemand hat einmal gesagt, jeder Mensch habe einen Sollwert (Set Point) des Glücks, ein individuell vorgegebenes Maß, das in der Kindheit begründet wird und dann ein Leben lang gleich und unveränderlich bleibt. Diese Annahme ist nachweislich falsch. Doch die Einnahme dieser Haltung kann sich als selbsterfüllende Prophezeiung erweisen. Wenn wir uns selbst zum Beispiel immer wieder sagen, dass eine Sache nicht funktionieren wird, wird sie sehr wahrscheinlich tatsächlich schiefgehen. Sonja Lyubomirsky, Professorin für Psychologie an der University of California, hat glückliche und unglückliche Menschen untersucht, und zwar insbesondere die Frage, wie sie sich selbst und andere wahrnehmen. Ein unglücklicher Mensch, so ihr Fazit, kann sich positive Gefühle verschaffen, indem er einfach die Gewohnheiten glücklicher Menschen übernimmt.

Außerdem stellte die Wissenschaftlerin fest, dass Glück zahlreiche positive Nebeneffekte hat, die nicht nur dem Einzelnen, sondern auch der größeren Gemeinschaft zu Gute kommen. Dazu gehören:

- eine längere und befriedigendere Ehe
- mehr Freunde
- mehr Energie
- die Fähigkeit, mehr Geld zu verdienen
- die Aussicht auf größeren beruflichen Erfolg
- fruchtbarere soziale Interaktionen
- bessere physische Gesundheit

Barbara L. Fredrickson, Expertin für positive Psychologie, stellte sich selbst eine einfache Frage: Wenn wir wissen, dass negative Emotionen uns helfen, die Aufmerksamkeit zu konzentrieren und uns zum Handeln anspornen, um uns vor gefährlichen Situationen zu schützen, welchem Zweck dienen dann positive Gefühle? Nach jahrelangen Forschungsarbeiten an der University of North Carolina kam sie zu dem Schluss, dass *positive Gefühle die Effekte der negativen Gefühle aufheben* und die physische Reaktivität besänftigen. Wie ein Reset-Knopf ermöglichen sie unserem Geist und Körper, wieder ins Gleichgewicht zu kommen – wieder Position Eins einzunehmen.

Fredricksons Forschungen (zusammen mit zahllosen ähnlichen Studien) zeigen, dass positive Gefühle nicht nur Zufriedenheit mit unserem Leben widerspiegeln, sondern auch Rückschlüsse auf den Erfolg in Beziehungen und im Beruf erlauben. Sie nennt ihre Theorie positiver Emotionen »Ausweiten und Bauen« (Broaden-and-Build-Theorie), weil Optimismus, Dankbarkeit und Freude unseren Geist *ausweiten* und uns helfen, eine produktivere Zukunft *aufzubauen*.

> *Die Plastizität der Verbindungen zwischen den Hirnregionen, die für Denken und Fühlen zuständig sind, wirft Zweifel an der Überzeugung auf, dass jeder von uns einen »Set Point« des Glücks hat und weder ein Sieg im Sport noch eine nationale Tragödie an diesem Set Point langfristig etwas ändern können. Wenn hemmende Verbindungen zwischen den Stirnlappen und der Amygdala auf dauerhafte Weise gestärkt werden können, dann kann man diesen nicht ganz so festgesetzten Punkt möglicherweise willentlich verändern.*
>
> *Sharon Begley*

Wir wissen bereits, dass negative, aggressive oder pessimistische Gedanken die Amygdala im Gehirn aktivieren und die Stressreaktion auslösen. Unser Körper wird dann mit jenen Hormonen überschwemmt, die unsere Stimmung drücken. Wenn wir von positiven Gedanken erfüllt sind – Dankbarkeit, Freundlichkeit und Optimismus –, wird unser Körper stattdessen von dem Neurotransmitter Dopamin geflutet, der unsere Aufmerksamkeit, Motivation und Ausdauer fördert – die »Sprudelblasen« des Dopamins, wie ich sie nenne.

Außerdem wird durch die Ausschüttung eines weiteren Hormons, des sogenannten DHEA, und von Proteinen, die unsere Abwehrreaktion regulieren, das Immunsystem gestärkt. Diese Wirkung ist mit der Linderung von Symptomen der unterschiedlichsten Leiden von Schuppenflechte über Rückenschmerzen bis hin zu Fibromyalgie und Arthritis in Zusammenhang gebracht worden.

Diese chemischen Wohlfühlsubstanzen helfen sogar gegen die gemeine Erkältung. Je positiver wir eingestellt sind, desto geringer ist das Risiko einer Infektion. Positive Gefühle erhöhen auch die Schmerztoleranz durch die Freisetzung von hirneigenen morphinähnlichen Substanzen.

Ohne es zu merken und allein durch die Kraft des positiven Denkens sind wir und unsere Kinder also in der Lage, unseren Geist und Körper mit diesen stimmungsaufhellenden und gesundheitsfördernden Substanzen zu versorgen. Richard Davidson, Professor für Psychiatrie und Psychologie an der University of Michigan, ist bei seinen Forschungsarbeiten zu dem Ergebnis gekommen, dass diese chemischen Stoffe aktiv das Zellwachstum fördern, wohingegen jene Substanzen, die durch negative Gefühle ausgeschüttet werden, den Zelltod beschleunigen. Ähnliche Studien haben ergeben, dass Pessimisten ein drei Mal höheres Risiko haben, einen hohen Blutdruck und Herzerkrankungen zu entwickeln als Optimisten. Und laut einer in der Zeitschrift *Neurology* veröffentlichten Studie wird das Risiko, in späteren Jahren an Demenz zu erkranken, durch Depressionen nahezu verdoppelt.

Optimisten haben sogar eine höhere Lebenserwartung. Eine Studie bei Patienten der Mayo-Klinik ergab, dass sie bei Menschen, die ihre Zuversicht bewahren, um 19 Prozent höher ist als bei Pessimisten. Andere Studien haben dieses Ergebnis bestätigt. Deshalb ist es so wichtig, diese Fähigkeiten bei unseren Kindern zu fördern. Stellen Sie sich nur vor, welche Wirkung es auf das Gesundheitssystem der Zukunft haben könnte, wenn unsere Kinder die notwendigen Instrumente zur Förderung dieser positiven Effekte bereits in jungen Jahren erwerben.

Reflexionen

Als ich einmal in einer besonders stressreichen Zeit meines Lebens zur Arbeit fuhr, erhaschte ich einen Blick von mir selbst im Rückspiegel und bemerkte, dass meine Augen leblos wirkten; es war keine Freude darin, kein Glück. Das war einfach nicht akzeptabel. Ich machte die folgende kleine Übung: Ich entschied, so zu tun, als ob ich gerade vom Mars auf die Erde gekommen wäre und die Bäume und die Häuser zum allerersten Mal sähe. Ich konzentrierte mich auf die mich umgebende Natur und beschwor Gefühle des Staunens und der Ehrfurcht herauf. Nur zur Erinnerung – ich bin nicht verrückt; es war einfach eine Übung. Ich sah achtsam auf die Bäume und entdeckte Formen und Farben, die ich nie zuvor bemerkt hatte, obwohl ich diese Strecke seit 30 Jahren fuhr. Irgendetwas Außergewöhnliches war geschehen. Ich merkte, wie meine Mundwinkel nach oben strebten. Ich lächelte. Ich war präsent. Man könnte das wohl als transformative Erfahrung beschreiben. Mein Fahrer hielt neben meinem Garderoben-Wohnwagen bei der Arbeit, und ich sprang mit neuer Kraft und Energie aus dem Auto. Ich ließ mich in den Schminkstuhl plumpsen, und meine Maskenbildnerin sagte: »Na, du bist heute ja guter Stimmung. Was ist passiert?« Lachend entgegnete ich, dass ich einfach zum ersten Mal auf die Bäume gesehen hätte.

Optimismus funktioniert wie ein Impfstoff, der die Widerstandskraft aufbaut und uns befähigt, uns schneller von psychischen und physischen Problemen zu erholen. Früher ging man davon aus, dass einige Leute einfach von Natur aus zäher und widerstandsfähiger seien als andere. Jüngere Studien haben allerdings gezeigt, dass wir alle die Fähigkeit in uns haben, Probleme besser abzufangen und uns schneller von Rückschlägen zu erholen. Es hat etwas mit einer positiven Einstellung zu tun, wozu gehört, dass man eine negative Situation als Chance zum Wachsen betrachtet, sich auf eine hellere Zukunft konzentriert, Dankbarkeit für das empfindet, was man hat, und so viel wie möglich lacht.

All das klingt vielleicht zu schön, um wahr zu sein, doch es wird von immer mehr wissenschaftlichen Untersuchungen bestätigt. Es ist ein tröstlicher Gedanke, dass wir uns selbst und unseren Kindern helfen können, indem wir einfach positiv denken und in jedem Lebensbereich mit mehr Optimismus handeln. Neben den Belastungen, die es mit sich bringt, eine Familie zu versorgen, müssen wir auch mit beruflichen Anforderungen, Krankheit, Scheidung oder finanziellen Sorgen fertig werden. Glücklicherweise gibt es viele ganz einfache Dinge, die wir tun können, um uns selbst in einen positiveren mentalen Zustand zu versetzen und das Leben Tag für Tag in möglichst guter Stimmung in Angriff zu nehmen. Das garantiert eine bessere Zukunft für uns selbst und unsere Kinder.

Positive Emotionen haben den zusätzlichen Vorteil, uns aufnahmefähiger für Informationen zu machen, wodurch wir vielfältigere Lösungsmöglichkeiten für auftretende Probleme erkennen können. Das hängt damit zusammen, dass sich bei Stress unsere Wahrnehmung verengt und wir uns ausschließlich auf das Problem konzentrieren.

Ohne diesen Stress erweitert sich unsere Wahrnehmung. Ein Problem aus 30 000 Meter Höhe zu betrachten, macht es leichter, unterschiedliche Auslegungen zu erkennen, kreative Problemlösungen zu erarbeiten und besseren Zugang zu Informationen zu finden.

Im Folgenden einige Vorteile einer optimistischen Haltung:

- Ärzte in positiver Stimmung sind besser im Diagnosenstellen.
- Optimistische Büroleiter sind sorgfältiger, treffen präzisere Entscheidungen und sind effektiver mit ihren Teams.

- Schüler, die vor Leistungstests in guter Stimmung sind, schneiden besser ab als schlecht gelaunte Schüler.

Außerdem schränken Stress und Angst die Fähigkeit ein, Informationen im Langzeitgedächtnis zu speichern und bei Prüfungen am Jahresende abzurufen, auch wenn die Schüler gute Noten bei Zwischentests erzielt haben.

Sobald Kinder lernen, ihren Gefühlszustand zu kontrollieren und zu verändern, können sie ihren Stresspegel selbst regulieren und senken. Wenn man den Stress bewältigt und lernt, im gegenwärtigen Augenblick zu leben, steigt die Produktivität, die Lernmotivation wächst und das Erinnerungsvermögen verbessert sich.

Leider sind positive Gefühle nicht die einzigen Dinge, die den Dopaminspiegel bei jungen Menschen ansteigen lassen. Risikoreiche Verhaltensweisen wie Alkoholgenuss, Drogenkonsum, Fressgelage oder zu schnelles Fahren und Sex haben den gleichen Effekt. Kindern beizubringen, ihren Dopaminspiegel auf gesunde Weise zu erhöhen, macht sie weniger anfällig für den Reiz gefährlicher Aktivitäten.

Wenn wir mit unseren Kindern spielen, lachen, Sport treiben, optimistisch und freundlich sind, ihnen unsere Dankbarkeit zeigen und stolz auf ihre Leistungen sind, haben wir einige der besten Ansätze gefunden, um Dopamin und die anderen Wohlfühl-Opiate und Neurotransmitter zu aktivieren. Kein künstlicher Stimulus kann mit diesen Mitteln Schritt halten.

Dieses Wissen müssen wir zum Wohle unserer Kinder nutzen, damit sie ihr Denken erweitern können und die besten Voraussetzungen erhalten, um ihr wahres Potential zu entfalten.

Optimismus hat emotionale Vorteile, die weit über das Glück des Augenblicks hinausreichen und uns Hoffnung auf eine positive Zukunft vermitteln. Er trägt auch dazu bei, Beziehungen dauerhafter zu machen.

Bei einer langjährigen Partnerschaft sollte mindestens einer von beiden Optimist sein, denn wenn zwei Pessimisten zusammenkommen, werden sie sich wahrscheinlich nur gegenseitig herunterziehen. Professor Frank Fincham und Thomas Bradbury, die den Bereich der persönlichen Beziehungen, Kognition und Emotion erforschen, stellten fest, dass durch die Anwesenheit eines Optimisten eine Abwärtsspirale der Hoffnungslosigkeit in Gang gesetzt wird, wenn Schwierigkeiten auftreten. Wir müssen also etwas Optimismus verbreiten, wenn wir unseren Kindern eine ausgewogene Perspektive vermitteln möchten. (Vergessen Sie nicht, Ihren eigenen emotionalen Zustand zu überprüfen, weil Sie sich Ihres eigenen Pessimismus möglicherweise gar nicht bewusst sind.)

Barbara Fredrickson stellte fest, dass wir aufblühen, wenn wir uns gut fühlen: Wir bewegen uns dann in einer Aufwärtsspirale des Glücks. Wir fühlen uns den Menschen um uns herum stärker verbunden, sind engagierter und zufrieden mit unserem Leben. In einer Studie wurden zufällig ausgesuchte Personen aufgefordert, neun Wochen lang 80 bis 90 Minuten pro Woche (oder etwa 12 Minuten am Tag) eine Form aufmerksamer Achtsamkeit zu praktizieren. Ihr Gefühlszustand wurde mit dem einer Kontrollgruppe verglichen, die nichts an ihren Gewohnheiten veränderte. In den ersten beiden Wochen wurden keine erkennbaren Unterschiede ermittelt, doch in der dritten Woche empfanden die Teilnehmer der Achtsamkeitsgruppe allmählich einen Anstieg positiver Gefühle. Am Ende der neun Wochen waren sie drei Mal glücklicher als vor Beginn der Achtsamkeitspraxis.

»Man kann sich das so vorstellen, dass man immer besser darin wird, den Saft aus einer Orange zu quetschen«, sagt Fredrickson. »Mit der Zeit wurden die Teilnehmer in unserer Studie immer besser darin, den ›Glückssaft‹ zu extrahieren (durch achtsame Aufmerksamkeit).« Lehrer, die mit dem MindUP-Programm arbeiten, haben dieses Ergebnis aufgegriffen: Die Veränderung vollzieht sich vielleicht nicht über Nacht, aber mit der Zeit entsteht eine Atmosphäre positiver Energie. Wenn wir diese Praktiken ausprobieren, dürfen wir also nicht vergessen, an die positiven Effekte zu glauben und im Umgang mit unseren Kindern ausdauernd daran festzuhalten. Aufgrund der Plastizität des Gehirns werden wir ihr Gehirn zum Positiven hin verändern.

Als ich darüber nachdenken sollte, welche Leute in meinem Bekanntenkreis Pessimisten oder Optimisten sind, wurde mir klar, dass diejenigen, mit denen ich am liebsten zusammen bin, die Optimisten sind. Wenn ich eine positive Einstellung bewahre, mögen meine Freundinnen mich vielleicht auch lieber.

Cheryl, 14 Jahre alt

Fredrickson ist bei ihren Forschungsarbeiten noch zu einem weiteren interessanten Ergebnis gelangt: Wenn wir unsere Praxis der positiven Emotionen derart ausweiten, dass wir drei Mal so viele positive wie negative Gefühle erleben, überschreiten wir einen Kipppunkt, an dem wir anfangen, wirklich aufzublühen. Dieses Verhältnis von drei zu eins gilt nachweislich für Einzelpersonen, die ihre Depressionen überwinden, für glückliche Beziehungen und sogar für erfolgreiche Arbeitsteams, die unter großem Leistungsdruck stehen. Drei Mal positiv zu ein Mal negativ scheint die magische Zahl zu sein. Ist das Verhältnis niedriger, werden die positiven Gefühle offenbar von der Negativität erstickt, doch ab einem Verhältnis von drei zu eins ist genug positive Energie vorhanden, um ein Gefühl allgemeinen Wohlbefindens und größeren Erfolgs zu erzeugen.

Denken Sie daran: Es geht immer nur um die Verhältnismäßigkeit. Wir können uns nicht vollständig von negativen Gefühlen befreien, was auch gar nicht wünschenswert wäre, weil sie ein wichtiger Bestandteil unserer emotionalen Landschaft sind, der nicht unterdrückt werden sollte. Wir alle haben Erlebnisse, die Wut, Trauer oder Angst auslösen. Wir alle haben Momente, in denen wir kein glückliches Ende absehen können. Ignorieren Sie sie nicht. Es ist wichtig, sich die Zeit zu nehmen, über die Fakten nachzudenken und zu akzeptieren, wenn etwas tatsächlich nicht funktioniert. Nur wenn wir diesen Kummer gefühlt haben, können wir auch unsere Freuden wahrhaft genießen. Außerdem ist es unabdingbar, schmerzliche Gefühle, wie zum Beispiel die Trauer um den Verlust geliebter Menschen, zuzulassen. Es ist wichtig, durch unsere unangenehmeren Gefühle hindurchzugehen, anstatt davor zurückzuschrecken. Wir müssen nur vermeiden, uns ihnen zu lange hinzugeben, weil das zu einem ernsthafteren Depressionszustand führen kann. Mehr positive als negative Gedanken zu schaffen, fördert größeren Optimismus, der uns erlaubt, ein Licht am Ende unseres ganz persönlichen Tunnels zu sehen.

ACHTSAMKEITSÜBUNG
Optimismus

Halb voll oder halb leer

Füllen Sie ein Glas zur Hälfte mit Bonbons, Keksen oder anderen Leckereien. Trommeln Sie Ihre Kinder zusammen, zeigen Sie ihnen das Glas und fragen Sie sie: »Was meint ihr? Ist dieses Glas halb voll oder halb leer?«

Sprechen Sie über die unterschiedliche Sichtweise von jemandem, der sich beim Anblick des Glases freut, verglichen mit jemandem, den der Anblick traurig stimmt. Beschreiben Sie die verschiedenen Reaktionen, die diese beiden Personen unter Umständen zeigen. Die glückliche, optimistische Person könnte beispielsweise sagen: »Oh, wie schön! Das Glas mit den Bonbons ist immer noch halb voll«, während die traurige, pessimistische Person beim Anblick desselben Glases eine negative Haltung einnimmt und vielleicht erklärt: »Oh nein, die Bonbons sind schon fast alle weg.«

Eine positive Perspektive einnehmen

Wenn Ihr Kind Fußball spielt oder einen ähnlichen Sport betreibt, aber schon seit einiger Zeit kein Tor geschossen hat, fragen Sie es, was seiner Ansicht nach eine negative Betrachtungsweise der Situation wäre. Vielleicht antwortet es etwas wie: »Ich bin nicht gut im Fußball. Ich will nicht mehr spielen.« Sprechen Sie dann über eine mögliche positive Sichtweise der Situation. Fragen Sie, was Ihrem Kind an diesem Sport am meisten gefällt. Ist es die Zugehörigkeit zu einem Team, oder vielleicht die Möglichkeit, sich im Freien zu bewegen? Gefällt ihm vor allem das Zusammensein mit seinen Freunden? Oder die Möglichkeit, vielleicht irgendwann ein Tor zu schießen? Fragen sie schließlich, welche Denkweise seiner Meinung nach die bessere ist. Was würde es künftig gern sein – ein Optimist oder ein Pessimist?

Diese Art Fragen können Sie bei nahezu jeder Aktivität stellen, der Sie gemeinsam mit Ihren Kindern nachgehen – sei es, dass Sie zusammen ein Buch lesen oder fernsehen. Welche Figur scheint besonders optimistisch zu sein? Wer ist pessimistisch? Sie können die Fragen auch auf etwas anwenden, das ihre Kinder gerade erleben, zum Beispiel wenn sie Mühe mit den Hausaufgaben oder Streit mit Geschwistern haben. Ermutigen Sie Ihr Kind, das Positive an der Situation zu erkennen. Erinnern Sie es daran, wie gut es sich fühlt, wenn es die Hausaufgaben fertig hat und eine gute Note bekommt. Bitten Sie es, aufzulisten, was es an seinen Geschwistern besonders gern mag.

Stellen Sie eine Liste mit Leuten auf, die Sie aus Ihrem Freundes-, Familien- oder Nachbarschaftskreis kennen. Fragen Sie Ihr Kind, wen es für einen Optimisten und wen es für einen Pessimisten hält. Woran erkennt es das?

Regentag-Blues

Tun Sie so, als ob es draußen regnen würde. Spielen Sie abwechselnd, dass man sich über den Regen freut oder traurig darüber ist. Setzen Sie eine positive Reaktion um, wie etwa, dass man in Pfützen auf- und abspringt oder den Kopf in den Nacken wirft, um den Regen im Gesicht zu spüren. Welche Gefühle löst dieses Als-ob-Spiel bei den Kindern aus? Albern Sie gemeinsam herum. Ihr Kind wird verstehen, um was es geht.

Ein fröhliches Lied singen

Fragen Sie Ihr Kind, wenn das Radio an ist, ob das Lied, das gerade gespielt wird, fröhlich oder traurig ist. Möchte es zu der Musik tanzen oder still sitzen? Fragen Sie Ihr Kind, was es empfindet, wenn ein trauriger Song gespielt wird. Tanzen Sie mit ihm, wenn der Song fröhlich ist. Seien Sie leicht und lustig. Welche Songs stimmen Ihr Kind besonders fröhlich? Beenden Sie die Übung immer mit einem fröhlichen Lied, um das Ganze mit einer heiteren Note zu beschließen.

10

Glück

Wir müssen uns selbst daran erinnern, dass jeder Tag unseres Lebens viele glückliche Momente umfasst. Wenn wir das verstehen, entscheiden wir uns dafür, sie zu bemerken. Wir nehmen uns ein paar Sekunden hier, einen Augenblick dort, um innezuhalten und die kleinen Freuden und das Schöne in unserem Leben wahrzunehmen. Und wir stellen fest, dass diese simple Praxis alles andere als eine lästige Pflicht ist, sondern sie uns erfrischt und neu belebt.

John Kehoe, The Practice of Happiness

Über das Glück zu schreiben, macht mich glücklich, und sich auf das Glück zu konzentrieren, ist keineswegs ein oberflächliches Unterfangen. Es ist eine der Emotionen, die über den Verlauf unseres Lebens bestimmen können. Das Leben ist mitunter schwer, und manche Menschen sind überzeugt, dass es umso härter wird, je länger es währt. Die Zeit, in der wir unsere Kinder großziehen, gehört zu den Phasen, in denen unser Glück großen Anfechtungen ausgesetzt ist. Ich erinnere mich, dass ich mich immer müde und erschöpft fühlte und mich fragte, ob ich mich je wieder in die Person verwandeln würde, die ich vor der Geburt meiner Kinder gewesen war. Die Elternrolle ist ein Nonstop-Geschäft, aber ich habe festgestellt, dass die Belastungen des Familienlebens uns nur dann des Glücks berauben können, wenn wir es zulassen. Deshalb müssen wir wachsam sein, was unseren Gefühlszustand betrifft:

- Lassen Sie sich nicht von Ihrem Ärger beherrschen.
- Bleiben Sie wach und bewusst in der Gegenwart.
- Versuchen Sie, optimistisch zu bleiben und die positiven Aspekte zu sehen.
- Seien Sie dankbar für das, was Sie haben.
- Verzeihen Sie.

Nutzen Sie alle erdenklichen Achtsamkeits-Werkzeuge, um Ihre Stimmung zu heben, setzen Sie wieder ein Lächeln auf und lenken Sie Ihre Gedanken in eine positive Richtung. Wir alle haben schon einmal gehört, dass wir dankbar für das sein sollen, was wir haben – und es funktioniert tatsächlich. Man muss nur versuchen, sich selbst zu ertappen, sobald man einen negativen Gedanken zulässt und nach Beweisen für das Gegenteil suchen. So kann man Optimismus erzeugen, und zwar nicht nur als Selbstzweck, sondern um ihn in der Realität zu verankern.

Wir können unseren Kindern helfen, ähnlich zu denken, nicht nur indem wir ihnen als Vorbild für ein positives Denken dienen, sondern auch, indem wir ihnen helfen, ihr Glück zu genießen und auszukosten. Denken Sie daran – je öfter ein Gedanke gedacht wird, desto stärker werden die Schaltkreise, die dafür sorgen, dass er uns im Gedächtnis bleibt. Wenn wir uns gemeinsam mit unseren Kindern wiederholt glückliche anstatt negative Ergebnisse vorstellen, baut das Gehirn Resilienz, Ausdauer und Schutz gegen Depressionen auf. Psychologen bezeichnen das als den Aufbau von *Intention, Aufmerksamkeit* und *Einstellung*.

Depressive Jugendliche, denen man beibrachte, drei Mal täglich Übungen in achtsamem Optimismus zu machen, konnten ihre Angst und Depression signifikant verringern und ihr Selbstwertgefühl und ihre Schlafqualität erheblich verbessern. Zu diesem Ergebnis kam Shauna Shapiro in einer Studie über Achtsamkeits-orientierte Stressreduktion in Nordkalifornien.

Wenn wir unser Glück genießen und auskosten, ist das ungefähr so, wie es klingt: Wie beim achtsamen Schmecken möchten wir am liebsten ewig in den saftigen Pfirsich beißen. Wir halten ihn fest, schätzen ihn, lassen uns Zeit, um den Genuss voll auszukosten. Das verlängert die Freude an ihm. Positive Psychologen sind fasziniert davon, was unsere Stimmung heben kann, aber es war Aristoteles, der zwei Wege zu bewusstem Glück ermittelte:

Erfüllung: Unsere Begabungen und Talente für das einsetzen, was uns wichtig ist

Zufriedenheit: Angenehme Augenblicke erleben und mit dem Leben zufrieden sein

Das Auskosten glücklicher Erlebnisse fällt in die Zufriedenheits-Kategorie. Oft glauben wir, dass wir glücklicher werden, wenn wir neue Spielsachen, technische Geräte oder Ähnliches kaufen. Dieses Phänomen ist als hedonistische Tretmühle bekannt. Ein neues Spielzeug, sogar ein neues Auto, ist für eine Weile aufregend, weil es den Dopamin-Kick auslöst, aber irgendwann ist das Gehirn mit dem neuen Spielzeug vertraut und sucht nach etwas Neuem. Die kleinen Wohlfühl-Bissen machen einfach auf Dauer nicht satt. Kinder verfangen sich heute leicht in diesem Kreislauf von »Das will ich haben! Hab es. Will was anderes!« Manchmal sind wir frustriert von ihrem Bedürfnis nach neuen und anderen Dingen, aber wir müssen nur auf unser eigenes Leben schauen, um zu erkennen, von wem sie dieses Verhalten gelernt haben. Man hat manchmal das Gefühl, als ob nichts jemals gut genug wäre.

Das Auskosten wirkt dem »Nie-Genug-Syndrom« entgegen. Es regt unser Gehirn dazu an, Aufmerksamkeit auf das zu lenken, was wir haben, und ihm dauerhafte Wirkung und Bedeutung beizumessen. Unser Dopamin-Output steigt nicht nur an, wenn wir etwas Angenehmes zum ersten Mal erleben, sondern auch wenn wir uns daran erinnern – so dass wir die doppelte Dosis erhalten. Unsere Kinder und wir selbst können auf diese Weise das, was wir bereits haben, besser genießen.

Nach der Definition von Fred Bryant und Joseph Veroff von der Loyola University verleiht uns das Auskosten (Savoring) die Fähigkeit, auf unsere Freuden, Lustempfindungen und auf andere positive Gefühle zu achten. Genießen zu können, ist entscheidend für Liebe, Freundschaft, physische und psychische Gesundheit, Kreativität und Spiritualität. Einfach ausgedrückt: Es erweitert die Glückskapazität unseres Herzens.

Bryant und Veroff haben festgestellt, dass es fünf Methoden gibt, wie man Glück am besten genießen kann:

Die Wahrnehmung schärfen: Wir erlauben uns selbst, das Essen wirklich zu schmecken oder eine Blume zu riechen, so dass wir den vollen Genuss erleben.

Sich vertiefen: Wir tauchen in das Erleben ein, ohne darüber nachzudenken, was wir eigentlich anderes tun sollten und wie die Situation noch besser sein könnte oder was als Nächstes passieren wird.

Sich selbst loben: Wir sind stolz auf das, was gut läuft: Wir erkennen an, wie hart wir gearbeitet haben, oder wie lange wir gewartet haben: Wir schämen uns nicht dafür, unseren verdienten Erfolg zu feiern.

Mit anderen teilen: Wir berichten über ein glückliches Ereignis, so dass unser Gehirn die Erfahrung erneut durchlebt und abermals die chemischen Wohlfühlsubstanzen freisetzt.

Erinnerungen aufbauen: Wir machen Fotos von glücklichen Ereignissen oder sammeln Souvenirs – jedes Mal, wenn wir sie ansehen, erleben wir erneut die ursprünglichen Glücksgefühle.

ACHTSAMKEITSÜBUNG

Achtsames Glück

Sie sollten sich vornehmen, trotz Ihres hektischen Tagesablaufs die Zeit zu finden, um sich zu einem ruhigen Gespräch mit den Kindern zusammenzusetzen. Reden Sie über schöne Situationen, die Sie zusammen erlebt haben, zum Beispiel einen Spaziergang am Strand, einen Familienausflug oder eine Geburtstagsfeier. Es ist erstaunlich, wie viele wunderschöne Momente man gemeinsam wachrufen und erneut durchleben kann, wenn man »einfach auf der Veranda sitzt und redet«, wie ich gern sage. Einfach über die Ereignisse zu sprechen, macht diese Glücksgefühle tatsächlich wieder so lebendig, als würden sie gerade ganz neu entstehen.

> *Der Reichtum des Augenblicks geht oft unbemerkt und ungewürdigt vorüber. Wir müssen eine bewusste Anstrengung unternehmen, um ihn zu erkennen und im Gewahrsein zu halten. Daran müssen wir ständig arbeiten, weil so viele andere Dinge die Fülle des Augenblicks vor dem Bewusstsein verschleiern.*
>
> *Jon Kabat-Zinn*

Die Glückswand

Setzen Sie sich mit Ihren Kindern zusammen, legen Sie einige Zeichen- oder Buntstifte bereit und malen Sie Bilder von Ihren glücklichen Erinnerungen. Richten Sie eine »Glückswand« ein, an der Sie die Bilder aufhängen. Wählen Sie einen Platz dafür, an dem Sie täglich vorbeigehen.

Besorgen Sie einige Zeitschriften, Scheren, Papierblätter und Kleb. Machen Sie eine Collage, die einige Ihrer glücklichsten Familienerlebnisse illustriert oder kleben Sie einfach zufällig ausgewählte Bilder von Menschen zusammen, die sich gemeinsam amüsieren. Hängen Sie diese Bilder ebenfalls an die Glückswand. Lassen Sie Ihrer Fantasie und Kreativität freien Lauf, um die Wand zu gestalten!

Was glücklich macht
Stellen Sie eine Liste der Dinge auf, die Sie und Ihre Kinder glücklich machen. Starten Sie mit einem Satz wie »Ich bin glücklich, wenn …« Das kann etwas so Simples sein wie ein Erdnussbutterbrot essen, im Rasensprenger spielen, bei der Gutenachtgeschichte miteinander kuscheln oder einen Welpen im Zoogeschäft beobachten. Hängen Sie die Liste an Ihrer Glückswand auf.

Glücksgeschichten erzählen
Erzählen Sie sich abwechselnd Geschichten über etwas, das Sie eimal getan haben und auf das Sie stolz sind. Vielleicht über eine fertiggestellte Aufgabe, einen bestandenen Test oder einen gebackenen Kuchen. Fragen Sie Ihre Kinder, worauf sie besonders stolz waren. Feiern Sie diesen Erfolg erneut und teilen Sie den glanzvollen Augenblick.

Eine Glückskiste basteln
Nehmen Sie eine leere Kiste und gehen Sie mit Ihren Kindern durchs Haus und durch den Garten. Sammeln Sie kleine Gegenstände ein, die Sie alle glücklich machen oder die für glückliche Erinnerungen stehen. Das können Muscheln oder Fotos sein, Sticker oder herzförmige Steine. Legen Sie diese in die Glückskiste und geben Sie ihr einen besonderen Platz. Weisen Sie Ihre Kinder darauf hin, dass sie, wenn sie eine Aufheiterung brauchen, immer ihre Kiste öffnen und sich an glücklichere Augenblicke erinnern können.

Das Glück Tag für Tag auskosten

Der vielleicht wichtigste Effekt von Optimismus und Glücksgenuss ist, dass sie Depressionen verhindern, weil sie Hirnregionen trainieren, die uns, sogar in schwierigen Situationen, weniger anfällig für Depressionen machen.

Wenn man das Gehirn von optimistischen Menschen scannt, kann man erkennen, dass bei ihnen andere Hirnareale aufleuchten, wenn sie an die Zukunft denken, als bei Pessimisten. Laut der Psychologin und Spezialistin für bildgebende Verfahren Tali Sharot leuchtet unter anderem genau jene Region auf, die bei depressiven Menschen zu wenig Aktivität zeigt.

Nachdem meine Mom gestorben war, haben mein Dad und ich ein Album mit Fotos von ihr gemacht, auf denen sie immer lächelt. Jedes Mal wenn einer von uns traurig ist, setzen wir uns hin und gucken zusammen das Album an und reden über die glücklichen Zeiten, die wir mit ihr hatten. Das Album ist toll.

Kyle, 9 Jahre alt

Pessimisten haben ein acht Mal höheres Risiko, depressiv zu werden. Martin Seligman von der University of Pennsylvania hat in einer Langzeitstudie über einen Zeitraum von 30 Jahren untersucht, warum sich Depressionen in den letzten Jahrzehnten epidemieartig ausgebreitet haben. Er konnte nachweisen, dass das Risiko, in der Pubertät depressiv zu werden, um die Hälfte sank, wenn man Zehnjährigen die Fähigkeiten des optimistischen Denkens beibrachte. Die Jahre der Pubertät sind besonders schwierig für unsere Kinder und sie brauchen Balance und Perspektive, wenn ihre Hormone und ihre ungezähmte Amygdala sich gegen sie verschwören.

Immer wenn Kinder pessimistisch sind, vor allem im Teenageralter, betrachten sie jeden negativen Kommentar von anderen als Beweis ihrer Wertlosigkeit, anstatt einfach als Meinung einer anderen Person. Optimismus verhindert, dass Kritik oder Hänseleien solche verheerenden Auswirkungen haben. Pessimistische Kinder neigen auch dazu, Anstrengungen zu vermeiden, weil sie immer mit weiteren Niederlagen rechnen. Wie oft haben wir erlebt, dass unsere Kinder sich buchstäblich in den Misserfolg hineinreden, indem sie etwas sagen wie: »Ich kann das nicht!« oder »Das ist zu schwer!« oder »Das krieg ich nie fertig!« Angesichts solcher Kommentare fühlt man sich leicht hilflos. Glücklicherweise kann der Optimismus den Glauben unserer Kinder an sich selbst zum Positiven hin beeinflussen ebenso wie ihre Bereitschaft, Herausforderungen anzunehmen.

Die beste Nachricht ist: Optimismus ist erlernbar. Martin Seligman hat auch festgestellt, dass die Veränderung damit beginnt, dass man versteht, wie wir gute und schlechte Ereignisse auslegen. Wenn etwas Schlechtes geschieht, neigen Pessimisten zu den drei Ps:

- Sie machen das Ereignis zu etwas *Persönlichem:* »Es ist mein Fehler.«
- Sie machen es zu etwas *Permanentem:* »So ist das immer.«
- Sie machen es zu etwas *Penetrantem:* »Alles ist schrecklich.«

Optimisten sagen sich das Gegenteil: Ihr Ansatz ist nicht persönlich, sie denken vielmehr: »Schuld sind Faktoren, auf die ich keinen Einfluss habe.« Sie halten das Geschehen nicht für etwas Permanentes: »Ich mache gerade eine harte Zeit durch, aber ich weiß, es wird auch wieder besser. Manchmal kommt es eben hart auf hart.« Schließlich richten sie sich mit dem Spezifischen ein: »Diese spezielle Sache ist schlimm für mich, aber alles andere in meinem Leben ist immer noch gut.«

Überlegen Sie einen Moment lang, ob Sie ein geborener Optimist oder Pessimist sind. Welche Geschichten erzählen Sie sich selbst, wenn etwas Negatives passiert? Die Antwort auf diese Frage hat ungeheure Bedeutung für unsere Elternrolle. Denn, so Martin Seligman in *The Optimistic Child,* unser Kind beobachtet uns aufmerksam – und zwar insbesondere, wenn wir emotional auf eine Situation reagieren.

»Wenn Sie sich über etwas ärgern, reden Sie darüber mit jedem, der Ihnen gerade über den Weg läuft: Das Auto hat eine Delle, weil dieser rücksichtlose Kerl Sie zugeparkt hatte; Papa hat die Tür zugeknallt, weil er schlechte Laune hat; Omi fühlt sich schlecht, weil sie schon so alt ist. Hier zeigt sich Ihr eigener Erklärungsstil, und Ihr Kind hört genau hin. Es lernt nicht nur den jeweiligen Inhalt Ihrer Erklärungen, sondern auch den besonderen Stil, und den eignet es sich an.«

Natürlich beeinflussen auch andere Faktoren – wie Lehrer, Trainer und einzelne traumatische Erlebnisse – die Stimmung des Kindes, aber zu einem Großteil liegt es in unserer Verantwortung, ihm ein Rollenmodell zu bieten, von dem es lernen kann. Das steht exemplarisch für das Hauptthema dieses Buches und für die große Bedeutung der Selbsterkenntnis, die der erste Schritt auf dem Weg zu mehr Achtsamkeit in der Elternrolle ist.

11

Dankbarkeit

Nur wenn unsere Herzen sich unserer Schätze bewusst sind, kann man sagen, dass wir lebendig sind.

Thornton Wilder

Danke. Dieses kleine Wörtchen sagt so viel. *Danke* bedeutet, sich die Zeit zu nehmen, jemanden wissen zu lassen, wie dankbar man für etwas ist, das er gesagt oder getan hat. *Danke* zeigt, dass man an jemand anderen als an sich selbst denkt. *Danke* heißt, dass der andere einem wichtig ist.

Psychologen haben festgestellt, dass das Gefühl der Dankbarkeit oder Anerkennung gegenüber einem anderen Menschen oder einer Sache eine der besten Methoden ist, wenn man sein Glück steigern möchte. Unglaubliche 90 Prozent der befragten Personen bemerkten, wie der Ausdruck von Dankbarkeit ihre Stimmung anhob; 84 Prozent erklärten, er reduziere Stress und Depressionen und fördere ihren Optimismus; und 78 Prozent sagten, Dankbarkeit verleihe ihnen mehr Energie.

Dankbarkeit ist also ein Schlüssel zur Fähigkeit, sich von Rückschlägen zu erholen und weniger Stress angesichts anhaltender Belastungen zu erleben. Wenn wir uns darauf konzentrieren, wie dankbar wir für all das sind, was in unserem Leben gut ist, auch inmitten von auftretenden Problemen, erkennen wir, dass eine Situation nicht völlig hoffnungslos ist und geben uns selbst die Energie, um weiterzumachen. Je mehr wir die Dankbarkeit integrieren, anstatt in Bitterkeit und Ressentiments zu versinken, desto leichter fällt es uns zu verzeihen.

Die Konzentration auf das Negative schwächt uns und macht uns unglücklich. Die Konzentration auf das, was positiv ist, stärkt dagegen Körper, Geist und Seele. Das Beste daran ist: Es kostet uns nichts, Dankbarkeit zum Ausdruck zu bringen – im Grunde nicht einmal Zeit.

Reflexionen

Ich war neunzehn Jahre alt und hatte ein Engagement als Tänzerin in einem Dinnerclub in Puerto Rico. Ich war aufgeregt, weil ich das erste Mal von zu Hause fort war und in meinem Traumjob arbeiten konnte. Aber die Erfahrung sollte nicht ganz so erfreulich sein, wie ich sie mir vorgestellt hatte. Die anderen Tänzerinnen und ich mussten feststellen, dass die Sänger, die in der Show auftraten, viel mehr Gage erhielten als wir, obwohl wir wesentlich länger und härter arbeiten mussten. Ich wurde ausgewählt, um unsere Beschwerden vorzutragen. Ich raffte meinen ganzen Mut zusammen und sprach unsere Chefin an. Als ich ihr sagte, die Bezahlung sei unfair und wir wollten eine Erhöhung, wurde sie so wütend, dass ihr Gesicht rot anlief, die Adern an ihrem Hals anschwollen und sie mir wüste Beschimpfungen an den Kopf warf.

Ich ging weg, um meine aufgewühlten Gefühle zu beruhigen und meine Gedanken zu ordnen – mich einfach wieder glücklicher zu fühlen. An einem einsamen Platz versuchte ich, darüber nachzudenken, wie ich am besten mit meinen Gefühlen und der Situation umgehen konnte. Ich sagte mir, wie glücklich ich sein konnte, weil sie mich überhaupt engagiert hatte. Durch tiefes Atmen beruhigte ich mich und sagte mir, dass ich bestimmt nicht die erste Person war, die sie beschimpft hatte, und wohl auch nicht die letzte sein würde. Meine Traurigkeit wurde durch Vernunft und Abstand abgefangen und natürlich durch den Wunsch, mich besser zu fühlen. Ich trug ihren Zorn nicht länger mit mir herum, ließ ihn los. Es gibt kein besseres Mittel für die Umwandlung von negativen in positive Gefühle als den brennenden Wunsch, glücklich zu sein.

Als ich erstmals anfing, in die umfangreiche neurowissenschaftliche und psychologische Literatur über die Effekte der Dankbarkeit hineinzuschnuppern, schien es fast zu schön, um wahr zu sein. Inzwischen bin ich überzeugt, dass Dankbarkeit eine wirkungsvolle Kraft für Körper, Geist und Seele ist – ich bezeichne sie als Vitamin D.

Wissenschaftliche Studien haben gezeigt, dass wir, wenn wir dankbar sind, unser Leben lieben und dafür sorgen wollen, dass wir lange genug da sind, um es zu genießen. Man hat festgestellt, dass Menschen, die ein wöchentliches Dankbarkeits-Tagebuch führen, unter weniger körperlichen Beschwerden und weniger Schmerzen leiden. Sie treiben regelmäßiger Sport, ernähren sich gesünder und gehen regelmäßig zu ärztlichen Untersuchungen. Sie tragen sogar häufiger Sonnenschutzmittel auf als andere. Alles in allem sorgt Dankbarkeit für eine durchschnittliche Lebensverlängerung von sieben Jahren.

Dankbarkeit wirkt sich auch auf unser emotionales Befinden aus. Sie macht uns anderen Menschen gegenüber freundlicher und großzügiger, schützt vor Einsamkeitsgefühlen und verbessert unsere Fähigkeit zur Stressbewältigung. Ein höheres Maß an Dankbarkeit verringert nachweislich sogar das Auftreten folgender Störungen:

- Depressionen
- Bulimie
- Phobien
- Alkohol- und Drogenabhängigkeit

Das ist eine wichtige Information für Eltern, weil dies die gefürchteten Fallen sind, in die unsere Kinder als Jugendliche und junge Erwachsene hineinstolpern können.

Studien haben ergeben, dass Dankbarkeit auch ein sehr effektives Mittel ist, um den Stress von Eltern, insbesondere von frischgebackenen Müttern und Vätern, zu verringern. Die gute Nachricht für alle jungen Eltern lautet: Menschen, die sich in Dankbarkeit üben, haben weniger Mühe mit dem Einschlafen, schlafen länger und fühlen sich am Morgen frischer und ausgeruhter als andere.

Einer meiner Schüler litt unter Depressionen. Aufgrund einiger Sprachverarbeitungsprobleme hatte er noch nie einen Freund gehabt. Bei der Dankbarkeitspraxis hörte er aber von den anderen Jungen in der Klasse, wie wichtig er ihnen sei. Das bewirkte eine erstaunliche Veränderung. Seinen Eltern zufolge ist er jetzt viel glücklicher und hat häufiger Besuch von Gleichaltrigen, die zum Spielen vorbeikommen.

Barbara K., MindUP-Lehrerin

Dankbarkeit ist auch ein Schlüssel für glückliche Partnerschaften. Der Ehe- und Elternexperte John Gottman hat in Langzeitstudien, die zwei Jahrzehnte umfassten, festgestellt, dass bei Paaren, die mindestens das 3:1-Verhältnis von positiven zu negativen Gefühlen aufrechterhalten, eine höhere Wahrscheinlichkeit für eine Beziehung von Dauer besteht. Außerdem kam er zu dem Ergebnis, dass Dankbarkeit uns davon abhält, den Partner für selbstverständlich zu halten und sich nur auf das zu konzentrieren, was in der Partnerschaft nicht funktioniert. Immer wenn wir unsere Dankbarkeit mit jemandem teilen, heben wir nicht nur unsere eigene Stimmung, sondern auch die unserer Mitmenschen.

Wenn wir uns auf die Dankbarkeit konzentrieren, verbessert

sich sowohl unsere eigene Haltung als auch die unserer Kinder. Das führt zu einem glücklicheren Familienleben, weil die Dankbarkeit alles durchdringt. Achten Sie darauf, ob und wie Sie über das Verhalten Ihres Kindes klagen. Manchmal gerät man dabei in eine Schleife und es wird zur Gewohnheit. Machen Sie es sich auch bewusst, wenn Ihr Kind etwas richtig macht. Loben Sie es dafür und danken Sie ihm für sein Verhalten. Studien zeigen, dass dies eine wunderbare Wirkung hat – Ihr Kind wird versuchen, Ihnen erneut zu gefallen.

Dankbare Menschen binden ihr Glück weniger an Besitztümer; sie sind weniger neidisch auf andere und messen Erfolg nicht an materiellem Zugewinn; verglichen mit weniger dankbaren Menschen sind sie eher bereit zu teilen.

Robert Emmons und Michael McCullough

Wenn wir Lob erhalten, schüttet unser Gehirn Dopamin aus, was uns dazu anregt, nach einer Wiederholung dieses »Kicks« zu streben. Denken Sie daran, es gibt viele mögliche Methoden, um Anerkennung zu zollen. Durch allgemeine Bemerkungen wie »Du bist klasse« lernt das Gehirn des Kindes nichts darüber, wodurch es Ihr Lob errungen hat. Manchmal kann das sogar seinen Glauben an sich selbst untergraben. Deshalb ist es besser, ihm zu erklären, warum es klasse ist und welche positive Wirkung sein Handeln hatte. Sagen Sie etwas wie: »Dass du ganz von allein den Tisch abgeräumt hast, war eine große Hilfe für mich. So konnte ich meinen Zeitplan einhalten und es hat mich daran erinnert, wie rücksichtsvoll du bist. Dankeschön.« Diese Art von Ermutigung, Respekt und Lob betont die Eigenschaften, die das Kind in die Situation eingebracht hat, und sagt ihm, wie wertvoll seine Hilfe war.

Die meisten Kinder sind nicht von Natur aus dankbar, deshalb müssen wir ihnen beibringen, dieses Gefühl zu kultivieren. Und wir müssen Geduld haben. Laut dem Persönlichkeitspsychologen Robert Emmons fällt es Kindern unter sieben Jahren schwer, das Konzept der Dankbarkeit zu verstehen. Zudem bestehen geschlechtsspezifische Unterschiede. Eine Studie, die nach dem 11. September bei Schulkindern durchgeführt wurde, kam zu dem Ergebnis, dass Mädchen eher dankbar waren als Jungen und dazu neigten, Familienangehörige und Freunde zu benennen, für die sie dankbar waren. Jungen hingegen waren eher dankbar für materielle Dinge.

Wenn wir unsere Kinder dazu ermuntern, ihre Dankbarkeit zu zeigen, müssen wir darauf achten, ihre Entscheidungen nicht zu werten. Was zählt ist nicht, *wofür* sie dankbar sind, sondern *dass* sie dankbar sind.

Zu den größten Vorteilen der Dankbarkeit gehört, dass sie dazu beiträgt, das Interesse der Kinder an Familie und Schule anzufachen, ihre Aufmerksamkeit erhöht und sie befähigt, zufriedener mit dem Leben im Allgemeinen zu sein. Wer dankbar ist, neigt dazu, größere Fortschritte beim Erreichen persönlicher Ziele zu machen.

Als ich meine Schüler aufforderte zu erzählen, wofür sie dankbar sind, erhielt ich verblüffende Antworten. Ich erwartete, dass sie Spielsachen, Computerspiele und Ähnliches aufzählen würden, aber es kamen Sachen wie: Ich bin dankbar für meine Schwester und meine Familie, für die Umarmungen meiner Mutter, für Truthahn, für Schlaf, für die vier Jahreszeiten. Die Antworten klangen unglaublich ruhig und echt.

Mark B., MindUP-Lehrer

In einer Studie verteilte man Schüler auf drei Gruppen. Die Teilnehmer der ersten Gruppe wurden gebeten, zwei Wochen lang jeden Tag fünf positive Dinge aufzuschreiben, für die sie dankbar waren. Die Kinder der zweiten Gruppe wurden angewiesen, im selben Zeitraum täglich fünf Ärgernisse zu notieren. Die dritte Gruppe diente als Kontrollgruppe. Wie sich herausstellte, waren die Kinder in der »positiven« Gruppe schon nach zwei Wochen glücklicher als die Kinder in der »Ärgernis«-Gruppe und in der Kontrollgruppe. Außerdem waren sie auch drei Wochen später noch wesentlich optimistischer im Hinblick auf die bevorstehende Schulwoche und allgemein zufriedener mit der Schule und ihrem Leben. Wenn das kein Anreiz ist!

ACHTSAMKEITSÜBUNG
Achtsame Dankbarkeit

Dankbarkeits-Tagebuch
Schlagen Sie ein neues Spiel vor, das sich *Dankbarkeits-Tagebuch* nennt. Schreiben Sie jeden Tag, wenn Sie Zeit haben, fünf oder mehr Dinge auf, für die Sie dankbar sind. Sie können das Buch auch illustrieren.

Dankbarkeits-Tagebücher können wirklich funktionieren. Unsere Studien haben Folgendes ergeben: Wenn man es schafft, jeden Tag drei Dinge aufzuschreiben, die gut laufen, und diese Gewohnheit mindestens eine Woche lang aufrechterhält … steigert sich der Grad des Wohlbefindens sogar noch sechs Monate später.

Ilona Boniwell

Starten Sie mit einem Satz wie: »Ich bin dankbar dafür, dass ich genug zu essen habe« und zeichnen Sie dann ein Bild von irgendeinem Nahrungsmittel. Bitten Sie Ihre Kinder aufzuschreiben, wofür *sie* dankbar sind. Wenn sie nicht weiterkommen, geben Sie ihnen einen Tipp wie »für euren besten Freund« oder »für unseren Hund«. Sie können auch etwas Allgemeineres vorschlagen, zum

Beispiel Dankbarkeit für den Sonnenuntergang oder einen Regenbogen, für die Wolken oder den Mond.

Wenn Ihre Kinder malen oder beschreiben, wofür sie dankbar sind, ermuntern Sie sie, darüber zu reden, was genau sie daran so dankbar macht. Was empfinden sie dabei?

Symbol der Dankbarkeit

Geben Sie jedem Kind einen kleinen Stein oder Kiesel. Behalten Sie einen für sich. Sagen Sie den Kindern, dies sei ihr Dankbarkeitsstein. Bitten Sie sie, ihn in der Hosentasche oder Schulmappe bei sich zu tragen, und sagen Sie ihnen, dass sie jedes Mal, wenn Sie den Stein spüren, an etwas denken sollen, wofür sie dankbar sind. Erinnern Sie die Kinder daran: Es gibt immer einen Grund zur Dankbarkeit, ganz gleich, wo man sich gerade befindet oder was im Leben gerade geschieht. Probieren Sie das selbst auch aus.

Sich bedanken

Dankbarkeit hat viele praktische Anwendungsmöglichkeiten, nicht zuletzt beim Umgang mit Ärger, wie ich feststellte, als ich mit der Wut meiner Chefin in Puerto Rico konfrontiert wurde. Indem ich mich auf meine Dankbarkeit besann, konnte ich die positiven Elemente meiner beruflichen Erfahrung genießen und verhindern, dass die Wut meiner Chefin mir schlechte Gefühle über mich selbst bereitete.

> *Wer sich in achtsamer Dankbarkeit des Guten bewusst ist, wässert die Saat, die unser Herz wachsen lässt.*
> *Jon Kabat-Zinn*

In ähnlicher Weise hilft uns Dankbarkeit auch in anderen schwierigen Situationen. Wir alle haben schon einmal innerlich aufgelistet, inwiefern uns Freunde und Partner ärgern, und diese Listen als Waffen eingesetzt, um sie für ihr schlechtes Benehmen zu bestrafen. Wenn wir Dankbarkeit üben, können wir uns hinsetzen und eine

Liste der Dinge erstellen, für die wir dieser Person dankbar sind und uns auf diese Weise in einen gütigeren, sanfteren mentalen Zustand zurückbringen.

Der Ausdruck von Dankbarkeit lässt sich in vielen schwierigen Situationen nutzen, in denen unsere Gefühle die Herrschaft übernehmen und unser Handeln von unserem Herzen und nicht von unserem Kopf bestimmt wird. Innezuhalten, um für das Gute zu danken, ist nicht nur ein Klischee – es ist etwas Gutes in sich.

12

Ärger

Für jede Minute, die du wütend bleibst,
opferst du sechzig Sekunden Seelenfrieden.
Ralph Waldo Emerson

Wir alle spüren mitunter Ärger, Furcht und Traurigkeit in unserem Leben. Jeder leidet irgendwann unter Not oder Entbehrungen der einen oder anderen Art. Es ist völlig normal, Schmerz, Wut oder Groll zu empfinden. Das Entscheidende ist, wie wir mit diesen Gefühlen umgehen. Negative Emotionen wie diese können extrem destruktiv wirken, weil sie unsere Sichtweise trüben, uns behindern und auf Wege führen, die wir mit Sicherheit bedauern werden. Es ist wichtig, dass wir versuchen, nicht in negativen Gewohnheiten steckenzubleiben, die auf lange Sicht möglicherweise zu schwerwiegenderen Problemen wie Depressionen oder Angstzuständen führen. Es ist gesünder zu versuchen, die eigene Wut zu verstehen und nicht überzureagieren. Wenn wir das negative Gefühl neutralisieren, können wir klarer denken und positivere Ergebnisse erzielen.

Kinder leiden genauso wie wir unter solchen destabilisierenden Gefühlen und sind darauf angewiesen, dass wir ihnen beibringen, wie man mit diesen Emotionen umgeht. Und wir müssen lernen, sie in unseren Kindern zu erkennen, weil ihre Gefühle sich mitunter stark von unseren eigenen unterscheiden. Man kann es nicht oft genug wiederholen, wie ungeheuer wichtig es ist, uns auf die Gefühle unserer Kinder einzustimmen. Für Kinder gilt insbesondere, dass eine Spaltung zwischen Gefühlen und Verhaltensweisen besteht. Wir müssen den Unterschied erkennen, weil Kinder ihre Gefühle nicht zwangsläufig direkt ausdrücken. Manchmal fehlen ihnen die Worte dafür. Ihre Traurigkeit, Angst oder Wut ist für gewöhnlich nur ein Symptom für eine andere Belastung, unter der sie leiden.

Der Tobsuchtsanfall eines Fünfjährigen, dessen Eltern sich gerade scheiden lassen, kann durchaus von einem Gefühl des Verlusts und der Verlassenheit ausgelöst werden. Es ist ein ausagierendes Verhalten, das durch seine tiefer liegenden Gefühle in Gang gesetzt wird. Wir müssen versuchen, nicht allzu stark auf die Symptome zu reagieren, sondern uns bemühen, ihm zu zeigen, dass es in Ordnung ist, wenn er Wut empfindet, aber nicht in Ordnung ist, sie gewalttätig oder mit hässlichen Worten zum Ausdruck zu bringen. Sobald die Gefühle eines Kindes anerkannt und aufgegriffen werden, kann die emotionale Belastung aufgelöst werden, und wir können bessere und ruhigere Ansätze der Problemlösung entwickeln.

Ersticken Sie Ihre Wut im Keim. Sie hat eine toxische Wirkung auf Ihre Beziehungen, Ihren Körper und Ihre Gesundheit. Sie zeigt sich auf Ihrem Gesicht und kann Ihre Fähigkeit, glücklich zu leben, beeinträchtigen. Wutausbrüche können zur Gewohnheit werden: Je mehr man sich von seinem Zorn beherrschen lässt, desto tiefer graben sich die entsprechenden Leitungsbahnen im Gehirn ein. Ich nenne sie den Grand Canyon des Zorns. *Zorn erzeugt Zorn.* Wenn Ihr Kind hyperaktiv ist und Zeichen der Frustration oder Aggression zeigt, ist das Schlimmste, was Sie tun können, es auf sein Zimmer zu schicken und ihm zu sagen, es

> *Was einem auffällt, wenn man das Gehirn stärkt, ist die Abwesenheit des negativen Zustands.*
> *Daniel Goleman*

solle auf sein Kissen oder einen Punchingball einschlagen, um seinen Ärger herauszulassen. Das wird sein Verhalten nur verstärken.

Wir alle haben schon einmal erlebt, wie moderate Ausbrüche sich blitzschnell in ausgewachsene Tiraden verwandeln können. Wenn Stresshormone wie Kortisol und Adrenalin ausgeschüttet werden, intensivieren sie bei der Amygdala das Gefühl der Bedrohung, was es immer schwieriger macht, Zugriff auf die beruhigenden Exekutivfunktionen des präfrontalen Kortex zu bekommen.

Wissenschaftler haben herausgefunden, dass diese entzündlichen Neurotransmitter der Stressreaktion nicht in einer, sondern in zwei Stufen freigesetzt werden. Die erste Welle dauert einige Minuten lang und bereitet den Körper auf die normale Kampf-, Flucht- oder Erstarrungsreaktion vor. Die zweite Stufe dauert länger – Stunden bis Tage, je nachdem, wie sehr wir uns aufregen. Das versetzt uns in einen Zustand, in dem wir auf Hochtouren laufen und dazu neigen, überzureagieren und auf alles und jeden loszugehen.

Achtsamkeit bringt mich wieder herunter, wenn ich wütend bin. Sie hilft mir, nicht in einen Riesenstreit zu geraten – ich will meine Freunde ja nicht verletzen. Sie hilft mir auch, mich auf meine Arbeit zu konzentrieren.

Brent, 11 Jahre alt

Zum Wohl unserer Kinder ebenso wie für unseren eigenen Seelenfrieden müssen wir den Ärger während der ersten Hormonwelle in den Griff bekommen. Wenn wir uns rechtzeitig beruhigen, können wir die zweite, destruktivere Welle verhindern. Wenn wir aufmerksam sind und daran denken, was innerhalb unseres Gehirns geschieht, können wir den Teufelskreis des Zorns zum Wohle aller durchbrechen.

Reflexionen

Als einer meiner Söhne fünf Jahre alt war, holte ich ihn vom Kindergarten ab und fragte: »Wie war dein Tag?« Er kletterte mit seiner Lunchbox ins Auto und erklärte: »Robert war heute total wütend.« Mein Sohn war nicht aufgebracht, und die Tatsache, dass sein Freund wütend war, schien ihn nicht zu belasten. Er brachte nur seine Sichtweise zum Ausdruck. Ich hatte den Verdacht, dass Robert, ein hyperaktives Kind, wahrscheinlich einen Tobsuchtsanfall bekommen hatte. Mein Fünfjähriger war fähig gewesen, diesen Ausbruch zu beobachten und auf die Gefühle zu schauen, die hinter diesem Verhalten steckten und es ausgelöst hatten. Lächelnd sagte ich: »Na ja, wir alle werden manchmal wütend, was?« Er nickte. Ich war erstaunt, dass er, anstatt gekränkt zu sein, klar und objektiv erkennen konnte, dass sein Freund aus Gründen wütend und frustriert war, die wir vielleicht nie erfahren würden. Wir fuhren schweigend weiter. Ich war eine stolze Mutter.

Zu den wirkungsvollsten Dingen, die die Kinder im MindUP-Programm lernen, gehört, dass Gefühle kommen und gehen. So funktioniert unser Gehirn. Was immer wir fühlen, wird nicht für ewig andauern. Doch wenn wir in einem Sturm starker Emotionen geraten, ist es schwierig, sich daran zu erinnern, dass es ein vorübergehendes Ereignis ist.

Wenn wir uns zum Beispiel darüber aufregen, dass unser Kind sich weigert, seine Hausaufgaben zu machen, fängt unser emotionales System an zu feuern und wir kommen häufig nicht mehr aus unserer eigenen Schusslinie heraus. Unser Gehirn ist wild entschlossen, an der Überzeugung festzuhalten, dieser mangelnde Eifer zeige an, dass unser Kind sich zu einem notorischen Faulpelz entwickeln wird. Auch wenn es nur daran liegt, dass es letzte Nacht zu lange aufgeblieben ist, regen wir uns derart auf, dass wir nicht mehr in der Lage sind, das ganze Bild zu sehen. Es ist wie bei einer alten Schallplatte, die einen Sprung hat und immer wieder in dieselbe Rille springt. Die Angst, die dadurch erzeugt wird, gräbt die Furchen des negativen Denkens immer tiefer in unser Gehirn. Wäre es nicht schön, wenn wir eine andere Platte auflegen könnten?

Achtsamkeitsübungen wie achtsames Atmen oder Fühlen können das Ausmaß der Zeit, die es kostet, sich zu beruhigen, tatsächlich verringern. Wir können wieder rational denken und das größere Bild erkennen. Wenn wir registrieren, wie unsere Gedanken und Gefühle kommen und gehen, stärken wir denjenigen Teil des Gehirns, der sich selbst beobachtet. Dann kommt es zu zwei tiefgreifenden Veränderungen. Erstens fangen wir an, fest zu glauben, dass unsere negativen Gefühle nicht ewig anhalten werden. Zweitens hilft uns das, flexibler zu reagieren und uns nicht in Wut- oder Katastrophengefühlen, die unsere Lebensqualität beeinträchtigen, zu verrennen. Wir werden besser darin, die Dinge aus einer gewissen Distanz und im richtigen Verhältnis zu sehen.

ACHTSAMKEITSÜBUNG
Achtsame Steuerung der Wut

Ich bin irre wütend …

Bitten Sie Ihre Kinder, wenn Sie allein mit ihnen sind, eine Situation zu beschreiben, in der sie wütend oder frustriert waren. Fragen Sie, wie sie reagiert haben und was sie empfunden haben, zum Beispiel: War es euch peinlich? Wart ihr wütend oder habt ihr geweint? Wart ihr traurig? Hat euch etwas Angst gemacht? Sprechen Sie mit ihren Kindern über mögliche andere oder bessere Reaktionsweisen.

Seinen Ärger abzureagieren ist so, als würde man Benzin zum Feuerlöschen nehmen. Es gibt den Flammen nur neue Nahrung. Wenn wir aggressive Gedanken und Gefühle schüren, erhöht das Abreagieren auch aggressive Gegenreaktionen.

Brad Bushman

Das Ampelspiel

Erinnern Sie Ihr Kind an den Wachhund in seinem Gehirn und wie er in Rage gerät. Sagen Sie ihm, dass es lernen kann, den Wachhund mit etwas zu besänftigen, das sich das »Ampelspiel« nennt. Holen Sie Papierblätter und Buntstifte und zeichnen Sie ein Bild von einer dreifarbigen Ampel. Sie können Ihrem Kind auch ein Foto von einer Ampel zeigen oder auf eine Ampel hinweisen, wenn Sie mit dem Auto unterwegs sind.

Erklären Sie Ihrem Kind, dass die drei Farben für drei verschiedene Möglichkeiten stehen, wie es reagieren kann, wenn es wütend, traurig oder ängstlich ist:

- Rot: Stopp und atme achtsam.
- Gelb: Denke über die verschiedenen Reaktionsmöglichkeiten nach.
- Grün: Probiere die achtsamste Reaktion aus und schau, was geschieht.

Bitten Sie Ihr Kind, nochmals über eine Situation nachzudenken, in der es wirklich total wütend war. Zeigen Sie ihm mit Hilfe des Ampelspiels, wie es sich vom roten zum grünen Licht bringen kann. Sagen Sie ihm, dass man manchmal so zornig wird, dass man nicht einmal in der gelben Lichtphase klar denken kann. Dann sollte man so etwas tun wie bis zehn zählen, zeichnen oder jemandem erzählen, wie einem zumute ist. Vielleicht auch ein bisschen Fahrrad fahren, Ball spielen oder Musik hören: Erinnern Sie Ihr Kind daran, dass negative Gefühle nicht ewig währen. Und wenn es kurz vor einem Tobsuchtsanfall steht, weisen Sie es darauf hin, die Ampelsignale zu nutzen, um sich zu beruhigen.

Schlagen Sie vor, das Bild der Ampel aufzuhängen, damit sich alle daran erinnern, es nötigenfalls zu benutzen. Einigen Sie sich darauf, dass jeder in der Familie innehält und sich eine Weile zurückzieht, wenn irgendjemand »rotes Licht!« sagt. Die Signale funktionieren auch als Warnsystem. Immer wenn Sie selbst die Geduld mit Ihren Kindern zu verlieren drohen, sagen Sie ihnen: »Ich werde gleich sauer. Das rote Licht springt gleich an. Ihr hört besser damit auf, bevor es soweit ist.« So erhalten die Kinder die Möglichkeit, ihr Verhalten zu ändern. Üben Sie das Spiel und integrieren Sie es in Ihren Alltag.

Vom Umgang mit der Wut

Kindern fällt es leicht, die Ampelsymbolik mit ihren Alltagserfahrungen zu verbinden. Das Spiel beruht auf einem von Roger Weissberg, Professor für Psychologie an der Yale University, entwickelten Programm und ist ein wichtiges Mittel für den Umgang mit schwierigen Emotionen.

Wie der Psychologe Paul Ekman erklärt: »Der Moment, in dem wir uns des Gefühls bewusst werden, kommt eine knappe halbe Sekunde, nachdem es eingesetzt hat – nicht vorher.« Mit anderen Worten: Wir befinden uns bereits im Griff eines starken Gefühls, *bevor* wir es wissen. Kinder sehen sich leicht als Opfer: »Er hat mich dazu gebracht« oder »Es war nicht meine Schuld« oder »Sie hat angefangen!« Das Ampelsystem hilft Kindern, die Verantwortung für die Entscheidungen zu übernehmen, die sie in Reaktion auf bestimmte Gefühle treffen.

Wenn wir unseren Kindern beibringen, über die Rot-, Gelb- und Grünphase ihres Ärgers nachzudenken, bringen wir uns gleichzeitig selbst bei, innezuhalten und nachzudenken. Die Anwendung der Symbolik auf unsere eigene Wut hilft uns, die Zeit zwischen Impuls und Handlung auszudehnen, sobald wir die schwierigen Gefühle erkennen. Laut einer Studie des Fachbereichs für Psychologie an der Virginia Tech gehört eine chronisch negative Reaktion zu den Faktoren, die besonders häufig zur Kindesmisshandlung führen, was natürlich wiederum negative Verhaltensweisen bei den Kindern verstärkt.

Immer wenn jetzt bei uns zu Hause jemand austickt, ruft einer von uns: »Rot!« Dann muss jeder mit dem Brüllen aufhören und sich an einen ruhigen Ort zurückziehen, um darüber nachzudenken, was gerade passiert ist. Es funktioniert nicht immer, aber es ist besser als vorher.

Carla M., eine Mutter im MindUP-Programm

Wenn wir unsere impulsive Reaktion stoppen und die Macht unseres vernunftbegabten Denkens nutzen, aktivieren wir den präfrontalen Kortex und hemmen die Amygdala, so dass die Gelbphase der Ampel die Erfahrung des schwierigen Gefühls tatsächlich abschwächt. Schon das reine Nachdenken über verschiedene Möglichkeiten des Umgangs mit einer heiklen Situation trägt dazu bei, den Gefühlsaufruhr zu beruhigen und zu beschwichtigen. Und aufgrund der Plastizität des Gehirns werden wir immer besser darin, ganz gleich wie stark unsere negativen Gefühle sind. Je mehr wir üben, desto mehr verändern wir die Hirnstruktur zum Positiven.

Das Gehirn ist ein zusammenhängendes Ganzes, mit starken Verbindungen zwischen den emotionalen und intellektuellen

Mein Sohn war zum ersten Mal fähig, viel besser mit seiner Wut umzugehen. Und seine Empathie ist größer geworden. Doch das Tollste ist, dass er zum ersten Mal in seinem Leben seine Arme um mich geschlungen und mir gesagt hat, dass er mich lieb hat.

Laura C., eine Mutter im MindUP-Programm

Zentren. Das bedeutet, dass wir jedes Mal, wenn wir unseren Kindern helfen, diese achtsamen Reaktionen zu üben, nicht nur ihr diesbezügliches Vermögen stärken, sondern gleichzeitig ihre schulische Leistungsfähigkeit unterstützen. Doch was wir unseren Kindern jenseits aller schulischen Erfolge am meisten wünschen, ist die Entwicklung von emotionaler Resilienz – die Fähigkeit, wieder aufzustehen, wenn sie hinfallen.

13

Traurigkeit

Im Laufe eines Jahres gibt es ebenso viele Nächte wie Tage, und insgesamt dauern die einen genauso lange wie die anderen. Auch das glücklichste Leben ist nicht ohne ein gewisses Maß an Dunkelheit denkbar.

Carl Jung

Traurigkeit kann für Kinder extrem schwierig sein. Einer der Gründe ist, dass den meisten Kindern ihre Tränen peinlicher sind als ihre Wutanfälle. Vor allem Jungen betrachten Weinen als Zeichen der Schwäche.

Dennoch ist es absolut normal und sogar gesund, gelegentlich traurig zu sein. Wir müssen einfach lernen, damit umzugehen. Wenn wir uns der Dunkelheit nicht voll gewahr sind, kann sie sich vertiefen. Wir müssen Methoden finden, um an unseren Momenten der Niedergeschlagenheit zu wachsen, anstatt eine Opfermentalität zu entwickeln.

Es ist gesünder, uns selbst aus dem Dunkel herauszuholen, indem wir mit anderen reden, uns mitteilen und über unsere Gefühle kommunizieren. Wie wir mit unserer Traurigkeit umgehen, ist entscheidend dafür, wie unsere Kinder mit der ihren umgehen werden.

Zeigen oder verbergen wir unsere Emotionen? Leugnen wir unsere Traurigkeit? Reden wir mit unseren Kindern über unsere Gefühle? Neueste Forschungen über emotionale Intelligenz zeigen, dass Menschen, die ihre Gefühle erkennen und angemessen darüber reden können, stabilere Freundschaften, bessere Beziehungen zu ihren Arbeitskollegen und stärkere Partnerschaften entwickeln. Diese Ehrlichkeit ist ein Gegenmittel für Depressionen oder Einsamkeitsgefühle.

Kinder sind genauso. Offen und ehrlich mit ihnen zu reden, ist wichtig. Der Austausch über Gefühle lässt uns alle glücklicher und gesünder sein und vertreibt die Einsamkeit, die mit dem Traurigsein einhergeht. Wir sind der Leitstern des Lichts und der Hoffnung im Leben unserer Kinder und tragen durch unser Vorbild dazu bei, dass sie lernen, wie sie am besten mit ihren Gefühlen umgehen können.

> *Kinder, die einen Verlust erleben, müssen das Gefühl haben, ihren Kummer und ihre Trauer offen ausdrücken zu dürfen. Achten Sie darauf, die Gefühle der Kinder nicht herunterzuspielen.*
>
> *National Network*
> *for Child Care*

Nehmen Sie die Gefühle Ihrer Kinder ernst, ganz gleich, wie unbedeutend sie Ihnen erscheinen mögen: Für Ihre Kinder sind sie nicht unbedeutend. Ich habe erlebt, wie Eltern manchmal ungeduldig werden und sagen: »Hör auf zu heulen!« oder »Ich hab dein Gejammer satt!« Manche Eltern scheinen eine Aversion gegen weinende Kinder zu haben. Ich kannte einen Vater, der nicht mit Tränen umgehen konnte, ganz gleich, ob sie bei einem traurigen Film flossen oder wegen eines aufgeschrammten Knies. Er gab seinem Kind das Gefühl, ein Dummkopf zu sein, weil es weinte. Ich war entsetzt. Wie allein und verwirrt muss sich dieses kleine Wesen gefühlt haben.

Kinder müssen wissen, dass diese traurigen Gefühle genauso normal sind wie alles andere – wie Lachen, Schlafen, Essen oder Spielen. Es ist gut, wenn man diese Gefühle teilen kann. Das gibt unseren Kindern Halt.

Wir dürfen nicht vergessen, dass Kinder über Dinge traurig sein können, die uns Erwachsenen relativ belanglos erscheinen – der Tod eines Goldfisches, der Verlust eines Lieblingsspielzeugs oder beim Sport als letzter gewählt zu werden. Vielleicht hat man das Kind in der Schule gehänselt oder es hat einen Fehler gemacht, der ihm vor seinen Freunden furchtbar peinlich war.

Kinder öffnen sich nicht immer, um ihren Kummer mit uns zu teilen, was es mitunter schwierig für uns macht, ihnen zu helfen. Jedenfalls sollten wir immer versuchen, ihren Kummer anzuerkennen, anstatt ihnen zu sagen, dass kein Grund zur Traurigkeit besteht.

Die Kinderpsychologen Maurice Elias, Steven Tobias und Brian Friedlander beschreiben in ihrem Buch *Emotionally Intelligent Parenting* verschiedene Methoden, wie man verschlossene Kinder dazu bringen kann, über das zu reden, was sie bedrückt. Dazu gehören Sätze wie: »Es sieht so aus, als ob dir heute irgendetwas auf der Seele liegt. Du bist ganz anders als sonst, und ich würde gern mit dir darüber sprechen.« Sobald wir herausgefunden haben, was das Problem ist, müssen wir uns dafür bedanken, dass sie uns erzählt haben, wie ihnen zumute ist, und anerkennen, dass es in Ordnung ist, diese Gefühle zu haben, indem wir etwas sagen wie: »Ja, das ist bestimmt ein schlimmes Gefühl. Ich weiß noch, wie mir einmal etwas Ähnliches passiert ist und ich auch traurig war, aber wir dürfen nicht erwarten, immer glücklich zu sein.«

Wenn wir so vorgehen, stimmen wir uns auf unsere Kinder ein, wodurch sie sich gesehen und gehört fühlen. Diese Einstimmung gibt Kindern außerdem das Gefühl, etwas Gutes getan zu haben und hilft ihrem Gehirn, Emotionen zu regulieren und ein gesundes Verhältnis dazu zu entwickeln. Dass ihre Gefühle ein Echo finden, ist mitunter alles, was sie brauchen, damit es ihnen wieder besser geht. Bleiben sie trotzdem traurig, ist wissenschaftlichen Studien zufolge Ablenkung das beste Mittel.

Traurigkeit ist eine normale Reaktion auf schmerzliche Umstände. Hält die Traurigkeit allerdings über einen längeren Zeitraum an, führt sie zu Depressionen. Es ist wichtig, sich nochmals bewusst zu machen, wie gefährlich es ist, wenn Traurigkeit und Bekümmerung schwelen und zu etwas Gewohnheitsmäßigem werden. Im Gegensatz zu einer vorübergehenden Niedergeschlagenheit haben Depressionen viel tiefere Ursachen und sind unter Umständen nicht einmal an schmerzliche Ereignisse gebunden. Sie können zudem über Monate oder Jahre anhalten.

Professor Mark Williams, ein klinischer Psychologe an der Oxford University, hat festgestellt, dass Personen, denen es nicht gelingt, aus ihrer Depression herauszukommen, in etwas feststecken, was er als »gedankliches Kreisen« bezeichnet, weil sie auf traurige Ereignisse mit einem rastlosen Kreislauf negativer Gedanken oder Grübeleien reagieren. Laut AACAP kann jedes der im Folgenden aufgeführten Symptome darauf hindeuten, dass ein Kind eher depressiv und nicht einfach nur traurig ist:

- Häufiger Ausdruck von Traurigkeit, Weinerlichkeit
- Ausdrücke der Hoffnungslosigkeit
- Verringertes Interesse an Aktivitäten oder Unfähigkeit, frühere Lieblingsaktivitäten zu genießen
- Anhaltende Langeweile; geringe Energie
- Soziale Isolierung; wenig Kommunikation
- Geringes Selbstwertgefühl und Schuldgefühle
- Extreme Empfindlichkeit gegenüber Ablehnung oder Misserfolg
- Gesteigerte Reizbarkeit, Wut oder Feindseligkeit
- Schwierigkeiten mit Beziehungen

- Häufige Klagen über körperliche Beschwerden wie Kopfweh und Bauchschmerzen
- Häufiges Fehlen in der Schule oder schlechte Schulleistungen
- Konzentrationsschwäche
- Auffällige Veränderungen in Ess- oder Schlafgewohnheiten
- Der geäußerte Wunsch oder Versuch, von zu Hause wegzulaufen
- Äußerung von Selbstmordgedanken oder selbstzerstörerisches Verhalten

Wann immer wir besorgt über das emotionale Wohl unseres Kindes oder unser eigenes sind, sollten wir professionelle Hilfe in Anspruch nehmen. Und wir sollten uns auch klar machen, dass um Hilfe zu bitten nicht bedeutet, dass wir gescheitert oder in irgendeiner Weise zu verurteilen sind.

Studien haben gezeigt, dass viele Eltern – vor allem jene, die besser gestellt sind und sich Sorgen darüber machen, was Nachbarn und Freunde denken – dazu neigen, emotionale Probleme bei ihren Kindern zu ignorieren oder selbst in die Hand nehmen zu wollen, weil sie nicht das Risiko eines sozialen Stigmas eingehen möchten. Das kann sich für alle Beteiligten als kontraproduktiv erweisen.

Reflexionen

Der Verlust meiner Eltern war das traurigste Ereignis in meinem Leben. Als mein Vater starb, hatte ich immer noch meine Mutter, doch als ich auch sie verlor, war ich eine Waise, die wusste, dass niemand sie je wieder so lieben würde, weil ich eine ganz besondere Art von Liebe verloren hatte. Aber ich war auch Mutter und Ehefrau und musste mich selbst an einen Punkt zurückbringen, an dem ich wieder glücklich und präsent für meine Familie sein konnte. Es war sehr schwierig, mich selbst aus der tiefen Traurigkeit herauszuziehen und zu versuchen, mehr Freude zu erzeugen. Der ganze Prozess dauerte etwa sechs Monate. Ich las Bücher, die mir helfen sollten, nach vorn zu schauen, anstatt mich nach etwas zu sehnen, das ich nicht mehr haben konnte. Ich sprach auch mit meinen Kindern darüber, wie ich mich fühlte, weil ich aus meiner eigenen Kindheit wusste, dass Traurigkeit ansteckend wirken kann. Sie sollten wissen, dass ich immer noch dieselbe war, aber dass ich traurig war, weil ich meine Mutter verloren hatte. Ich sagte ihnen, es sei wichtig, um einen Verlust zu trauern.

Weil ich von Natur aus ein fröhlicher Mensch bin, versuchen die Leute immer, mir meinen Kummer auszureden und mir bessere Laune zu machen, wenn ich einmal niedergeschlagen bin. Ich bin ihnen dankbar für ihre Fürsorge, aber ich habe die Erfahrung gemacht, dass es sehr wichtig für mein persönliches Wachstum und meine innere Beziehung zu mir selbst ist, diese Phasen der Traurigkeit zu durchleben. Ich lebe eine Weile darin, aber ich achte darauf, dass es nicht zu lange dauert.

Viele Eltern wissen nicht, wie sie sich verhalten sollen, wenn es darum geht, mit ihren Kindern über den Tod und andere Tragödien zu reden. Wir wollen ihnen keine Angst vor schweren Schicksalsschlägen machen oder sie unnötigerweise bekümmern. Aber wie helfen wir ihnen, wenn in ihrem Leben etwas Schlimmes passiert?

Therapeuten empfehlen, ihnen zu erklären, dass jeder Mensch harte Schicksalsschläge erlebt, die er bewältigen muss, aber dass jedes schmerzliche Erlebnis auch eine Chance darstellt, innerlich zu wachsen und liebevoll miteinander umzugehen. Dann können wir ihnen erzählen, was wir selbst als besonders schlimm empfunden haben oder wie einem Freund oder Verwandten einmal etwas Trauriges passiert ist. Diese Gespräche helfen unseren Kindern, ihre Traurigkeit einzuordnen; sie erkennen, dass sie nicht allein sind, und können akzeptieren, dass schmerzliche Erfahrungen ein Teil des Lebens sind, den wir alle durchmachen und überwinden.

ACHTSAMKEITSÜBUNG
Achtsame Bewältigung von Traurigkeit

Setzen Sie sich an einem ruhigen Ort mit Ihrem Kind zusammen, wenn es traurig ist, und fragen Sie es, wie es sich fühlt. Ist ihm nach Weinen zumute? Möchte es lieber allein sein? Fühlt es sich innerlich aufgewühlt?

Erzählen Sie ihm, wie es Ihnen selbst geht, wenn Sie traurig sind, und erklären Sie, dass Tränen eine natürliche Reaktion auf Kummer sind. Versichern Sie ihm, dass es völlig in Ordnung ist zu weinen und dass die Traurigkeit nicht ewig währt. Sagen Sie ihm, es könne sich zum Weinen an einen ungestörten Ort zurückziehen, wenn ihm seine Tränen vor anderen peinlich sind.

Geschichten erzählen

Lesen Sie Ihrem Kind eine Geschichte vor, in der eine Figur ein trauriges Erlebnis hat, oder reden Sie mit ihm über einen Film, den Sie vor Kurzem zusammen gesehen haben und in dem etwas Trauriges passiert ist. Erklären Sie, dass man unter Umständen lange Zeit traurig bleibt, wenn etwas Verstörendes geschieht oder ein geliebter Mensch stirbt. Sagen Sie Ihrem Kind, dass das normal ist, und dass man auch in Phasen der Traurigkeit einmal lachen und sich glücklich fühlen kann. Weisen Sie es darauf hin, dass die schmerzlichen Gefühle mit der Zeit nachlassen und sich verändern, ganz gleich, wie weh einem ein bestimmtes Ereignis tut.

Teilen Sie Ihre Traurigkeit

Erklären Sie, was Sie gemacht haben, um sich wieder besser zu fühlen, als Sie traurig waren. Vielleicht haben Sie einen Spaziergang gemacht oder sich selbst etwas Schönes gekauft, zum Beispiel ein Eis, oder sind ins Kino gegangen, um sich einen fröhlichen Film anzuschauen. Vielleicht haben Sie auch einfach dagesessen und an glücklichere Zeiten gedacht.

Schauen Sie auf Ihre Glückswand

Fragen Sie Ihr Kind, was es tun könnte, um sich besser zu fühlen, wenn es traurig ist. Sie könnten auch einige Vorschläge machen, was ihm zur Aufmunterung helfen könnte. Vielleicht würde es gern jemanden umarmen, mit einem verständnisvollen Menschen reden, einen lustigen Film sehen oder Kekse backen. Wenn Sie eine Glückswand einrichten (siehe Kapitel 10), verbringen Sie ein bisschen Zeit davor. Wenn nicht, ist dies vielleicht eine gute Gelegenheit, eine solche Wand anzulegen.

Ampelspiel

Erinnern Sie Ihre Kinder an das Ampelspiel und sagen Sie ihnen, dass man es auch nutzen kann, wenn man traurig ist. Rot: Stopp. Gelb: Denk an ablenkende oder tröstende Sachen, die man machen könnte. Grün: Probier eine davon aus.

Wie sieht Traurigkeit aus?

Fordern Sie Ihre Kinder auf zu malen, wie sich Traurigkeit in ihrem Körper anfühlt. Welche Farbe hat sie? Vielleicht Blau? Oder Schwarz? Reden Sie hinterher darüber, welche Bilder und Empfindungen hochgekommen sind. Woran erkennt man, ob eine andere Person traurig ist? Wie zeigt es sich auf dem Gesicht oder in der Körpersprache? Merkt man es daran, wie jemand spricht? Helfen Sie Ihren Kindern zu verstehen, dass Traurigkeit etwas Natürliches ist und sie sich selbst trösten können, wenn ihnen traurig zumute ist.

Die Traurigkeit überwinden, Veränderungen akzeptieren

Die Ereignisse, die uns traurig stimmen, sind häufig jene, die auch zu Veränderungen führen, und Veränderungen bestimmen den Lauf der Welt. Menschen, insbesondere Kinder, die sich nach Stabilität und Routine sehnen, fürchten Veränderungen. Aber Veränderung kann etwas Gutes sein.

Kinder werden teilweise von einem »magischen Denken« beherrscht, bei dem sie sich selbst als Zentrum des Universums erleben. Deshalb glauben sie unter Umständen, dass ihre Gedanken, Gefühle, Wünsche und Handlungen ursächlich dafür sind, was ihnen und anderen geschieht … Dieses Denken kann das Kind auf die Idee bringen, es habe den Tod einer Person verursacht …

Atle Dyregrov

Veränderungen rütteln uns aus der Gleichgültigkeit und Selbstgefälligkeit wach und sorgen dafür, dass wir uns aufrichten und aufmerksam werden. Sie helfen uns, uns auf das zu konzentrieren, was gut und wichtig in unserem Leben ist. Veränderungen verhindern Stagnation und führen uns zur Transformation, weil sie uns für neue Möglichkeiten offen machen.

Indem wir Kindern beibringen, wie sie mit Veränderungen umgehen und wie sie die Hindernisse, auf die sie in ihrem Leben stoßen, überwinden können, geben wir ihnen eines der wertvollsten Werkzeuge an die Hand, damit sie die traurigen Situationen, in die sie unweigerlich geraten werden, bewältigen können.

Scheidung: Die schwerste Veränderung

Das Zerbrechen einer Ehe oder vergleichbaren Partnerschaft ist für Erwachsene und Kinder gleichermaßen schwer. Wenn wir uns verlieben, erwarten wir, dass es für immer ist. All unsere Hoffnungen und Sehnsüchte konzentrieren sich auf eine einzige Person, von der wir uns vieles versprechen – was diese nicht immer erfüllen kann.

Leider werden nicht alle unsere Träume wahr. Es ist schwer genug, wenn die Träume zerbrechen, aber wenn Kinder beteiligt sind, wird es doppelt schwer. Die größte Gefahr ist, dass die Kinder zu den Opfern der Scheidung werden und unter dem Ende der Beziehung leiden.

Es gibt keine Patentlösungen dafür, wie man mit dieser Situation umgeht. Die Gefühle schlagen hohe Wellen: Wir kämpfen mit Eifersucht, Wut, Groll und Traurigkeit. In dieser schwierigen Situation gänzlich gewahr und präsent zu bleiben, ist eine Herausforderung, aber die Achtsamkeitspraxis hilft immens bei der Regulation unserer negativsten und destruktivsten Gefühle. Sich auf das achtsame Atmen zu besinnen, kann impulsive Reaktionen in Schach halten, wenn wir uns an unseren empfindlichsten Stellen getroffen fühlen.

Offen gesagt verdient dieses Thema ein ganzes Buch. Aber ich möchte etwas Licht auf das allgemeine Problem werfen, wie man um der Kinder willen mit dem Expartner/der Expartnerin auskommen kann. Anwälte bezeichnen Scheidungskinder mitunter als »weiche Kugeln«, weil sie häufig als Munition in einem anhaltenden Krieg benutzt werden.

Unsere Kinder leiden am meisten, wenn die Wut unser vernunftbegabtes Denken ausschaltet. Der Zusammenbruch der Familie ist das traumatischste Ereignis in ihrem jungen Leben. Sie haben keine Ahnung, wie sie mit dem Gefühlschaos umgehen sollen. Selbst in ihren schlimmsten Alpträumen haben sie nie die Möglichkeit in Betracht gezogen, ein Elternteil könnte sie verlassen. Sie fühlen sich verantwortlich, hilflos und schuldig. Wir denken vielleicht, dass sie recht gut klarkommen, weil sie jung sind und widerstandsfähig wirken, aber nach und nach werden sich die Symptome ihrer Angst zeigen: Bettnässen, Schlaflosigkeit, Wutanfälle oder ein allgemeines Gefühl des Unbehagens.

Die einfachste und gleichzeitig oft schwerste Lösung ist, uns zunächst mit unserer eigenen Wut auseinanderzusetzen, weil schon sie allein das Gefühlsleben unserer Kinder vergiften kann. Rufen Sie sich einige oder alle der Lektionen ins Gedächtnis, die Sie gelernt haben, wie zum Beispiel die Praxis des achtsamen Atmens oder achtsamen Zuhörens. Denken Sie daran, die Situation aus einer gewissen Distanz zu betrachten und eine verzeihende Haltung einzunehmen. Versuchen Sie, diese Eigenschaften zur täglichen Praxis zu machen, um eine gewisse Form emotionaler Stabilität zu erreichen.

Räumen Sie Ihren Kindern Priorität ein. Sprechen Sie vor den Kindern nicht schlecht über Ihren Expartner/Ihre Expartnerin. Vergessen Sie nicht, dass Eltern ein Leben lang Eltern und immer die erste Liebe ihrer Kinder bleiben. Ihre Kinder werden die Wege und Irrwege erwachsener Partnerschaften noch früh genug kennenlernen, aber sie werden nie aufhören, ihre Eltern zu lieben.

Versuchen Sie, Dankbarkeit zu praktizieren. Denken Sie an die guten Zeiten. Konzentrieren Sie sich auf den Grund, aus dem Sie ursprünglich mit Ihrem/Ihrer Ex zusammengekommen sind. Wie immer die Beziehung geendet hat, sie hat Ihnen Ihre wunderbaren Kinder geschenkt. Rufen Sie sich selbst all die guten Seiten an Ihrem/Ihrer Ex ins Gedächtnis und sorgen Sie dafür, Ihre gegenseitige Unterstützung in Gegenwart der Kinder zu demonstrieren. Vergessen Sie nicht, dass die Situation sich irgendwann ändern wird. Der Aufruhr der Gefühle wird sich legen und vielleicht finden Sie sich sogar in einer neuen Patchwork-Familie wieder. Bis dahin haben Sie Ihren Groll hoffentlich erfolgreich verarbeitet und können empathisch, freundlich und gütig sein, wenn neue Herausforderungen dieser Art auftauchen. Und glauben Sie mir, diese Herausforderungen werden auftauchen …

Versuchen Sie, im Sinn zu behalten, dass jeder Grund zur Traurigkeit einen verborgenen Schatz in sich trägt, den wir für die Zukunft bergen können. Der Schmutz bringt Diamanten zum Vorschein. Im Schlamm tauchen Lotusblüten auf. Diese Einsicht und die Akzeptanz der mit den Veränderungen verbundenen Gefühle machen uns stärker, und wir sind besser in der Lage, der Zukunft mit Mut und Optimismus zu begegnen.

14

Angst

Wir müssen immerfort Deiche des Mutes bauen gegen die Flut der Furcht.

Martin Luther King

Für ein Kind kann das Leben unglaublich angsteinflößend sein. In seinem Gehirn laufen so viele Aktivitäten ab, dass es manchmal zu einem regelrechten Ratespiel ausartet, wenn wir uns fragen, warum sie so ängstlich geworden sind – zum Beispiel wenn Kleinkinder Nachtangst entwickeln. Es ist erschreckend, wenn man miterlebt, wie die Kleinen mitten in der Nacht verwirrt und unglücklich reagieren und die Kontrolle verlieren. Man fühlt sich furchtbar hilflos.

Manche Kinder sind laut Jerome Kagan, einem Pionier

Angst neigt dazu, die Vernunft außer Kraft zu setzen, weil die Amygdala die Schaltkreise unseres logischen und vernunftbegabten Denkens behindert. Das macht die Angst weit, weit stärker als die Vernunft. Sie ist ein Mechanismus, der sich entwickelt hat, um uns vor lebensbedrohlichen Situationen zu schützen, und aus Sicht der Evolution gibt es nichts Wichtigeres als das.

Michael Fanselow

der Entwicklungspsychologie an der Harvard University, auf Besorgnis »vorprogrammiert«. In einer Langzeitstudie untersuchte er das Temperament bestimmter Personen von der Geburt bis ins Erwachsenenalter. Dabei stellte er fest, dass bis zu 20 Prozent der Säuglinge von Geburt an »hochreaktiv« sind oder unter stärkerer Angst leiden. Diese Kinder wachsen zu gehemmten, angespannten und ängstlichen Erwachsenen heran.

Angst ist diejenige Emotion, die von der Amygdala besonders stark aktiviert wird. Unser »Wachhund« sucht die Umwelt ständig nach Problemen oder Bedrohungen jeglicher Art ab, immer bereit, die Stressreaktion einzuleiten.

Wenn Sie denken, Ihr Kind könnte in diese Gruppe fallen – keine Sorge, Sie können etwas daran ändern. Lernmethoden zur Beruhigung der Angst sind sehr wirksam. Und je früher man damit beginnt, desto besser. Studien zeigen, dass bei ängstlichen Kindern, die gute Bewältigungsstrategien für den Umgang mit ihrer Angst erlernen, das Risiko, als Erwachsene eine Angststörung zu entwickeln, geringer ist.

Die Ablenkungstechnik hat immer so wunderbar funktioniert, wenn meine Kinder Angst hatten oder durcheinander waren, dass ich beschlossen habe, sie selbst einmal auszuprobieren. Als mein Sohn wieder einmal mit dem Fahrrad losfuhr, habe ich im Garten einige Blumen gepflanzt, anstatt am Fenster auf seine Rückkehr zu warten. Als er zurückkam, wühlte ich wie ein Maulwurf in der Erde, und hatte fast vergessen, dass ich mir Sorgen gemacht hatte.

Eine Mutter aus dem MindUp-Programm

Es ist bekannt, dass Ärger nur getarnte Angst ist. Achten Sie beim nächsten Mal darauf, ob die Dinge, vor denen wir uns fürchten oder die wir abwehren, uns wütend machen.

Sind Sie je wütend geworden, wenn Ihr Kind blindlings auf die Straße gelaufen ist, um einen Ball zurückzuholen? Ich erinnere mich, dass meine Mutter immer total wütend wurde, wenn ich hinfiel und mich verletzte. Es verstärkte mein Geheul, weil ich nicht verstehen konnte, dass sie sich eigentlich um mein Wohl sorgte. Ich dachte, sie sei böse auf mich. Ich selbst geriet ähnlich in Rage, als meine kleine Tochter meine Hand losließ, um wieder auf die Straße zu laufen und ein Spielzeug zu holen, das heruntergefallen war. Unsere Reaktionen haben große Wirkung. Die Kontrolle darüber zu gewinnen ist eine Herausforderung und nicht einfach. Doch wenn es uns gelingt, unseren »Autopilot« auszuschalten, können wir unsere Ziele viel besser erreichen.

ACHTSAMKEITSÜBUNG
Achtsame Angstbewältigung

Achtsames Atmen und Fühlen

Setzen Sie sich mit Ihrem Kind an einen ruhigen Ort, wenn es Angst hat, um mit ihm gemeinsam eine Weile achtsam zu atmen. Fragen Sie es, wie es sich anfühlt, in seinem Körper zu stecken. Welche Empfindungen spürt es? Welche Farbe haben sie? Weiten sie sich aus oder werden sie schwächer? Entspannen Sie dann wieder einige Minuten beim gemeinsamen Atmen und achten Sie darauf, was mit diesen Empfindungen geschieht. Fragen Sie Ihr Kind, wie es sich jetzt fühlt.

Erinnern Sie es daran, dass die Arbeitsweise seines Gehirns und diese Angst einfach eine Reaktion auf das Feuern der Amygdala ist. Der Wachhund ist aus seinem Zwinger herausgelassen worden und bellt wieder! Frischen Sie das Gedächtnis Ihres Kindes auf und erinnern Sie es daran, wie es den Hund wieder einsperren kann – durch das Atmen –, so dass es ruhiger wird und wieder klar denken kann.

Sprechen Sie über eine Sache, vor der Ihr Kind einmal Angst hatte oder die ihm Sorgen bereitete: zum Beispiel Schwimmen lernen oder Fahrradfahren, das erste Spiel mit einer neuen Sportmannschaft oder der erste Schultag. Fragen Sie es, wie es mit seinen Gefühlen umgegangen ist. Helfen Sie ihm, sich daran zu erinnern, dass es diese Erfahrung durchgestanden hat und dass seine Ängste etwas Vorübergehendes waren. Stellen Sie sicher, auf die Gefühle Ihres Kindes eingestimmt zu sein und Empathie und Fürsorge zu zeigen. Sie könnten etwas sagen wie: »Du hast Angst. Das ist ganz normal. Es tut mir leid, dass du dich fürchtest. Ich weiß noch, dass es mir auch so ging, als ich klein war.«

Das Ampelspiel

Nutzen Sie das Ampelspiel, wenn Ihr Kind Angst hat. *Rot:* Stopp und bleib ruhig sitzen. *Gelb:* Denk an Sachen, die gegen die Angst helfen wie achtsame Atmung oder mit einem Erwachsenen zu reden. *Grün:* Wähle eine dieser Sachen aus und mach sie.

Einen anderen Sender einstellen

Zu den besten Methoden, die Angst zu zerstreuen, gehört, das Gehirn davon abzulenken, solche Gedanken automatisch immer wieder durchzuspielen. Sagen Sie Ihrem Kind, das sei genau so, als würde man im Fernsehen einfach das Programm wechseln, zum Beispiel von einem unheimlichen Film auf einen lustigen Cartoon umschalten. Sie könnten eine andere lustige Aktivität vorschlagen wie: »Lasst uns die Enten im Park füttern!« Es ist wichtig, dass Sie sich in Ihr Kind einfühlen *und* ihm helfen, das Thema zu wechseln – beides im richtigen Verhältnis.

Das Problem lösen

Veranstalten Sie ein Problemlösequiz. Stellen Sie Fragen wie: »Mindy hat Angst vor Hunden, aber sie möchte so gern eine Freundin besuchen, die einen großen Hund hat. Was soll sie machen?« Oder: »John fürchtet sich vor einem Buchstabiertest, den er morgen in der Schule hat. Was kann er tun?«

Geben Sie Ihrem Kind zu verstehen, dass es immer zu Ihnen kommen kann, wenn es Angst hat. Das ist eine wunderbare Methode, um Verbundenheit herzustellen. Abschließend sollten Sie Ihr Kind auffordern, mit Ihnen gemeinsam noch ein bisschen achtsam zu atmen, so dass alles mit einem ruhigen Ton endet.

Es gibt eine spezielle Art der Angst, die nur Eltern kennen – und das ist natürlich die Angst um unsere Kinder. Heutzutage geht die elterliche Sorge weit darüber hinaus, Angst zu haben, wenn die Kinder auf dem Weg zur Schule sind, Auto fahren lernen oder ihre ersten Dates haben. Unsere Welt hat sich verändert und die neuen Herausforderungen machen unseren Kindern zu schaffen. Ihre Zukunft sieht in vielerlei Hinsicht ungewiss aus – zum Beispiel wenn wir bedenken, wie tief sie bereits in Schulden stecken können, bevor sie überhaupt das College verlassen. Angesichts solcher grundlegenden Belastungen scheinen sie mitunter in einem Gefühl der Hoffnungslosigkeit und Apathie zu versinken. Wir würden gern sagen, dass alles in Ordnung kommt, aber auch wir tappen mitunter im Dunkeln, wenn es um mögliche Lösungen geht.

Deshalb glaube ich, dass die Achtsamkeitspraktiken, die ich beschreibe, so ungeheuer wichtig sind. Diese Praktiken fördern die innere Resilienz und das Selbstbewusstsein und damit wesentliche Eigenschaften für das Überleben und den Erfolg des Einzelnen. Zuhause in der Familie mit der Förderung dieser Fähigkeiten zu beginnen, ist Teil der Lösung.

Reflexionen

Als unsere Kinder klein waren, haben Kurt und ich darauf geachtet, dass wir nie gleichzeitig verreisten, damit immer einer von uns da war, um den Kindern ein Gefühl der Sicherheit und Geborgenheit zu geben. Doch als sie ein bisschen älter waren, beschlossen wir, zu zweit in die Türkei zu fahren. Wir beide hatten eine wunderbare Zeit in Istanbul, als wir einen Anruf erhielten und erfuhren, dass es in Los Angeles ein Erdbeben gegeben hatte. Wir riefen sofort zuhause an und sagten unseren Kindern, dass wir zurückkämen. Als wir am nächsten Tag eintrafen, hatten sie immer noch große Angst. Sie hatten Angst, zur Schule zu gehen, und sie hatten Angst vorm Einschlafen. Kurt und ich beschlossen, uns ein paar Tage mit den Kindern einzukuscheln. Wir gingen nicht aus. Wir aßen zusammen. Wir nahmen uns viel Zeit, um jedes Kind abends ins Bett zu bringen. Die Mischung aus Erdbeben und der Tatsache, dass wir nicht da waren, hatte sich tief in ihr Gehirn gegraben. Wir mussten mehr familiäre, positive Erlebnisse schaffen, um die negativen auszugleichen, damit sich die Kinder beim Gedanken an das Ereignis an eine Situation familiärer Verbundenheit erinnern konnten und es nicht immer wieder als Trauma zurückkehrte. Es dauerte einige Tage, aber die Situation hatte sich bald wieder normalisiert.

Von Furcht und Angst zu Ruhe und Gelassenheit

Furcht und Angst können durch alles ausgelöst werden – von einem Test in der Schule bis hin zu einem neuen Arbeitsplatz, von einem militärischen Einsatz bis hin zu einer sportlichen Herausforderung. Was immer die Ursache ist, Achtsamkeitstechniken sind ein unschätzbares Werkzeug für Personen, die im Begriff stehen, extremen Stress zu erleben.

Achtsamkeitstraining hilft Menschen nachweislich in allen erdenklichen Hinsichten, und eine Studie kam sogar zu dem Ergebnis, dass es dazu beitrug, US-Marines, die zu einem Einsatz in den Irak geschickt werden sollten, vor Funktionsausfällen bei großer Stressbelastung zu schützen.

Eine Studie von Amishi Jha, damals an der University of Pennsylvania, und Elizabeth A. Stanley von der Georgetown University warf ein Schlaglicht auf Methoden, mit denen man solche emotionale Reaktivität in Angriff nehmen kann. »Unsere Ergebnisse deuten darauf hin, dass regelmäßige Achtsamkeitsübungen unsere geistige Fitness genauso verbessern wie tägliche körperliche Betätigung zu physischer Fitness führt«, erklärt Professor Jha. »Das Arbeitsgedächtnis ist ein wichtiges Merkmal der geistigen Fitness. Es schützt nicht nur vor Ablenkung und emotionaler Impulsivität, sondern bietet auch einen mentalen Arbeitsraum, um schnelle und wohlüberlegte Entscheidungen zu treffen und Handlungspläne aufzustellen. Der Aufbau geistiger Fitness mittels Achtsamkeitstraining könnte jedem helfen, der unter extremen Stressbedingungen Spitzenleistungen erbringen muss.«

Angst ist … eine Art Amok laufende Furcht, ein allgemeines Gefühl des Entsetzens über irgendetwas da draußen, das bedrohlich erscheint – aber das in Wahrheit gar nicht bedrohlich ist und möglicherweise nicht einmal existiert. Wenn man Angst hat, findet man es schwierig, sich die dunklen Vorahnungen auszureden: Man verfängt sich in einer endlosen Schleife von »Was- wäre-wenn«-Fragen.

Robin Marantz Henig

Angesichts der wachsenden Zahl von posttraumatischen Belastungsstörungen und anderen psychischen Gesundheitsproblemen, unter denen Kriegsheimkehrer leiden, könnte das Angebot eines Achtsamkeitstrainings im Vorfeld von militärischen Einsätzen möglicherweise einen Puffer gegen die Gefahr lebenslanger psychischer Leiden schaffen. Wenn es erwachsenen Männern hilft, mit dem Stress in diesen Extremsituationen umzugehen, ist unschwer vorstellbar, wie segensreich es auch bei Kindern wirken würde, die Probleme in der Familie oder in der Schule haben, die ihnen genauso große Angst machen.

Angst ist ein großes Thema für Kinder, und sie entsteht häufig durch unterdrückte Furcht oder Wut. Wenn wir unsere Gefühle für längere Zeit nicht herauslassen, können wir Angstsymptome entwickeln, ohne zu wissen, warum wir uns fürchten.

Als ich jünger war, hatte ich meine eigene private Angstbeziehung, und kann ehrlich sagen, dass es das Unheimlichste war, was ich je erlebt habe. Ich hatte voll ausgewachsene Panikattacken, bei denen mich das Gefühl überkam, es gebe nirgendwo mehr festen Halt für mich. Ich war allein. Mein Herz raste unkontrollierbar. Mir wurde schwindelig an öffentlichen Plätzen. Mir war hundeelend und übel. Ich funktionierte, aber nur mit unglaublicher Furcht im Innern. Ich ging dann immer nach Hause, setzte mich in meinen Sessel und strickte – das war der einzige Platz, an dem ich mich sicher fühlte.

Ich begann, den Ursachen meiner Angst nachzuforschen und stellte fest, dass sie ein Ausdruck meines Selbsterhaltungstriebs war. Ich hatte die aggressiven Gefühle, die ich gegenüber meinem Partner hegte, unterdrückt. Weil ich Angst hatte, er würde mich nicht mehr lieben, wenn ich sie zum Ausdruck brachte, gärten sie in meinem Innern weiter. Außerdem fürchtete ich mich vor der Zukunft. Ich hatte die Sicherheit meiner Tanzgruppe verloren und war allein ins Rampenlicht gerückt, was nie zu meinem Lebensplan gehört hatte. Wenn man aus seiner Wohlfühlzone herausgerissen wird und alle persönlichen Erwartungen sich verändern, kann das zu einem ganz schrecklichen und destabilisierenden Ereignis werden.

Als Eltern müssen wir uns bewusst machen, dass ein Umzug, eine Veränderung unserer Beziehungen oder ein Schulwechsel für ein Kind extrem verunsichernd sein kann. Wie bei einem Erdbeben kann es das Gefühl haben, keinen festen Boden mehr unter den Füßen zu haben. Es fühlt sich verletzlich, verängstigt und verwirrt. Es braucht die Gewissheit, sich immer an seinen Eltern festhalten zu können, ganz gleich, wie groß die Erschütterung oder Veränderung sein mag. Deshalb ist es so ungeheuer wichtig, eine sichere Bindung aufzubauen, solange das Kind noch ganz klein ist.

15

Empathie

Der Mensch … erfährt sich selbst, seine Gedanken und Gefühle als abgetrennt von allem anderen – eine Art optische Täuschung des Bewusstseins. Diese Täuschung ist für uns eine Art Gefängnis … Unser Ziel muss es sein, uns aus diesem Gefängnis zu befreien, indem wir den Horizont unseres Mitgefühls erweitern, bis er alle lebenden Wesen und die gesamte Natur in all ihrer Schönheit erfasst.

Albert Einstein

Wie heißt es so schön – und treffend – in einem großartigen Song von Elvis? »Before you abuse, criticize, and accuse, then walk a mile in my shoes«. Das Leben präsentiert uns jeden Tag zahlreiche Gelegenheiten, unser Mitgefühl zu zeigen, uns in die Traurigkeit oder den Schmerz eines anderen Menschen einzufühlen und die Dinge aus seiner Perspektive zu sehen. Manchmal denken wir nur daran, diese Dinge zu tun, setzen die Absicht dann aber doch nicht in die Tat um. Doch jedes Mal, wenn wir jemandem die Hand reichen, kann sich das unglaublich gut anfühlen. Es ist schön zu wissen, dass wir in gewisser Weise darauf programmiert sind, Empathie zu empfinden, auch wenn manche Menschen weniger empfänglich dafür sind, den Schmerz anderer nachzuempfinden. Die gute Nachricht ist, dass sie mehr Mitgefühl entwickeln können, wenn sie es wollen. Jeder kann Empathie entwickeln, wenn er Folgendes beachtet:

- Hören Sie aufmerksam zu.
- Versetzen Sie sich in die Lage des Anderen.
- Versuchen Sie, auch den schlimmsten Feinden zu verzeihen.
- Praktizieren Sie Dankbarkeit und schätzen Sie auch die kleinen Geschenke Ihrer Mitmenschen.

Unsere Kinder sind besonders offen dafür, sich diese Eigenschaften und Fähigkeiten anzueignen. Das gilt insbesondere ab dem Alter von vier Jahren. Ab diesem Alter können sie erkennen, dass andere Menschen möglicherweise andere Überzeugungen hegen als sie selbst. Wir können ihnen aktiv dabei helfen, diese Fähigkeit zu entwickeln, indem wir uns selbst auf andere einstimmen, unsere Verbundenheit stärken und sensibler für die Bedürfnisse unserer Mitmenschen werden.

Ich meine damit nicht, dass wir alle ums Feuer herumsitzen und »Kumbaya« singen sollen. Doch die Vorteile und Kräfte, die wir gewinnen, wenn wir Empathie zeigen, sind einfach zu gut, um sie uns entgehen zu lassen. Empathie hilft uns, im Einklang mit unserem Leben zu sein. Sie kann uns auch auf den Akt der Vergebung vorbereiten, der einer der wichtigsten überhaupt ist. Zu verzeihen ist schwer, aber sobald wir es tun, verändert sich unsere gesamte Einstellung. Wenn wir vergeben, geschieht etwas Tiefgreifendes in unserem Gehirn. Die positive Wirkung ist wissenschaftlich nachgewiesen. Und wenn unsere Kinder uns bei einem Akt der Vergebung beobachten, werden sie diese Fähigkeit ebenfalls entwickeln.

Fürsorge und Empathie sind notwendig, um eine gesunde Gesellschaft aufzubauen. Heutzutage werden unsere Kinder zunehmend desensibilisiert und die Empathie geht verloren. Die ständige Konfrontation mit Gewalt im Strom der Medien und der Videospiele führt dazu, dass Teile des Gehirns neu strukturiert werden.

Das junge Gehirn hat die Fähigkeiten zu allen empathischen Aktivitäten, aber das Kind muss diese Verhaltensweisen zunächst an uns als Vorbild beobachten. Dann muss es sie selbst üben, damit diese speziellen Elemente der emotionalen Intelligenz in seinem Gehirn fest »verdrahtet« werden.

Zu wissen, wie man mit anderen Menschen auskommt, gibt Kindern ein Gefühl von Erfolg und Kontrolle. Es bereitet sie auch auf die Zukunft vor. So vieles hängt davon ab, gut mit anderen Menschen umgehen zu können (beim Spielen wie beim Arbeiten) und eine Situation aus unterschiedlichsten Blickwinkeln zu betrachten.

Wie intelligent wir sind oder wie hoch unser IQ ist, hat nichts mit unserer Fähigkeit zu Mitgefühl und Empathie zu tun und umgekehrt. Hier sind zwei verschiedene Hirnregionen am Werk. Doch um unseren EQ zu stärken, ist Balance erforderlich. Wenn wir unseren Kindern einen direkten emotionalen Link zur Empathie vermitteln, greifen sie darauf zurück und speichern ihn im Gedächtnis.

Sie können Ihrem Kind helfen, direkte Erfahrungen mit der Empathie zu sammeln, indem Sie es mitnehmen, wenn Sie irgendetwas tun, das mit karitativen Aktivitäten zu tun hat – zum Beispiel wenn Sie Spielsachen für sozial benachteiligte Kinder spenden, ältere Menschen in einem Seniorenheim oder kranke Kinder im Hospital besuchen. Auf diese Weise Mitgefühl zu erzeugen, fördert die Fähigkeit des Kindes, eine gesunde Verbundenheit mit seinen Mitmenschen aufzubauen. Es hilft Kindern auch, Dinge aus der Perspektive anderer zu sehen. Nur wenn sie es schaffen, sich emotional von einem Problem, das sie möglicherweise mit einer anderen Person haben, wegzubewegen und es aus einer gewissen Distanz zu betrachten, können sie anfangen, es ohne die Last von starken Emotionen wie Zorn oder Groll zu lösen.

William Ury vom Program on Negotiation der Harvard University nennt diese Distanzierung »auf den Balkon gehen«. Diese Metapher beschreibt die emotionale Loslösung, die wir anstelle der impulsiven Reaktion auf Konflikte fördern müssen. Anstatt in der Dramatik einer Situation gefangen zu bleiben, stellt man sich vor, auf dem Balkon in einem Kino zu sitzen und das Geschehen wie einen Film zu sehen. Aus dieser Distanz können wir das ganze Bild erkennen und dann bessere Lösungen finden. Der Psychologe Martin Seligman bezeichnet die Einnahme anderer Blickwinkel als »in die Seele schauen«.

Für uns Eltern ist diese Fähigkeit entscheidend, weil sie uns erlaubt, unsere Kinder besser zu verstehen. Wenn wir uns von den Problemen lösen, die uns quälen, können wir die Situation nüchtern und mit kühlerem Blick betrachten, um dann mit mehr Mitgefühl und Empathie zu reagieren. Diese Reaktionen werden stimuliert, weil wir nicht mehr an unsere eigenen negativen Gefühle gebunden sind.

Es ist entscheidend für das Wohl unserer Kinder, ihnen zu helfen, ihr eigenes Denken und Fühlen zu verstehen. Diese Fähigkeit fördert nicht nur ihre soziale Entwicklung, sondern auch ihr Selbstgewahrsein. Mit größerer Objektivität wird es leichter, Probleme zu lösen und die Kraft des kritischen Denkvermögens zu nutzen. Wenn Ihr Sohn also beispielsweise aufgebracht ist, weil ein Freund etwas genommen hat, das ihm gehört, könnten Sie etwas sagen wie: »Okay, lass uns das Balkon-Spiel spielen. Warum gehen wir nicht auf den Balkon und schauen auf die Situation, als ob sie eine Geschichte wäre? Wir könnten uns zwei andere Namen ausdenken. Wie wär's mit Johnny und Greg? Johnny hat ein Auto aus Gregs Spielzeugkiste genommen und Greg ist sehr aufgebracht. Es ist sein Auto und er will es zurückhaben. Was glaubst du – warum will er sein Auto unbedingt zurück? Hat er nicht noch andere Spielsachen, mit denen er spielen könnte? Wie wäre es, wenn Greg Johnny mit seinem Auto spielen lässt, bis es ihm langweilig wird? Womit könnte Greg stattdessen spielen? Vielleicht mit seinem Flugzeug?«

Diese Art Spiel lässt sich auf viele verschiedene Situationen übertragen. Es hilft den Kindern, ihren Weg durch eine Erfahrung zu machen, ohne die Dinge zu persönlich zu nehmen, und dann fundierte Entscheidungen zu treffen. Das liegt daran, dass sie, um sich in die Gedanken- und Gefühlswelt einer anderen Person zu versetzen, zunächst einmal die eigenen Gedanken und Gefühle verstehen müssen. Das wird zu einem sich selbst verstärkenden Kreislauf: Das eigene Fühlen und Denken zu verstehen und Geduld damit zu haben, erleichtert es uns, das Fühlen und Denken anderer zu verstehen und Geduld mit ihnen zu haben. Andere zu verstehen hilft uns, uns selbst zu verstehen.

Wenn wir diese Fähigkeit in uns selbst entwickeln und sie unseren Kindern beibringen, bauen wir eine stärkere Familie auf, die die Unterschiede im Denken, Fühlen und in der Motivation aller Familienmitglieder versteht und respektiert. Wenn unsere Kinder sehen, dass wir Eltern positiv mit unseren negativen Gefühlen umgehen, dann erkennen sie, dass auch sie das können.

Anderer Perspektiven einnehmen zu können, ist auch gut für das Gehirn unserer Kinder, weil es zum Aufbau der Schaltkreise beiträgt, die wir brauchen, um Ängste zu beschwichtigen, Impulse zu kontrollieren und mögliche Konsequenzen von Handlungen vorherzusehen. In gewisser Weise gibt es Kindern den Schlüssel zu ihrem eigenen Fühlen und Denken an die Hand. Nur dann sind sie in der Lage, bessere Entscheidungen zu treffen, anstatt einfach Impulse auszuagieren – wie zum Beispiel auf einen Freund loszugehen.

Empathie hilft ihnen auch in der Schule, weil sie die Fähigkeit des Gehirns fördert, neue Informationen zu deuten, gespeichertes Wissen zu nutzen und die richtige Antwort vorherzusehen. Mit anderen Worten: Wenn Kinder lernen, verschiedene Perspektiven einzunehmen, baut dies tatsächlich jene Hirnregion auf, die dafür zuständig ist, alle verfügbaren Optionen zu überprüfen. So können die Kinder zum Beispiel bei Tests die beste Antwort auswählen. Diese Fähigkeit schützt sie auch davor, gefährliche Entscheidungen zu treffen.

Es gibt verschiedene komplexe Hirnregionen, die gut zusammenarbeiten müssen, um Empathie zu erzeugen. Als Eltern können wir zu dieser Integration im Gehirn beitragen, indem wir mit unseren Kindern auf eine Weise reden, die ihr Verständnis für sich selbst und andere fördert. Ohne diese entscheidenden Gespräche wird der Schaltkreis möglicherweise nicht gut genug verdrahtet.

Beim Lehren von Empathie ist es auch wichtig, Respekt für die Gedanken und Gefühle unserer Kinder zu zeigen, ganz gleich, wie schwierig das sein mag. Jon Kabat-Zinn nennt das »Seelen-Erkennung«. Er fügt hinzu: »Wir müssen der Souveränität und inneren Schönheit und Güte vertrauen, mit der wir geboren werden und unsere Kinder ermutigen, so zu sein, wie sie sind.« Respekt vor den Gefühlen unserer Kinder bedeutet nicht, ihnen ständig ihren Willen zu lassen, und zweifellos auch nicht, immer mit ihren Gedanken und Gefühlen übereinstimmen zu müssen.

Reflexionen

Vor vielen Jahren nahm ich an einer wissenschaftlichen Tagung teil, die von dem Mind & Life Institute im indischen Dharamsala veranstaltet wurde. Meine Söhne Boston und Oliver begleiteten mich. Wir besuchten das Tibetan Children's Village, eine Montessori-Schule für Kinder, von denen einige Waisen waren und andere noch Eltern hatten. Ich war schon häufig in Dharamsala gewesen und hatte mir seit Langem gewünscht, diese Schule zu besuchen. Es war ein großes Glück, meine beiden Söhne dabei zu haben. Wir stiegen die Stufen zum Kleinkindbereich hoch, wo mir die Hausmutter einen vierzehn Monate alten Jungen, der eine flauschige rosa Strampelhose trug, in meine Arme legte. Was für ein wunderschöner Junge. Er strahlte eine große Ruhe aus. Die Hausmutter sagte, er sei gerade aus dem Krankenhaus gekommen. Sein Name sei Tensin. Er war auf der Türschwelle abgelegt worden, mit einem Zettel, auf dem stand, seine Mutter sei bei seiner Geburt gestorben und der Vater könne sich nicht um ihn kümmern. Ich wollte ihn gar nicht wieder loslassen. Wir fühlten uns alle von seiner Energie und Freundlichkeit angezogen, und auch meine Söhne spielten mit ihm. Dann setzte ich Tensin für seine Teepause zu den anderen Kindern. Wir mussten wieder gehen und ich wollte mich wegschleichen, während er von seinen Keksen und seinem warmen Tee abgelenkt war. Ich linste noch einmal durch die Büsche, um einen letzten Blick auf ihn zu werfen. Er stand ganz von allein auf, wandte sich in unsere Richtung und ging direkt auf uns zu. Wir waren verliebt. Am folgenden Tag ging ich noch einmal mit meinen Söhnen hin und am Tag danach noch einmal.

Tensin ist heute zwölf Jahre alt. Ich bin über die Jahre in engem Kontakt mit ihm geblieben und habe ihn auch mehrmals besucht. Nachdem ich einige Jahre nicht da gewesen war, klopfte mir das Herz bis zum Hals, als ich die Stufen zu seinem Zuhause hochlief, um ihn wiederzusehen. Dort saß er mit demselben wissbegierigen Lächeln und den tanzenden Augen und trug die Kleidung, die ich ihm geschickt hatte. Ich lief zu ihm und drückte ihn fest an mich. Er legte seine Arme um mich und kicherte scheu in meine Brust. Unsere liebevolle Verbindung war immer noch sehr stark. Wir verbrachten den Tag zusammen und es spielte keine Rolle, dass sein Englisch nicht besonders gut ist und mein Tibetisch sich in Grenzen hält. Dieser wunderbare Teil von uns, der nonverbal kommuniziert, war am Werk. Unser gemeinsamer Tag war einfach perfekt. Meine liebevolle, mitfühlende Hoffnung für Tensin ist, dass er zu einem glücklichen und gesunden jungen Mann heranwächst, der sich als wertvolles Mitglied seiner Gesellschaft fühlt. Und ich hoffe, wir bleiben für immer Freunde.

ACHTSAMKEITSÜBUNG
Achtsame Empathie

Was fühlt diese Person?

Immer wenn Sie auf der Straße oder mit dem Auto an jemandem vorbeikommen, spielen Sie ein Spiel mit Ihren Kindern, das mit folgendem Satz beginnt: »Ich frage mich, was diese Person fühlt.« Seien Sie so kreativ und erfindungsreich, wie es Ihnen gefällt. Sieht die Person glücklich oder traurig aus? Runzelt sie die Stirn oder lächelt sie? Benennen Sie die Gefühle: Ärger, Freude, Traurigkeit … Sprechen Sie darüber, woran wir erkennen können, wie jemandem zumute ist, indem wir ihn einfach nur ansehen. Erklären Sie, dass die Fähigkeit zu spüren, was ein anderer Mensch fühlt, *Empathie* genannt wird. Ermutigen Sie Ihre Kinder, ebenfalls über ihre Gefühle zu sprechen.

> *Die Macht der Empathie und Akzeptanz ist immens und zutiefst transformativ für beide Seiten.*
> *Jon Kabat-Zinn*

Aus einem neuen Blickwinkel zeichnen

Dies ist eine gute Übung, wenn Sie entspannt mit Ihren Kindern zusammensitzen: Holen Sie Papier und Stifte heraus und wählen Sie ein Stück Obst oder irgendein anderes griffbereites Objekt aus. Legen Sie es auf den Tisch und sagen Sie, dass alle es zeichnen sollen. Tauschen Sie anschließend die Plätze, so dass alle auf der anderen Seite des Tisches sitzen, und zeichnen Sie den Gegenstand erneut. Wie unterscheiden sich die beiden Bilder? Was ist gleich geblieben? Die Form und die Farbe? Verändert sich der Gegenstand, wenn man ihn von der anderen Seite zeichnet?

Ein Nest bauen

Suchen Sie ein Spielzeug oder einen Lieblingsgegenstand und bringen Sie ihn Ihrem Kind, oder kaufen Sie ihm etwas Besonderes. Sagen Sie Ihrem Kind, dass sie sich zusammensetzen und ein Nest für das Spielzeug bauen wollen. Nutzen Sie alles Mögliche dafür: von

Geschenkpapier oder Stoffresten bis hin zu zerrissenen Zeitungsstreifen oder Pappkarton. Helfen Sie Ihrem Kind beim Aufbau des Nestes, dem Ort, an dem das Spielzeug vor allen Gefahren geschützt ist. Ermuntern Sie es, das Nest gemütlich zu machen und es an einen trockenen und warmen Ort zu stellen. Bringen Sie ihm bei, fürsorglich mit seinem Spielzeug umzugehen und regelmäßig nach ihm zu sehen. Diese Fürsorgefähigkeit wird ihm helfen, andere Bedürfnisse als seine eigenen mit Liebe und Respekt wahrzunehmen.

Klein und groß

Dieses Spiel können Sie immer spielen, wenn Sie gerade mit Ihrem Kind herumalbern. Sagen Sie ihm, das Spiel heißt »Klein und Groß«. Krabbeln Sie zunächst gemeinsam auf allen Vieren auf dem Boden herum und tun Sie so, als ob Sie Hunde und Katzen wären. Albern Sie herum und machen Sie Geräusche. Stellen Sie sich dann auf Stühle und schauen Sie alles mit langem Hals an, als ob Sie Giraffen wären. Fragen Sie anschließend, inwiefern sich die beiden Standpunkte unterschieden haben. Was konnte Ihr Kind aus der einen Position sehen und aus der anderen nicht? Erklären Sie, dass nichts richtig oder falsch an den beiden Perspektiven ist, sondern sie nur unterschiedlich sind.

Lassen Sie Ihr Kind eine seiner Lieblingsgeschichten auswählen. Vergleichen Sie die verschiedenen Personen. Sprechen Sie darüber, was jede einzelne denkt und fühlt. Haben sie unterschiedliche Sichtweisen? Fragen Sie Ihr Kind, mit welcher Perspektive es übereinstimmt und ob es verstehen kann, wie sich die andere Seite fühlt.

Empathisch sein

Praktische Empathie bedeutet, dass man auf die inneren Welten anderer Menschen eingestimmt und im Einklang damit ist, und man eine emotionale Verbindung herstellt. Sie schafft eine größere Toleranzfähigkeit, die die Differenzen zwischen uns verringert. Wir denken über unsere eigenen Wünsche und

Bedürfnisse hinaus und werden neugierig auf diejenigen anderer Menschen. Empathie verhindert, dass wir egoistisch sind.

Laut neuerer Empathieforschung ist diese Eigenschaft ein Schlüssel (wenn nicht gar *der* Schlüssel) für die gesamte menschliche Interaktion und Moral. Ohne Empathie hätten wir kein Gewissen. Empathie erzeugt Vertrauen, sozialen Zusammenhalt und Ehrlichkeit.

Ein Schüler namens Andrew weinte. Einer seiner Freunde führte ihn in die Mitte des Klassenraums und die anderen Kinder hörten zu, als Andrew erklärte, er sehe seinen Vater nun drei Monate lang nicht. Ein Mitschüler sagte, er solle nicht traurig sein, sie würden ihm alle beistehen. Ein weiterer meinte, er solle ruhig traurig sein, aber sich keine Sorgen machen – mit der Zeit würde es leichter werden. Dann sprach er davon, was geschehen war, als sein Vater Krebs hatte und drei Monate im Krankenhaus bleiben musste. Ein weiteres Kind erzählte, wie sehr es seinen Vater nach der Scheidung der Eltern vermisst hatte. Schließlich sagte ein weiterer Junge ganz ruhig, er habe seinen Vater zuletzt mit vier Jahren gesehen und werde ihn lange Zeit nicht wiedersehen, weil er im Gefängnis sitze. All das fand innerhalb von fünf Minuten statt – den bedeutungsvollsten Minuten meiner Lehrerlaufbahn.

Carolyn J., MindUP-Lehrerin

Im antiken Griechenland zogen die Spartaner und die Athener ihre Kinder sehr unterschiedlich auf. Die Bewohner Spartas waren ein Kriegervolk, das seine Knaben in einem brutalen Umfeld erzog. Um die Jungen gegen Mitgefühl abzustumpfen, ließ man sie hungern. So lernten sie, den anderen Jungen das Essen zu stehlen und unaufrichtig zu sein. Sie wurden im Grunde zu Mördern ausgebildet. In Athen dagegen wuchsen die Kinder in der Familie auf. Man führte sie früh an Musik,

Dichtung und Kunst heran. Als Erwachsene wurden sie Wegbereiter der Kultur, Demokratie und Kunst.

Psychologen sagen, dass wir unseren Kindern beibringen können, Spartaner oder Athener zu sein. Wir bilden sie in der heutigen Gesellschaft vielleicht nicht auf so brutale Weise zu Attentätern aus, aber wenn wir ihnen nicht vermitteln, wie wichtig Empathie für andere ist, sind sie zum Beispiel für Konflikte auf dem Spielplatz oder für unerwartete familiäre Veränderungen schlecht gerüstet.

Wenn wir das Gute in uns kennen und darauf vertrauen, können wir dieses Gute mit anderen teilen. Dadurch lösen wir einen Welleneffekt aus, der von unseren guten Taten ausgeht und noch mehr Empathie und Freude verbreitet. Dieser ungeschriebene Verhaltenskodex spiegelt unser wahres Selbst wider und nährt unsere Seele. Es ist unsere Art, unser Herz für andere zu öffnen und deren Herz zu berühren.

Mobbing und Schikanen verhindern

Die Vorschuljahre sind eine wichtige Zeit, um das Fundament für den Aufbau der Empathie zu legen. Ein Kind, das ein empathisches Verhalten gelernt hat, verfügt in der Schulzeit über eine wesentlich bessere emotionale Regulation. Es ist großartig, wie die verschiedenen Aspekte der Achtsamkeit ineinandergreifen, um unseren Kindern eine gesündere und glücklichere Zukunft zu geben.

Empathie spielt auch eine entscheidende Rolle für die Verhinderung von Mobbing, das in unseren Schulen so epidemieartig verbreitet ist. Laut dem Bildungsministerium werden mindestens 25 Prozent der Schüler täglich schikaniert. Die tatsächliche Zahl könnte noch viel höher liegen. Was Wissenschaftler an der Yale University als »Bullycide« (von Bullying/Schikanieren und Suicide/Suizid) bezeichnen, nimmt zu:

Immer mehr verzweifelter Kinder begehen Selbstmord, weil sie von ihren Mitschülern schikaniert werden.

Anti-Mobbing-Initiativen wie Telefon-Hotlines und Therapien für Schulklassen sind hilfreich, aber die Förderung der Empathie ist der Schwerpunkt, auf den sich Pädagogen derzeit konzentrieren. Das hängt damit zusammen, dass Empathie den Kindern hilft, das größere Bild zu erkennen. Wenn man ihnen beibringen kann, verschiedene Perspektiven einzunehmen, lernen sie mit der Zeit – so unsere Hoffnung –, nicht ausschließlich aus Eigeninteresse zu handeln. Grausamkeit hinterlässt tiefe Verletzungen bei Kindern und wird von ihnen extrem persönlich genommen. Einige Geschichten, von denen mir Eltern erzählt haben, waren so schrecklich, dass ich weinen musste. Von einigen Eltern habe ich allerdings auch erstaunliche Erfolgsgeschichten darüber gehört, wie das MindUP-Programm die Welt ihres gemobbten Kindes verändert hat und wie es sich jetzt darauf freut, zur Schule zu gehen. Empathie-Praxis kann Kindern mehr Widerstandskraft gegen Anfeindungen und Schikanen verleihen.

Wenn wir unseren Kindern helfen, früh empathische Fähigkeiten zu entwickeln, bestehen gute Aussichten, dass sie in der Adoleszenz nicht zu mobbenden Jugendlichen werden, sondern stattdessen die Schwächeren verteidigen. Zahlen zeigen, dass das Mobbing in Middle und High Schools am stärksten verbreitet ist. Wie Studien belegen, besteht bei empathischen Kindern eine um 64 Prozent höhere Wahrscheinlichkeit einzuschreiten und schwächere Kinder zu beschützen, wenn sie Schikanen miterleben. Ein derartiges Gemeinschaftsgefühl kann tatsächlich lebensverändernd wirken.

In einem Programm namens *Roots of Empathy*, das in Kanada initiiert wurde, kommen regelmäßig junge Mütter mit ihren Babys in die Schulen. Die Kinder diskutieren dann über die Emotionen des Säuglings und wie man darauf reagieren kann. Wenn das Baby lächelt, reden sie über das Lächeln. Wenn es schreit, überlegen sie, was das Baby stört und was man tun könnte, damit es ihm besser geht. Die Schüler lernen, dass ein schreiendes Baby nicht böse ist sondern einfach ein Problem hat. Sie lernen, sich in die Lage des Säuglings zu versetzen und seine Enttäuschungen nachzuempfinden. Wenn wir dieses Fundament der Fürsorge bei Schülern aufbauen, können sie als empathische Erwachsene einen Kulturwandel bewirken.

Patchwork-Familien: Besondere Möglichkeiten für empathisches Verhalten

Es gibt wohl kaum eine Situation, die das Familienleben vor größere Herausforderungen stellt, als die Patchworkfamilie. Wenn man sich gerade von einer niederschmetternden Scheidung erholt hat, kommt etwas anderes des Weges, das unsere gesamte Kraft, Geduld und Klugheit erfordert.

Vielleicht müssen Sie sich an ein neues Stiefkind anpassen, wie auch das Kind sich erst an den »neuen« Erwachsenen gewöhnen muss. Die Nerven liegen immer noch blank. Möglicherweise werden Schuldzuweisungen verteilt. Kinder, die zornig über die Veränderung sind, agieren ihre Wut möglicherweise aus – und Sie sind vielleicht das Ziel dieser Ausbrüche. Alle Kinder hoffen, dass ihre Eltern wieder zusammenkommen. Die neue Familie, die sie akzeptieren sollen, steht für das Ende dieses Traums. Es gibt viele verborgene Verletzungen.

Zu der ganzen Traurigkeit in Folge einer Scheidung kommt dann noch hinzu, dass die Kinder sich plötzlich mit neuen Geschwistern wiederfinden oder einer neuen Stiefmutter oder einem neuen Stiefvater. Auf allen Seiten sind ungeheuer viele Anpassungen physischer und psychischer Art erforderlich. Kinderzimmer müssen geteilt werden. Vielleicht wird ein Umzug oder Schulwechsel notwendig. Frühere Familienrituale und Traditionen werden durchbrochen. Überall lauern Ressentiments und Frustrationen. Die Kinder haben das Gefühl, nichts mehr unter Kontrolle zu haben.

In dieser Situation braucht man eine große Dosis Empathie. Sie ist Balsam für die Wunden in einer Patchworkfamilie. Sorgen Sie dafür, dass die Kommunikationswege offen bleiben. Alle Beteiligten sollten gehört und verstanden werden, auch wenn Sie selbst anderer Meinung sind. Versuchen Sie, die Situation mit etwas Humor aufzulockern. Suchen Sie nach Positivem. Versuchen Sie, die Kinder abzulenken, so dass sie nicht in einen Kreislauf des Grübelns verfallen. Wenn ein Problem auftaucht, sagen Sie etwas wie: »Wir wissen, wie schwer das ist, und wir respektieren eure Gefühle. Die Situation ist für uns alle neu und schwierig. Doch es ist jetzt wie es ist, also lasst uns überlegen, wie wir am besten damit umgehen und das Gute daran genießen können.«

Das Wichtigste ist, dass Sie Ihrem Kind zuhören und mit Empathie reagieren, wenn Sie über diese schwierigen Übergangszeiten diskutieren. Ihr Kind fühlt sich entwurzelt und verunsichert. Es wird Angst haben, Sie an die anderen Kinder oder den neuen Partner zu verlieren. Seine Loyalität wechselt hin und her, und manchmal wird es versuchen, die Situation zu manipulieren. Seien Sie sich dessen bewusst. Seien Sie achtsam und nutzen Sie Ihre Fähigkeiten, um sich auf Ihr Kind einzustimmen und einfühlsam zu reagieren. Bewahren Sie die Ruhe. Lassen Sie Ihr Kind vorangehen und die Führung übernehmen. Versuchen Sie nicht, ihm Themen aufzudrängen. Stellen Sie sich vor, wie Sie sich an seiner Stelle in dieser Situation fühlen würden und zeigen Sie Mitgefühl. Geben Sie ihm Ihre ganze Liebe und volle Unterstützung.

Nutzen Sie Ihre achtsamen Atempraktiken, um Wut und Angst besser aufzulösen. Es gibt keine bessere Gelegenheit als diese Art von Drama, um die Kinder dazu aufzufordern, innezuhalten, zur Ruhe zu kommen und tief zu atmen. Bauen Sie ein festes Fundament des Vertrauens, der Ehrlichkeit und der

Fürsorge auf. Ihre Kinder haben sich zwischen den Stühlen wiedergefunden, mit Pflichten, um die sie nicht gebeten haben. Es ist wichtig, ihnen die Last von den Schultern zu nehmen und die Verantwortung für eine erfolgreiche Beziehungsgestaltung zu übernehmen. Manchmal kann es sehr schwierig sein, mit Ex-Partnern und deren neuen Lebensgefährten zu kooperieren. Doch das ist der Vorteil, wenn man sich selbst in die Lage des anderen versetzt. Wem es gelingt, Empathie anzuwenden, um die Meinungsverschiedenheiten beiseite zu schieben, beschreitet den richtigen Weg, der die Mühe lohnt.

Nach den Worten von John Kehoe, Vortragsredner und Lehrer, ist Empathie alles. Er schreibt: »Sie können dazu beitragen, die Schwingung der gesamten Menschheit zu verändern. Die Welt verändert sich nicht nur durch unsere Taten … Die Veränderung *in* uns verändert die Welt. Jeder Mensch, der ein authentisches Leben führt, wie immer dies im Einzelnen aussieht, beeinflusst Tausende, wenn nicht Millionen andere, auch wenn sie diese Menschen nie persönlich treffen oder kennenlernen. Was für erstaunliche Möglichkeiten eröffnet das für jeden von uns. Das Leben fordert uns unablässig auf, authentisch zu sein und unsere Erfahrungen zu nutzen, um ein authentisches Leben durch unsere Taten zu führen.«

16

Freundlichkeit

Sei gütig, denn alle Menschen,
denen du begegnest,
kämpfen einen schweren Kampf.
Platon

Freundlichkeit beruht auf Aufmerksamkeit und Rücksichtnahme. Nachdem man sich in eine andere Person eingefühlt und die Dinge aus ihrer Perspektive gesehen hat, geht man einen Schritt weiter und tut etwas Freundliches, das diese Person wissen lässt, dass sie uns wichtig ist. Dieses Interesse zu zeigen, ist tätiges Mitgefühl.

In einer idealen Welt sollten wir alle nach einem freundlichen Miteinander streben wollen, unabhängig davon, ob wir glauben, dass es gut für uns ist oder nicht. Wenn man aber weiß, was die Wissenschaft darüber herausgefunden hat, wie sich Freundlichkeit auf unser Gehirn auswirkt, kann man nur staunen.

Vor mehr als dreißig Jahren haben Ellen Langer und Judith Rodin eine bahnbrechende Studie in einem US-amerikanischen Pflegeheim durchgeführt, bei der sie jedem Bewohner eine Topfpflanze überreichten. Eine Gruppe wurde gebeten, selbst für die Pflanze zu sorgen; der anderen Gruppe sagte man, die Pflegekräfte kümmerten sich um die Pflanze. Drei Wochen später stellten die Wissenschaftlerinnen fest, dass diejenigen Personen, die sich selbst um ihre Pflanze gekümmert hatten, wesentlich glücklicher waren als jene, denen die Arbeit von den Pflegekräften abgenommen wurde. Achtzehn Monate später waren von denjenigen Bewohnern, die sich selbst um die Pflanze kümmerten, weniger gestorben, und die noch Lebenden waren aktiver und gesünder als ihre Mitbewohner ohne eigene Pflanze. Diese Ergebnisse lösten eine Flut von Folgestudien aus, die bestätigten, dass Aktivitäten – angefangen von der Versorgung eines Haustiers bis hin zur Erledigung von Gefälligkeiten für einen Freund – glücklicher machen und lebensverlängernd wirken.

Grundlage dieser Fähigkeit zur Freundlichkeit und Empathie sind unsere Spiegelneuronen. Diese Neuronen arbeiten folgendermaßen: Wenn wir andere Menschen lächeln sehen, ist uns nach Lächeln zumute. Wenn sie weinen, weinen wir häufig ebenfalls. Wir spiegeln uns unsere Gefühle gegenseitig wider, was eine große Wirkung entfaltet, wenn wir Freundlichkeit ausstrahlen. Sogar wenn wir nur beobachten, wie eine andere Person freundlich ist, löst dies bei uns dieselben physiologischen Veränderungen im Gehirn aus wie bei der Person, die sich selbst freundlich verhält. Dieses faszinierende Ergebnis führte explosionsartig zu Folgeforschungen, die zeigten, dass die Schaltkreise unserer Spiegelneuronen nicht nur durch das, was wir tatsächlich sehen und wahrnehmen, aktiviert werden, sondern auch durch unsere *Vorstellung* davon, was in einem anderen Menschen vorgeht. Wir fühlen buchstäblich, was andere durchmachen. Diese Erkenntnis treibt uns zum Handeln.

Je mehr wir den Schaltkreis unserer Spiegelneuronen nutzen und uns angewöhnen, anderen zu helfen, desto stärker wird dieser Schaltkreis. Regelmäßige Übung baut die Fürsorgefähigkeit unseres Gehirns auf, so wie regelmäßiges Training einen Muskel aufbaut. Wenn wir freundlich zu anderen sind, verstärkt sich unser eigener Optimismus und wir fühlen uns glücklicher. Der Dopaminspiegel steigt und aktiviert die Lustzentren im Gehirn, so dass wir es mit einer Win-win-Situation zu tun haben – und mit einer wunderbaren Methode, um aus einer Depression herauszukommen.

Laut der Psychologin Sonja Lyubomirsky können schon fünf kleine Gefälligkeiten oder nette Gesten pro Woche unsere Stimmung aufhellen, insbesondere wenn wir viele verschiedene an einem einzigen Tag ausführen. Freundliches Verhalten hat eine unmittelbar stimulierende Wirkung, aber auch Langzeiteffekte.

Freundlich zu sein hat noch weitere Vorteile. Anderen zu helfen, steigert die Energie, die Selbstachtung und das Gefühl, das eigene Leben im Griff zu haben, so das Ergebnis einer Studie an der Cornell University. Das hängt damit zusammen, dass wir uns unserer Stärken und Begabungen bewusster werden, wenn wir helfen, und das trägt dazu bei, uns ein gutes Gefühl für uns selbst zu verschaffen. Freundlichkeit erzeugt Freundlichkeit und pflanzt sich fort.

Wer anderen Menschen auf enger persönlicher Basis regelmäßig hilft …, macht im Hinblick auf die stressreduzierenden und gesundheitsfördernden Wirkungen ähnliche Erfahrungen wie bei bestimmten Entspannungsübungen. Ehrenamtliche Arbeit ist ein gutes »Rezept«, das ich Patienten als Mittel der Stresskontrolle empfehlen kann.

Herbert Benson

Sie stärkt auch unser Immunsystem und fördert unsere Gesundheit. Die Zahl der Antikörper, die Viren in Nase und Mund bekämpfen, nimmt zu. Zu diesem Ergebnis kam eine Studie an der Harvard University. Bei dieser Studie sahen sich Studenten einen Film an, der Mutter Teresa bei ihrer Arbeit mit Bedürftigen in Indien zeigte. Sogar die zynischsten Erstsemester, die sich abfällig über die Wohltätigkeitsarbeit der Nonne geäußert hatten, zeigten eine verbesserte Immunabwehr. Ihre weißen Blutzellen, die sogenannten T-Zellen, die mit der Immunität zusammenhängen und mit einer höheren Lebenserwartung verbunden sind, nahmen zahlenmäßig zu. Es ist wirklich erstaunlich, dass die bloße Beobachtung einer Person, die Gutes tut, unser Immunsystem aktiviert.

Gute Taten können auch die Erfahrung von Schmerz und Kummer positiv beeinflussen. Allan Luks, Autor von *The Healing Power of Doing Good*, hat die Effekte guten Tuns bei 3000 Personen untersucht und dieses Phänomen als das »High des Helfers« bezeichnet. Zu den Nebeneffekten der Freundlichkeit gehören:

- Weniger depressive Verstimmungen
- Weniger Feindseligkeit und Isolierung
- Mehr Optimismus
- größere Freude
- Mehr Widerstandskraft

Gutes zu tun muss weder Zeit noch Geld kosten und es erfordert auch nicht unbedingt viel Anstrengung. Es kann etwas so Simples sein wie ein Lächeln, wenn man jemandem die Tür öffnet. Denken Sie daran: Das Lächeln, das Sie ausstrahlen, ist das Lächeln, das Sie zurückbekommen.

Unsere Nachbarin war zu alt, um ihre Morgenzeitung vom Rasen zu holen. Deshalb habe ich, als ich mit dem Fahrrad zur Schule fuhr, bei ihr angehalten und sie ihr gebracht. Jetzt achte ich darauf, ihr jeden Tag auf irgendeine Weise zu helfen, und dadurch fühle ich mich selbst besser.

Jeremy, 10 Jahre alt

ACHTSAMKEITSÜBUNG
Achtsame Freundlichkeit

Das Freundlichkeitsspiel

Schlagen Sie Ihren Kindern ein neues Spiel vor: das sogenannte *Freundlichkeitsspiel*. Das geht so: Sagen Sie, dass Sie alle von jetzt an drei gute Taten pro Tag durchführen wollen. Zum Beispiel einem Freund in der Schule helfen, jemanden aufheitern, der einen schlechten Tag hat, jemandem anbieten, ihm bei einer lästigen Arbeit zu helfen, oder jemanden zu loben.

Kleine Gefälligkeiten

Besprechen Sie mit Ihrem Kind bei den Mahlzeiten, im Auto, während der Badezeit oder wenn Sie es ins Bett bringen, welche guten Taten es vollbracht hat. Wie hat es sich angefühlt, sich freundlich zu verhalten? Welche Gefälligkeiten, die es anderen erwiesen hat, haben sich am besten angefühlt? Möchte es weiterhin freundlich zu anderen sein und wenn ja, was würde es gern machen?

Die Papierkette der Freundlichkeit

Fertigen Sie eine Papierkette der Freundlichkeit an, indem Sie verschiedenfarbiges Papier besorgen und es in ein Zentimeter lange Streifen zerschneiden. Lassen Sie die Kinder ihre guten Taten auf das farbige Papier schreiben. Rollen Sie die Streifen zusammen und sehen Sie, wie lang die Kette wird. Hängen Sie sie an einen gut sichtbaren Ort und ermutigen Sie alle, sie anzuschauen und stolz auf das zu sein, was sie erreicht haben.

Anderen jeden Tag helfen

Anderen zu helfen, gibt uns ein gutes Gefühl. Immer wenn wir freundlich zu anderen sind, sind wir auch freundlich zu uns selbst. Ausdrücke der Freundlichkeit haben außerordentliche Vorteile. Wir entwickeln Mitgefühl auch für uns selbst. Wir vergeben uns unsere Schwächen und erinnern uns selbst an das von Natur aus Gute in unserem Herzen. Unsere guten Taten bereichern uns selbst ebenso wie deren Empfänger.

Wenn wir für uns annehmen, die große Fähigkeit zur Freundlichkeit zu besitzen, eröffnet sich die Möglichkeit, den Lebensweg mit Optimismus und einem Gefühl für unseren eigenen Wert zu gehen. Wer lernt, sich selbst auf diese Weise wertzuschätzen, baut Zuversicht auf.

> *Wenn wir Gutes tun, fühlen wir uns gut … Diese Gesundheitsverbesserung ist ein reales und verlässliches Phänomen und funktioniert sowohl in Bezug auf die physische und psychische Gesundheit als auch in Bezug auf Gefühle spirituellen Wohlbefindens … Es ist der Prozess des Helfens, unabhängig von den Ergebnissen, der diese heilende Wirkung hat.*
>
> *Allan Luks*

Mitgefühl für uns selbst ist eine wichtige Eigenschaft für unsere Entwicklung. Wir sagen zu Freunden und Familie: »Seid nicht so hart mit euch selbst«, aber wie oft halten wir uns selbst daran? Wir müssen uns selbst vergeben und großzügig mit uns sein, und wenn wir diese Fähigkeit vervollkommnen, werden wir auch weniger kritisch mit anderen umgehen. Wissenschaftler sagen, dass Freundlichkeit mit vielen weiteren positiven Merkmalen verbunden ist, wie zum Beispiel:

- Entwicklung von Weisheit
- Aktivierung von persönlicher Initiative
- Anregung der Wissbegierde
- Förderung des Forschergeistes
- Vertiefung des Glücks
- Erzeugung von Optimismus

So viele Vorteile durch ein paar simple Akte der Freundlichkeit!

17

Ein achtsameres Leben

Training gilt als wichtig für die körperliche Kraft, für die physische Beweglichkeit, für die Sportlichkeit, für die Musikalität – für alles außer für die Gefühle ... Aber auch das sind Fähigkeiten, die man genauso trainieren kann wie alles andere.

Richard Davidson

Ich glaube nicht, dass es so etwas wie perfekte Eltern gibt. Ich weiß, dass ich als Mensch immer noch auf meiner Reise zu Entwicklung und Reife bin, auch wenn meine Kinder inzwischen erwachsen sind. Wir können nur hoffen, dass unsere Erziehung mehr positive als negative Wirkungen auf unsere Kinder hat, und dass sie zu starken Lotsen ihres eigenen Lebens werden. Sie werden das Vermächtnis unserer Erziehung an ihre eigenen Kinder weitergeben und so den Kreis positiven Wachstums und Wandels fortsetzen.

Ich hoffe, dieses Buch erweist sich in einer Form als hilfreich, die Sie nie erwartet hätten, dass es Ihre Perspektive erweitert und einige Fenster in Ihrer Seele öffnet. Es ist eine Seekarte, die Ihnen Orientierung bietet, wenn Sie sich selbst auf die Reise machen, um das Beste aus sich herauszuholen, damit Sie der beste Lotse für Ihre Kinder sein können. Es gibt eine Menge zu lernen, und es empfiehlt sich, einige der dargebotenen Informationen erneut zu überfliegen, einige Kapitel noch einmal zu lesen und sich jene Praktiken ins Gedächtnis zu rufen, die für Sie und Ihre Kinder besonders hilfreich waren.

Es wäre schön, wenn Sie es schaffen, täglich *10 achtsame Minuten* zu praktizieren, um einige der Tipps, die Sie entlang des Weges erhalten haben, umzusetzen. Aber auch schon fünf Minuten täglich reichen aus, um Ihren Stress zu verringern, Ihren Geist für ein klareres Denken zu erfrischen, die Konzentration zu verbessern und die Verbundenheit mit Ihren Kindern zu stärken. Es ist die Auszeit, die Sie brauchen. Dann können Sie Ihren Kindern helfen, indem Sie alle Themen, vom achtsamen Atmen über die Entspannung des Gehirns bis hin zu Dankbarkeit und Empathie, mit ihnen diskutieren.

Denken Sie einen Moment lang darüber nach, was Sie gelernt und erfahren haben. Vielleicht haben Sie sich in Momenten, in denen Ihre Furcht oder Wut ausgelöst wurde, entspannter gefühlt. Vielleicht ist Ihnen aufgefallen, dass Ihre Kinder tatsächlich einige Minuten länger still sitzen und sich konzentrieren können, oder dass sie besser schlafen. Haben Sie sich alle glücklicher gefühlt, weil sie optimistischer gedacht haben oder dankbar waren? Verlaufen die Mahlzeiten fröhlicher?

Bleiben Sie dran. Manchmal werden wir nachlässig. Das Ringen mit sich selbst kann manchmal wesentlich schwieriger sein als fast jede andere Aufgabe. Haben Sie Geduld mit sich selbst. Zwei Schritte vor und einen zurück – das ist das Muster des Wachstums. Einige Praktiken haben vielleicht nicht den Effekt, den Sie sich erhofft hatten. Das ist okay. Versuchen Sie etwas anderes. Das hier ist keine Konfektionsware: Es ist einfach eine Straßenkarte, an der Sie sich orientieren können.

Ihre Toolbox

Stellen Sie sich alles, was Sie gelernt haben, als verschiedene Werkzeuge vor, die Sie alle nötigenfalls aus Ihrer persönlichen Toolbox herausnehmen und einsetzen können. Die beste Methode, um die Werkzeuge vor Rost zu schützen, besteht darin, sie oft zu benutzen.

Achtsame Atmung

Setzen Sie Ihre achtsamen Atemübungen täglich fort. Versuchen Sie, regelmäßig zu üben. Zwei Mal fünf Minuten am Tag sind ideal. Stellen Sie sich das Ganze wie die Zubereitung eines Energy-Drinks vor. Üben Sie das achtsame Atmen für kürzere Phasen mit Ihren Kindern. Von allen in diesem Buch beschriebenen Praktiken ist diese die wichtigste – die an früherer Stelle erwähnte »Geheimsauce«. Sie ist nicht nur eine wunderbare Erleichterung bei Stress, sondern hilft Ihnen auch, größere Kontrolle über den präfrontalen Kortex zu gewinnen, sie stärkt die Impulskontrolle und steigert die Konzentrationsfähigkeit. Eine gute Gelegenheit ist die Zeit kurz vorm Zubettgehen, wenn die Kinder im Pyjama stecken und sich beruhigen müssen; aber Sie können jede beliebige Zeit wählen – ob morgens, mittags oder abends. Was immer bei Ihnen funktioniert. PS: Sie werden erstaunt sein über die Gespräche, die sich entwickeln, sobald Ihre Kinder den Kopf frei haben.

- Erinnern Sie Ihre Kinder daran, eine Weile achtsam zu atmen, bevor sie in der Schule einen Test schreiben oder vor einem wichtigen Spiel, um den ruhigen Fokus zu schaffen, der ihre Leistung verbessern wird.

- Machen Sie sich keine Sorgen, wenn Sie es aus irgendeinem Grund schwierig finden, diesen ruhigen Platz für sich selbst zu finden. Ich habe Orte der Ruhe in meinem Auto, im Flugzeug und sogar beim Schlangestehen geschaffen. Achtsamkeit und achtsame Atmung begleiten Sie überall hin.

Achtsame Sinneswahrnehmung

- Bei den Mahlzeiten sollten alle das Tempo drosseln und den Geschmack des Essens achtsam wahrnehmen. Sprechen Sie mit Ihren Kindern über die verschiedenen Geschmacksrichtungen und ermutigen Sie sie, jeden Bissen auszukosten und zu würdigen. Das ist eine Übung, die man jeweils für einige Minuten lang durchführen kann. Man neigt dazu, in alte Gewohnheiten zurückzufallen; das ist völlig in Ordnung, aber hin und wieder können Sie Ihre Kinder wieder zu der Übung anregen, um ihnen ein Barometer für ihr Handeln zu geben. Nutzen Sie diese Zeit, um darüber zu reden, welche Nahrungsmittel gut für uns sind und welche nicht.

- Fordern Sie Ihr Kind auf, etwas achtsames Zuhören zu üben, wenn es abgelenkt oder unaufmerksam ist. Setzen Sie sich an einem ungestörten Ort mit ihm zusammen und atmen Sie tief durch. Legen Sie den Schwerpunkt darauf, für innere Ruhe zu sorgen. Wenn Ihre Kinder herumtoben, streiten oder raufen, stellen Sie etwas beruhigende Musik an, um den Stimmungswechsel zu fördern. Klassische Musik, zum Beispiel Mozart, kann eine friedlichere Atmosphäre schaffen. Probieren Sie einmal aus, diese beruhigende Musik im ganzen Haus spielen zu lassen, vor allem in hektischen oder stressigen Situationen.

- Wenn Ihre Kinder die Schulaufgaben hastig erledigen, fordern Sie sie auf, achtsam zu atmen und achtsam zu sehen. Das ist eine perfekte Kombination für die Konzentration. Das Atmen beruhigt die Kinder, und sie können anschließend in aller Ruhe die Fragen anschauen und nachdenken, bevor sie antworten. Erinnern Sie sie daran, was in ihrem Gehirn vor sich geht und dass sie die weise alte Eule holen müssen, um den Wachhund zu beschwichtigen.

- Nutzen Sie jede sich bietende Gelegenheit, um einen Spaziergang in der Natur zu machen oder gehen Sie in den Garten, um sich mit fokussierter Aufmerksamkeit umzusehen. Spielen Sie beim Autofahren »Ich sehe was, was du nicht siehst«.

- Wenn es abends Zeit fürs Zähneputzen wird, fordern Sie Ihr Kind auf, dies mit achtsamem Gewahrsein zu tun. Regen Sie es dazu an, sich vorzustellen, wie jeder Zahn mit jedem Bürstenstrich sauberer und sauberer, weißer und weißer wird und dass es jeden kleinen Zahn liebevoll betreut.

Optimismus

- Bringen Sie Ihren Kindern den Unterschied zwischen dem »halb vollen« und dem »halb leeren« Glas bei.

- Lernen Sie, in jeder Situation eine positive Sichtweise einzunehmen. Sie brauchen nicht überoptimistisch zu sein. Seien Sie sich einfach der Vorteile bewusst, die es in allen Lebensbereichen haben kann, wenn man positiv an eine Begegnung herangeht.

Glück

- Wenn Ihre Kinder traurig sind, erkennen Sie die Gefühle an und hören Sie ihnen zu. Deren Traurigkeit ist genauso greifbar wie Ihre eigene.

- Wechseln Sie jetzt die Tonlage. Bitten Sie Ihre Kinder, Ihnen vom glücklichsten Tag in ihrem Leben zu erzählen. Ermutigen Sie sie, Details zu beschreiben. Teilen Sie die Freude und die Erinnerungen mit ihnen und erinnern Sie sie daran, an ihre

Glückswand zu schauen, die Fotoalben der Familie herauszuholen oder einen Blick in ihre Glückskiste zu werfen. Freuen Sie sich über die Fröhlichkeit, die in den Bildern eingefangen ist, oder über die guten Zeiten, die jeder der Gegenstände symbolisiert.

- Wenn Sie das Gefühl haben, Ihr Tag wird zu hektisch, atmen sie ein paar Mal achtsam ein und aus und halten einfach eine Minute inne. Versuchen Sie, in der Gegenwart zu sein und die Schönheit dieses Augenblicks wahrzunehmen.

- Sorgen Sie dafür, dass die Familie Zeit miteinander verbringt, ohne von Telefon, Computer oder Fernsehen abgelenkt zu werden. Schalten Sie die Technik aus und verbinden Sie sich stattdessen miteinander.

Dankbarkeit

- Beschreiben Sie beim Abendessen oder beim Autofahren abwechselnd, wofür Sie dankbar sind. Sorgen Sie dabei für eine leichte und lustige Stimmung.

- Wenn Sie Ihr Kind ins Bett bringen, nehmen Sie sich die Zeit, um es für eine Sache zu loben, die es an diesem Tag großartig gemacht hat.

- Stellen Sie hin und wieder eine Liste auf, um sich selbst daran zu erinnern, welche Eigenschaften Ihres Partners oder Ihrer Kinder Sie besonders schätzen. Halten Sie die Liste für jene Momente bereit, in denen Sie sich ärgern oder frustriert sind oder in denen die Gefühle hohe Wellen schlagen. Das wird Sie in einen Zustand größerer Balance versetzen und Ihre Denkmuster verändern. Es wird auch verhindern, dass negative Gefühle eskalieren, was sehr destruktiv für alle Beteiligten sein kann.

Ärger

■ Helfen Sie Ihren Kindern, die Signale aufsteigenden Ärgers zu erkennen. Sprechen sie vielleicht mit zusammengebissenen Zähnen oder spüren sie, wie das Gesicht rot anläuft? Ist ihre Atmung flach? Atmen Sie gemeinsam mit Ihren Kindern mehrmals tief ein und aus und erinnern Sie sie daran, sich zu entspannen – weil sie keine guten Entscheidungen treffen können, solange sie von diesem Gefühl beherrscht werden.

■ Machen Sie es in Ihrer Familie zur Regel, dass das Ampelspiel gespielt wird, sobald bei einem die Sicherungen durchbrennen. Sagen Sie »Rot«, halten Sie dann inne, gehen Sie an Ihren Ort der Ruhe und atmen Sie achtsam.

Traurigkeit

■ Ermutigen Sie Ihre Kinder, über Gefühle zu sprechen. Lassen Sie sie wissen, dass es in Ordnung ist, wenn man sich traurig fühlt, und erinnern Sie sie daran, dass auch Sie manchmal traurig sind.

■ Helfen Sie Ihren Kindern, Bilder über ihre Traurigkeit zu malen oder darüber zu schreiben, damit sie etwas Abstand gewinnen. Der kreative Prozess des Schreibens oder Malens ist eine gute Therapie, um Gefühle herauszulassen.

Angst

■ Sprechen Sie mit Ihrem Kind über das, was ihm Angst macht. Einfach darüber zu reden, wovor es sich fürchtet, kann ihm helfen, diese Angst zu überwinden. Machen Sie Ihrem Kind klar, dass seine Gefühle etwas völlig Normales sind. Spielen Sie seine Angst nicht herunter und bagatellisieren Sie sie nicht, denn für Ihr Kind ist sie etwas sehr Reales. Bringen Sie ihm bei, das Gefühl auf einer Skala von 1 bis 10 einzuordnen und erinnern Sie es daran, dass eine Sache, die vor einigen

Monaten noch eine 10 erhalten hat, ihm heute keine Angst mehr macht.

▪ Lassen Sie Ihre Kinder aufschreiben, was ihnen Sorge bereitet. Legen Sie den Zettel in eine Kiste mit Deckel. Sagen Sie ihnen, dass diese Sorgen jetzt weggepackt sind.

▪ Wenn Sie mit Ihrem Kind über eine Sache sprechen, die es zur Schlafenszeit beunruhigt, stimmen Sie Ihre Atmung auf die Ihres Kindes ab; lassen Sie es dann seine Sorgen oder Ängste beschreiben und mit jedem Ausatmen herausströmen. Versuchen Sie ihm zu helfen, beruhigende, positive Gedanken durchzuspielen, bevor es einschläft.

Empathie

▪ Nutzen Sie weiterhin alltägliche Ereignisse, um Ihren Kindern dabei zu helfen, sich in die Situation anderer Menschen zu versetzen, zum Beispiel bei Geschwisterstreitigkeiten oder Konflikten mit Freunden. Machen Sie Ihre Kinder auf verschiedene Perspektiven in den Büchern, die sie lesen, oder in den Nachrichtenstorys, die sie im Fernsehen sehen, aufmerksam.

▪ Erstellen Sie eine Liste mit achtsamen Familienregeln und hängen Sie sie an einen Ort, an dem alle sie sehen können. Zum Beispiel: Behandele den anderen so, wie du selbst behandelt werden möchtest. Hilf anderen, wenn sie Hilfe brauchen. Nutz das Ampelspiel, wenn du traurig oder frustriert bist. Setz dich an einen ungestörten Ort, um achtsam zu atmen.

Freundlichkeit

▪ Fördern Sie eine Kultur der Freundlichkeit und der guten Taten. Sprechen Sie mit Ihren Kindern darüber und fordern Sie sie auf, sich unterschiedliche Arten des Freundlichseins auszudenken.

- Stellen Sie hin und wieder eine Papierkette der Freundlichkeit her oder erweitern Sie diejenige, die Sie bereits angefertigt haben.

- Erweitern Sie Ihre Freundlichkeitspraxis auf Bereiche, die über die Familie hinausgehen. Arbeiten Sie als freiwilliger Helfer in einer Suppenküche, sammeln Sie gebrauchte Kleidung oder Spielsachen für die Bedürftigen oder unterstützen Sie ein Kind in einem Entwicklungsland. Entscheiden Sie alle zusammen, was Sie als Familie tun möchten und aus welchen Gründen.

- Versuchen Sie, jeden Tag Ihres Lebens bewusst und achtsam wahrzunehmen. Je mehr Ihre Kinder sehen, dass dies der Weg ist, den Sie gewählt haben, desto mehr werden sie Ihre Praktiken nachahmen und ihre eigenen Methoden zur Bewältigung von Herausforderungen entwickeln und empathisch, mitfühlend und gütig sein.

* * *

Ich kann mir keine bessere Elternschule vorstellen als diese: Wir fördern uns selbst und unsere Fähigkeit zur Achtsamkeit, um tiefere Einsichten zu gewinnen und besser zu verstehen, wer wir sind und was unser Menschsein bedeutet. Das ist der Weg, auf dem wir zu achtsamen, liebevollen, erfolgreichen und – ja – glücklichen Eltern werden. Es ist eine aufregende Reise zu uns selbst, auch wenn wir ganz still sitzen, um unserem eigenen Herzschlag zu lauschen. Es ist tatsächlich der erste Schritt zum Frieden. Wenn ein friedvolles Kind eine friedvolle Welt schaffen kann, dann können friedvolle Eltern ein friedvolles Kind schaffen.

Ich fühle mich allen verbunden, die versuchen, mehr über sich selbst zu erfahren, um die besten Eltern für ihre Kinder zu sein. Ich war immer überzeugt, dass wir gemeinsam mit unseren Kindern reifen. Also öffnen Sie Kopf und Herz für Ihre persönliche Entdeckungsreise zu Ihrem wahren Selbst – finden Sie heraus, wer Sie sind, was Sie für Ihre Familie wollen und wie Sie diese Ziele auf wohltuende Weise erreichen können.

Wie Jon Kabat-Zinn sagt: »Elternsein ist wie ein Staffellauf, bei dem man die ersten achtzehn Jahre an der Seite seines Kindes läuft.« An diesem Punkt in ihrem Leben läuft man immer noch, versucht atemlos mit ihrem Vorankommen Schritt zu halten und gleichzeitig für sie da zu sein, wenn sie fallen.

Dieses Buch ist nur der Anfang. Sie werden sich innerlich entfalten und wachsen, wenn Sie weiter forschen und tiefer graben. Derzeit gibt es so viele geniale Menschen auf der Welt, die bereit sind, die wunderbaren Methoden, mit denen man Achtsamkeit als Lebensweise fördern kann, mit Ihnen zu teilen. Ich habe die größte Hochachtung vor den Menschen, die in diesem Bereich bahnbrechende Arbeit geleistet haben. Angesichts ihres Wissens und Könnens fühle ich mich klein und unbedeutend. Ich bitte Sie inständig, sich mit den Erkenntnissen dieser brillanten Köpfe zu befassen und Teile dieser Brillanz in Ihr Herz zu lassen.

Denken Sie immer daran: Unsere Kinder werden niemals irgendetwas oder irgendjemanden so lieben wie ihre Eltern. Es ist eine Beziehung, die sehr tief und wahrhaft persönlich ist. Ich hoffe, dass der Kurs, auf den ich Sie bei der Reise durch diese Seiten gesetzt habe, Ihnen helfen wird, die glücklichste, gesündeste Verbindung zwischen Ihnen und Ihren Kindern zu entwickeln. Irgendwann werden Sie erleben, wie Ihr Kind Sie überholt und vorausläuft – das Staffelholz Ihres liebevollen Vermächtnisses fest in der Hand.

Glossar

Achtsamkeit: Die Praxis der achtsamen Wahrnehmung der eigenen Gedanken, Gefühle und Sinnesempfindungen.

Adrenalin: Stresshormon und Neurotransmitter.

Amygdala: Ein mandelförmiges Gebilde im Gehirn, das sich wie ein Wachhund verhält.

Dopamin: Ein »Wohlfühl«-Neurotransmitter, der auf das sympathische Nervensystem einwirkt.

Exekutivfunktionen: Denken, Planen, logisches Schlussfolgern, Problemlösen, Entscheidungsfindung und Impulskontrolle – oder der Großteil dessen, was wir als Intelligenz betrachten.

Funktionale Magnetresonanztomographie (fMRT): Bildgebendes Verfahren, mit dem man die Funktion und den Zustand des Gehirns zeigen kann.

Hippocampus: Teil des limbischen Systems, der das Gedächtnis und die räumliche Orientierung unterstützt.

Kortikales Gehirn: Auch bekannt als das »neue Gehirn« – die Region, in der unsere kritischen und rationalen Denkfähigkeiten angesiedelt sind.

Kortisol: Das wichtigste Stresshormon, das mit allen möglichen Leiden, von Krebs bis Herzerkrankungen, in Zusammenhang gebracht wird.

Limbisches Gehirn: Wird auch als »emotionales Gehirn« bezeichnet; ein Schlüsselbereich für Emotionen, Langzeitgedächtnis und Verhalten.

Linke und rechte Hemisphäre: Die beiden Hälften des zerebralen Gehirns, die durch das Corpus callosum miteinander verbunden sind.

Meditation: Abgeleitet aus dem lateinischen Wort für »nachdenken«, eine Form ganzheitlicher Praxis zur Kultivierung und Beruhigung des Geistes.

Metakognition: Die Erkenntnis über die Erkenntnis; die Fähigkeit, unser Verhalten zu analysieren und entsprechend zu handeln.

Neurogenese: Der Prozess, durch den neue Neuronen erzeugt werden.

Neuronen: Spezialisierte Nervenzellen im Gehirn, die die Speicherung und Verarbeitung von Informationen steuern und durch elektrische Impulse und chemische Substanzen angeregt werden.

Neuroplastizität: Das Wachstum neuer neuronaler Verbindungen.

Neurotransmitter: Chemische Substanzen im Gehirn, die über Knotenpunkte oder Kreuzungen, den sogenannten Synapsen, Informationen von Nerven zu Zellen transportieren.

Positive Psychologie: Ein Zweig der Psychologie, der sich auf die Förderung von Stärken, die Praxis der Dankbarkeit und Freundlichkeit und die positiven Seiten unserer inneren Verfassung konzentriert.

Präfrontaler Kortex: Die weise alte Eule auf der Vorderseite des Gehirns, wo unsere höheren oder kritischen Denkprozesse stattfinden.

Pruning (»Stutzen«): Der Prozess, durch den das Gehirn alte neuronale Verbindungen kappt, die es nicht mehr benötigt.

Reptilgehirn: Der älteste Teil unseres Gehirns, auch als »Steinzeitgehirn« bezeichnet; steuert unsere automatischen Tätigkeiten wie Essen und Schlafen.

Resonanz: Die Art, wie wir unsere voll konzentrierte Aufmerksamkeit ausrichten, um uns auf die Gefühle eines anderen Menschen einzustimmen, so dass er sich sicher, verstanden und verbunden fühlt.

Sichere Bindung: Die entscheidende emotionale Verbindung zwischen Kindern und Erwachsenen, die Kindern ermöglicht, sich im Leben sicher und geborgen zu fühlen.

Soziales und emotionales Lernen: Wie wir tagtäglich unsere Gedanken, Gefühle, Emotionen und unsere Verbindungen zu anderen bewältigen.

Spiegelneuronen: Neuronen, die sowohl feuern, wenn wir handeln, als auch wenn wir beobachten.

Synapse: Die Kreuzung oder Lücke zwischen einem Neuron und einer Hirnzelle, die von Neurotransmittern und elektrischen Signalen überquert wird.

Quellen

Lesen heißt mit einem fremden Kopfe,
statt des eigenen, denken.
Arthur Schopenhauer

Albers, Susan. Eat, Drink, and Be Mindful. New Harbinger, 2003. Dt.: Essen, trinken, achtsam genießen. Freiburg: Arbor, 2010.

Amen, Daniel G. Making a Good Brain Great. Random House, 2005.

Baraz, James; Alexander, Shoshana. Awakening Joy. Bantam Dell, 2010. Dt.: Freude. München: Nymphenburger, 2011.

Bays, Jan Chozen. Mindful Eating. Shambhala, 2009. Dt.: Achtsam essen. Freiburg: Arbor, 2009.

Begley, Sharon. Train Your Mind, Change Your Brain. Ballantine Books, 2007. Dt.: Neue Gedanken – neues Gehirn. München: Goldmann, 2007.

Benard, Bonnie. Resiliency: What We Have Learned. WestEd, 2004.

Benson, Herbert. The Relaxation Response. Avon Books, 2000. Dt.: Gesund im Stress. Frankfurt a. M.: Ullstein, 1978.

Boniwell, Ilona. Positive Psychology in a Nutshell. *PWBC*, 2008.

Brooks, Robert; Goldstein, Sam. The Power of Resilience. McGrawHill, 2004.

__. Raising Resilient Children. McGraw Hill, 2001. Dt.: Das Resilienz-Buch. Wie Eltern ihre Kinder fürs Leben stärken. 4. Aufl. Stuttgart: Klett-Cotta, 2011.

Carr, Nicholas. The Shallows. Atlantic, 2010. Dt.: Wer bin ich, wenn ich online bin – und was macht mein Gehirn solange? München: Blessing, 2010.

Csikszentmihalyi, Mihaly. Flow. Harper and Row, 1990. Dt.: Flow: Das Geheimnis des Glücks. 15. Aufl., Stuttgart: Klett-Cotta, 2010.

The Dalai Lama and Paul Ekman. Emotional Awareness. Henry Holt, 2008. Dt.: Gefühl und Mitgefühl: Emotionale Achtsamkeit und der Weg zum seelischen Gleichgewicht. Heidelberg: Spektrum, 2009.

Davidson, Richard J., Hrsg. Anxiety, Depression, and Emotion. Oxford University Press, 2000.

Dyregrov, Atle. Grief in Children. Jessica Kingsley, 2008.

Ekman, Paul; Davidson, Richard J., Hrsg. The Nature of Emotion. Oxford University Press, 1995.

Elias, Maurice J.; Tobias, Steven E.; Friedlander, Brian S. Emotionally Intelligent Parenting. Three Rivers Press, 1999. Dt.: EQ für Eltern. Berlin: Verl. Gesundheit, 2000.

Emmons, Robert A. Thanks! Houghton Mifflin, 2007. Dt.: Vom Glück, dankbar zu sein. Frankfurt: Campus, 2008.

Emmons, Robert A.; McCullough, Michael E., Hrsg. The Psychology of Gratitude. Oxford University Press, 2004.

Fredrickson, Barbara L. Positivity. Crown, 2009. Dt.: Die Macht der guten Gefühle. Frankfurt: Campus, 2011.

Gallwey, W. Timothy. The Inner Game of Work. Random House, 2001.

Gazzaniga, Michael S., Hrsg. The Cognitive Neurosciences, 4. Aufl. *MIT* Press, 2009.

Goleman, Daniel. Destructive Emotions. Bantam Books, 2003. Dt.: Dialog mit dem Dalai Lama: Wie wir destruktive Emotionen überwinden können. München: dtv, 2005.

__. Emotional Intelligence. Bantam Books, 1995. Dt.: Emotionale Intelligenz. München: Hanser, 2002.

Gottman, John. Raising an Emotionally Intelligent Child. Prentice Hall and *IBD*, 1998. Dt.: Kinder brauchen emotionale Intelligenz. München: Heyne, 1998.

Gottman, John; Silver, Nan. The Seven Principles for Making Marriage Work. Crown, 1999. Dt.: Die 7 Geheimnisse der glücklichen Ehe. München: Ullstein, 2005.

Greenland, Susan Kaiser. The Mindful Child. Free Press, 2010. Dt.: Wache Kinder. Freiburg: Arbor, 2011.

Hart, Leslie A. Human Brain and Human Learning. Longman, 1983.

Healy, Jane M. Endangered Minds. Simon and Schuster, 1999.

__. Your Child's Growing Mind. Broadway Books, 2004.

Kabat-Zinn, Jon. Coming to Our Senses. Hyperion, 2005. Dt.: Zur Besinnung kommen. Freiamt im Schwarzwald: Arbor, 2011.

Kabat-Zinn, Myla; Kabat-Zinn, Jon. Everyday Blessings. Hyperion,

1997. Dt.: Mit Kindern wachsen. 3. Aufl., Freiamt im Schwarzwald, 2009.
Kagan, Jerome; Snidman, Nancy. The Long Shadow of Temperament. Belknap Press, 2004.
Kehoe, John. The Practice of Happiness. Zoetec Books, 2001.
Lantieri, Linda. Building Emotional Intelligence. Sounds True, 2008. Dt.: Emotionale Intelligenz für Kinder und Jugendliche. München: Goldmann, 2009.
Levine, Madeleine. The Price of Privilege. Harper, 2008.
Levy, Aharon; Grauer, Ettie; Ben-Nathan, David; de Kloet, E. Ronald, Hrsg. New Frontiers in Stress Research. Harwood Academic Publishers (The Netherlands), 1998.
Louv, Richard. Last Child in the Woods. Atlantic Books, 2010. Dt.: Das letzte Kind im Wald. Weinheim: Beltz, 2011.
Luks, Allan. The Healing Power of Doing Good. iUniverse.com, 2001. Dt.: Der Mehrwert des Guten. Freiburg: Herder, 1998.
Lyubomirsky, Sonja. The How of Happiness. Sphere, 2007.
Mayes, Linda C.; Cohen, Donald J. The Yale Child Study Center Guide to Understanding Your Child. Little, Brown, 2002.
Peterson, Christopher. A Primer in Positive Psychology. Oxford University Press, 2006.
Pinker, Steven. How the Mind Works. W. W. Norton. 1999. Dt.: Wie das Denken im Kopf entsteht. München: Kindler, 1998.
Prochnik, George. In Pursuit of Silence. Doubleday, 2010.
Reivich, Karen; Shatté, Andrew. The Resilience Factor. Broadway Books, 2002.
Reznick, Charlotte. The Power of Your Child's Imagination. Perigee Books, 2009.
Ryan, M. J. The Happiness Makeover. Broadway Books, 2005.
Salzberg, Sharon. The Force of Kindness. Sounds True, 2005. Dt.: Geborgen im Sein. Frankfurt a. M.: Krüger, 1995.
Sapolsky, Robert M. Why Zebras Don't Get Ulcers. Henry Holt, 2004. Dt.: Warum Zebras keine Migräne kriegen. München; Piper, 1998.
Seligman, Martin E. P. Authentic Happiness. Free Press, 2002. Dt.: Der Glücksfaktor. Bergisch-Gladbach: Ehrenwirth, 2003.
__. Learned Optimism. Vintage, 2006. Dt.: Pessimisten küsst man nicht. München: Droemer, 1993.
__. The Optimistic Child. Mariner Books, 2007. Dt.: Kinder brauchen Optimismus. Reinbek b. Hamburg: Rowohlt, 1999.

Siebert, Al. The Resiliency Advantage. Berrett-Koehler, 2005.
__. The Survivor Personality. Perigee Books, 2010.
Siegel, Daniel J. The Developing Mind. Guilford Press, 1999. Dt.: Wie wir werden, die wir sind. Paderborn: Junfermann, 2006.
__. The Mindful Brain. W. W. Norton, 2007. Dt.: Das achtsame Gehirn. Freiamt im Schwarzwald: Arbor, 2007.
__. Mindsight. Bantam Books, 2010. Dt.: Mindsight: Die neue Wissenschaft der persönlichen Transformation. München: Goldmann, 2012.
Siegel, Daniel J.; Hartzell, Mary. Parenting from the Inside Out. Jeremy P. Tarcher, 2003. Dt.: Gemeinsam leben, gemeinsam wachsen. Freiamt im Schwarzwald: Arbor, 2004.
Small, Gary; Vorgan, Gigi. iBrain. Collins, 2008. Dt.: iBrain. Stuttgart: Kreuz, 2009.
The Subject Centre for Information and Computer Sciences, University of Ulster and Loughborough University, United Kingdom. www.ics.heacademy.ac.uk
Ury, William. Getting Past No. Random House, 1992.
Vaughan, Susan C. Half Empty, Half Full. Harcourt, 2000. Dt.: Halb leer? Halb voll! München: dtv, 2001.
Williams, Mark; Teasdale, John; Segal, Zindel; Kabat-Zinn, Jon. The Mindful Way Through Depression. Guilford Press, 2007. Dt.: Der achtsame Weg durch die Depression. Freiamt im Schwarzwald: Arbor, 2009.
Willis, Judy. How Your Child Learns Best. Sourcebooks, 2008.
Wilson, Timothy D. Strangers to Ourselves. Belknap Press, 2002.
Wolfe, Patricia. Brain Matters. Association for Supervision and Curriculum Development, 2001.

Literatur zur Vertiefung

Angier, Natalie. 2009. Brain is a co-conspirator in a vicious stress loop. New York Times, August 17.

Aziz-Zadeh, Lisa; Sheng, Tong; Gheytanchi, Anahita. 2001. Common premotor regions for the perception and production of prosody and correlations with empathy and prosodic ability. PLoS *ONE* 5(1): e8759 *DOI:* 10.1371/journal.pone.0008759.

Boylan, J. Gabriel. Torch in the ear. Bookforum.com, April/May 2010, www.bookforum.com/inprint/017_01/5375.

Bradbury, T.N.; Fincham, F.D. 1990. Attributions in marriage: Review and critique. Psychological Bulletin 107: 3–33.

Brown, K. W.; Creswell, J.D. 2007. Mindfulness: Theoretical foundations and evidence for its salutary effects. Psychological Inquiry 18: 211–37.

Bryant, F.; Veroff, J. 2006. Savoring: A new model of positive experience. Englewood Cliffs, NJ: Lawrence Erlbaum Associates.

Bushman, Brad; Anderson, C. A. 2009. Comfortably numb: Desensitizing effects of violent media on helping others. Psychological Science 21(3): 273–77.

Davachi, L.; Mitchell, J.P.; Wagner, A.D. 2003. Multiple learning mechanisms: Distinct medial temporal processes build item and source memories. Proceedings of the National Academy of Sciences 100(4): 2157–62.

Diamond, Adele. 2008. Neuroscience and education: Direct relevance of recent scientific discoveries to educational practice. Public address, »The Impact of Neuroscience on Society,« College de France, Paris.

Eriksson, Peter S., et al. 1998. Neurogenesis in the adult human hippocampus. Nature Medicine 4: 1313–17.

Fanselow, M.S.; Ponnusamy, R.. 2008. The use of conditioning tasks to model fear and anxiety. In Handbook of anxiety and fear, Hrsg.

R.J. Blanchard, D.C. Blanchard, G. Griebel, and D. Nutt, 29–48. The Netherlands: Elsevier Press.

Garrison Institute. 2005. Contemplation and education: Current status of programs using contemplative techniques in K-12 educational settings: A mapping report. www.garrisoninstitute.org/index.php?option=com_docman&task=doc_ download&gid=56&Itemid=66.

Gould, Elizabeth, et al. 1997. Neurogenesis in the dentate gyrus of the adult tree shrew is regulated by psychosocial stress and *NMDA* receptor activation. Journal of Neuroscience 17: 2492–98.

Gourineni, Ramadevi, et al. 2009. Effects of meditation on sleep in individuals with chronic insomnia. Paper presented at »*SLEEP* 2009, the 23rd Annual Meeting of the Associated Professional Sleep Societies,« Seattle, WA (Abstract ID: 0874).

Greeson, Jeffrey M. 2009. Mindfulness research update, 2008. Complementary Health Practice Review 14(1): 10–18.

Harrison, Y.; Home, J.A. 2000. The impact of sleep loss on decision making: A review. Journal of Experimental Psychology: Applied 6: 236–49.

Henig, Robin Marantz. 2009. The anxious mind. New York Times Magazine, October 4, 2009.

Jacob, T.J.C.; Fraser, C.; Wang, L.; Walker, W.E.; O'Connor, S. 2003. Psycho-physical evaluation of responses to pleasant and malodor stimulation in human subjects: Adaptation, dose response and gender differences. International Journal of Psychophysiology 48: 67–80.

Jensen, B.; Harris, M. 2008. The learning environment and organisation of schools. Education at a Glance, 2008. Organisation for Economic Co-operation and Development (*OECD*), www.oecd.org/dataoecd/8/28/41 271 863.pdf

Jensen, Eric. 1996. Brain-compatible learning. International Alliance for Learning, vol. 3, no. 2.

Jha, Amishi P.; Stanley, Elizabeth A.; Baime, Michael J. 2010. What does mindfulness training strengthen? Working memory capacity as a functional marker of training success. In Assessing mindfulness and acceptance processes in clients: Illuminating the theory and practice of change, ed. Ruth A, Baer. Oakland, CA: New Harbinger Press.

Joëls, M.; Baram, T.Z. 2009. The neuro-symphony of stress. Nature Reviews Neuroscience 10: 459–66.

Kempermann, Gerd; Gage, Fred H. 1999. New nerve cells for the adult human brain. Scientific American 280: 48–53.

Kliff, Sarah. 2007. This is your brain on optimism. Newsweek Web Exclusive, October 24, 2007.

Langer, E.J.; Rodin, J. 1976. The effects of choice and enhanced personal responsibility for the aged: A field experiment in an institutional setting. Journal of Personality and Social Psychology 134: 191–98.

Löhmer, Cornelia; Standhardt, Rüdiger: Timeout statt Burnout. Einübung in die Lebenskunst der Achtsamkeit. Stuttgart: Klett-Cotta, 2012.

Lutz, Antoine; Greischar, Lawrence L.; Rawlings, Nancy B.; Ricard, Matthieu; Davidson, Richard J. 2004. Long-term meditators self-induce high-amplitude gamma synchrony during mental practice. Proceedings of the National Academy of Sciences 101(46): 16369–73.

Maclin, Amy. 2010. Your hormones and weight loss: How to find balance. Wholeliving.com. www.wholeliving.com/article/balanced-weight-loss.

Mayer, J.D.; Salovey, P.; Caruso, D.R. 2004. Emotional intelligence: Theory, findings, and implications. Psychological Inquiry 15: 197–215.

Neff, K.D.; Rude, S.S.; Kirkpatrick, K.L. 2007. An examination of self-compassion in relation to positive psychological functioning and personality traits. Journal of Research in Personality 41: 908–16.

Neville, Helen J.; Bavelier, Daphne. 2000. Specificity and plasticity in neuro-cognitive development in humans. In The cognitive neurosciences, ed. M. S. Gazzaniga, 83–99. Cambridge, MA: *MIT* Press.

Optimism and your health, Harvard Men's Health Watch, May 2008.

Saczynski, J.S., et al. 2010. Depressive symptoms and risk of dementia. Neurology 75(1): 35–41.

Shapiro, Shauna, Gina Beigel, Kirk Warren Brown, and Christine M. Schubert. 2009. Mindfulness-based stress reduction for the treatment of adolescent psychiatric outpatients: A randomized clinical trial. Journal of Consulting and Clinical Psychology 77(5): 855–66.

Sharot, X.T. Shiner; Brown, A.C.; Fan, J.; Dolan, R.J. 2009. Dopamine enhances expectation of pleasure in humans. Current Biology 24(19): 2077–80.

Shriver, Timothy P.; Weissberg, Roger P. 2005. No emotion left behind. New York Times, August 16, 2005.

Strayer, David L.; Johnston, William A. 2001. Driven to distraction: Dual-task studies of simulated driving and conversing on a cellular telephone. Psychological Science 12 (November).

Suttie, Jill. 2007. Mindful kids, peaceful schools. Greater Good (summer 2007): 28–31.

University of California, Irvine. 2008. Short-term stress can affect learning and memory. Science Daily (March 13). www.sciencedaily.com/releases/2008/03/080 311 182 434.htm.
Wallis, Claudia. 2005. The new science of happiness. Time, January 17, 2005.
Weiss, Halko; Harrer, Michael E.; Dietz, Thomas. Das Achtsamkeits-Buch. 6. Aufl. Stuttgart: Klett-Cotta, 2012.
__ Das Achtsamkeits-Übungsbuch. 2. Aufl. Stuttgart: Klett-Cotta, 2012.
Weissberg, R.P.; Kumpfer, K., Hrsg. 2003. Prevention that works for children and youth. American Psychologist 58: 425–32.
Willander, Johan; Larsson, Maria. 2007. Olfaction and emotion: The case of autobiographical memory. Memory & Cognition 35(7): 1659–63.
Williams, J. M. G. 2008. Mindfulness, depression and modes of mind. Cognitive Therapy and Research 32: 721–33.
Willis, Judy. 2007. Neuroscience of joyful education. *ASCD:* Educational Leadership Online, vol. 64. www.ascd.org/publications/educational-leadership/summer07/vol64/num09/The-Neuroscience-of-Joyful-Education.aspx.
Wilmes, Barbara; Harrington, Lauren; Kohler-Evans, Patti; Sumpter, David. 2008. Coming to our senses: Incorporating brain research findings into classroom instruction. Education 128(4): 659–66.

Dank

Ich bin so vielen Menschen zu Dank verpflichtet, nicht nur, weil sie mir bei diesem Buch geholfen haben, sondern auch weil sie mich dazu inspiriert haben, die Initiative zu ergreifen und diesen aufregenden neuen Weg zu beschreiten. Mein besonderer Dank gilt den Eltern, die mich veranlasst haben, dieses Buch zu schreiben und den Kindern, die mich mit ihrem unendlichen Potential dafür begeistern, mich für das Wohl von Kindern einzusetzen.

Mein aufrichtiger Dank geht an die vielen begabten Pädagogen, Psychologen, Forscher, Achtsamkeitspraktiker und Neurowissenschaftler, deren Arbeit mich ermutigt und so vieles gelehrt hat.

Doch die im Folgenden Genannten verdienen besondere Erwähnung für ihre Geduld, ihre Großzügigkeit und ihr Mitgefühl. Aus tiefstem Herzen danke ich daher Daniel Siegel, Kim Schonert-Reichl, Amishi Jha, Jon Kabat-Zinn, Susan Kaiser-Greenland, Daniel Goleman, Janice Parry, Jen Erickson, Marc Meyer und allen Menschen bei Scholastic.

Dank auch an Alan Nevins, meinen geduldigen und engagierten Agenten; John Duff, meinen Verleger, der an mich geglaubt und dieses Buch unterstützt hat; und Wendy Holden, deren Worte sich aneinanderreihen wie kostbare Perlen.

Über die Autorin

Goldie Hawn ist Gründerin der Hawn Foundation, engagiert sich weltweit für das Wohl von Kindern und setzt sich begeistert für eine positive und achtsame Lebensweise ein. Die Oscar-Preisträgerin, Produzentin und Regisseurin ist außerdem Mutter und Großmutter. Ihre 1995 veröffentlichte Autobiographie *A Lotus Grows in the Mud* wurde zum Bestseller.

Wendy Holden hat über 25 Bücher, einschließlich eines Romans, geschrieben. Die ehemalige Zeitungsjournalistin und Auslandskorrespondentin hat als Co-Autorin an Goldie Hawns Autobiographie mitgewirkt und sich darauf spezialisiert, Bücher über außergewöhnliche Frauen zu schreiben.

Über die Hawn Foundation und MindUP

Die Hawn Foundation möchte dazu beitragen, das Leben von Kindern zu transformieren, indem sie ihnen die Möglichkeit bietet, entscheidende soziale und emotionale Kompetenzen zu erwerben, um ihre schulische Leistung zu verbessern, ihre Lebensqualität zu fördern und anderen Menschen in ihren Gemeinschaften zu helfen. Wir unterstützen Forschungsstudien, die von universitätsassoziierten Sozialwissenschaftlern und Neurowissenschaftlern durchgeführt werden und entwickeln evidenzbasierte Bildungsprogramme für Kinder, wie zum Beispiel MindUp, bei denen neueste wissenschaftliche Forschungsergebnisse über das Gehirn und über das soziale und emotionale Lernen umgesetzt werden. Die Hawn Foundation hat sich der Aufgabe verschrieben, Kindern zu helfen, ein selbstbewusstes, glückliches und erfolgreiches Leben zu führen. Außerdem helfen wir Pädagogen bei der Gestaltung unterstützender Lern- und Sozialumwelten, die in effektiver Weise auf das mentale und physische Wohl von Kindern ausgerichtet sind und gleichzeitig zur Entwicklung kreativer, reflexiver Denkmuster anregen.

MindUP fördert eine Art ungeschriebenen Kodex für achtsames Verhalten innerhalb und außerhalb des Klassenzimmers bei Kindern aller Alterstufen. Der Grundpfeiler dieser ehrgeizigen pädagogischen Initiative ist ein international erfolgreiches Lehrplan-freundliches Programm, das neuesten Entwicklungen aus der Neurowissenschaft, pädagogisches Fachwissen und elterlichen Common sense nutzbar macht, um Optimismus, Wohlbefinden und inneres Gleichgewicht zu erzeugen. Die Kinder werden mit den Funktionsweisen und Wundern ihres eigenen Gehirns vertraut gemacht. Dadurch werden die Kinder selbst ans Steuer gesetzt und erhalten die emotionalen und kognitiven Werkzeuge, die ihnen helfen, ihr Verhalten zu kontrollieren, ihren Stress zu verringern, ihre Konzentration zu verbessern und ihre Empathie – und letztlich ihr Glück – auszuweiten.

www. thehawnfoundation.org/mindup